图书在版编目（CIP）数据

陆羽与《茶经》/ 黄木生主编 .—武汉 : 湖北科学技术出版社，2024.4（2024.4 重印）

ISBN 978-7-5706-2992-3

Ⅰ. ①陆… Ⅱ. ①黄… Ⅲ. ①陆羽（?-804）一生平事迹 ②《茶经》一研究 Ⅳ. ① K825.6 ② TS971.21

中国国家版本馆 CIP 数据核字（2023）第 256204 号

责任编辑：邓子林

责任校对：陈横宇　袁　媛　　封面设计：曾雅明

出版发行：湖北科学技术出版社

地　　址：武汉市雄楚大街 268 号（湖北出版文化城 B 座 13—14 层）

电　　话：027-87679468　　邮　　编：430070

印　　刷：武汉市华康印务有限责任公司　　邮　　编：430021

710×1000　1/16　17.25 印张　240 千字

2024 年 4 月第 1 版　2024 年 4 月第 2 次印刷

定　　价：68.00 元

前　言

茶，一颗嫩绿的芽，一本精妙的书，一位传奇的人，影响了世界，影响了历史，影响了生活，影响了精神，穿越了时空，开创了时代，吸引了超20亿茶人。茶是一种物质，更是一种文化载体，文化是超越时空的。丝绸、瓷器、茶叶是中华民族的三大“和平使者”，将和合茶礼、茶和天下的精神理念传播全世界。

陆子名羽，字鸿渐，号竟陵子、东冈子、桑苎翁，复州竟陵（今湖北天门）人。生于733年，卒于803年。唐玄宗开元二十一年（733年）仲秋，俗姓陆的龙盖寺智积禅师在竟陵西湖边捡到一弃婴，托人抚养到3岁后，收入寺中跟随自己学习佛经、诗书与茶，并亲自为他占卦得“名羽，字鸿渐”。陆羽9岁开始写文章，13岁能编剧和导戏，28岁之前完成《茶经》，40岁被友人当面称“茶仙”，逝后即被世人奉为“茶圣”。816年，竟陵刺史周愿为之立“三感”碑，赞其“圣人也”；874年，里人为之立“陆鸿渐煎茶”碑于其煎茶的泉井旁；现存“唐处士陆鸿渐小像”碑，可见当年李阳冰为其写真的遗风。

陆羽一生嗜茶，精于茶道；践行求证，治学严谨；遍访天下茶山，遍品天下名泉。他在考察、研究的基础上，集大成地、系统性地总结了唐代中期以前有关茶的历史、文化、人物的资料，著述了世界第一部茶学专著《茶经》，被誉为“茶叶百科全书”，具有划时代的历史意义。陆羽经历了唐开元盛世的繁华、奢华、浮华，经历了安史之乱的败痛、惨痛、衰痛，痛后痛定思痛，潜心沉寂，精修《茶经》，借茶问道，借茶警世，借俭醒人。

《茶经》不仅仅讲喝茶。陆羽《六羡歌》云：“不羡黄金罍，不羡白玉杯，不羡朝入省，不羡暮登台。千羡万羡西江水，曾向竟陵城下来。”陆羽的“四不羡”“千羡万羡”，教人淡泊明志，宁静致远。大江东去，水容万物；茶水相融，上善若水。体现了陆羽的理想、情操、人生观、价值观。

《茶经》之“经”：茶的“大数据”，陆羽的“成绩单”，陆羽用脚印丈量“寻茶万里茶路”。《一之源》，茶经的总纲，提出关键词“精行俭德”；《二之具》，记载采制茶工具十八种；《三之造》，评述采茶、制茶的方法和标准，分七道工序和八等质量；《四之器》，系统介绍煮茶、饮茶的用具“二十四器”；《五之煮》，规范了茶道（仪式性茶艺）的仪轨（仪式、仪态、仪礼），体现了茶与水融合的艺术；《六之饮》，茶标准、茶生态，茶生态是茶标准的第一要素，并提出“凡茶有九难”；《七之事》，辑录上古至唐代与茶事有关的人物，征引文献多种；《八之出》，列举茶叶产地及其优劣，涉及唐朝的八道四十四州；《九之略》，二十四器十五具，视环境定取舍；《十之图》，茶之“座右铭”，陆羽之“传播法”，将《茶经》写出来，挂起来。

《茶经》是茶书的开始，茶学的开始，中国茶文化体系的开始，中国茶道精神形成的开始。《茶经》是世界的，陆羽是世界的。

大唐之风，催生了《茶经》；《茶经》催生了煎茶法，即由生叶煮饮的煮茶法改进为干茶煮饮的煎茶法；《茶经》催生了“茶文化新生活方式”，进而又催生了异彩纷呈的茶文化、茶科学、茶美学、茶艺术、茶器具、茶文旅、茶经济（节日经济、夜市经济）、茶生活。茶生活是雅致生活、健康生活、礼仪生活、文明生活；《茶经》催生了“中国茶文化体系”的形成，“自从陆羽生人间，人间相学事春茶”，陆羽应时而生，《茶经》应运而成；《茶经》催生了“中国茶道精神”的形成，“精行俭德”是“中国茶道精神”内涵的重要组成部分。

精行俭德，《茶经》之魂；精行俭德，陆羽精神；精行俭德，茶道精神；精行俭德，精益求精。

目　录

上篇　茶圣陆羽

中篇　《茶经》时间

下篇 陆羽钩沉

上　篇
茶圣陆羽

第一章　陆羽生平：弃婴的成圣之路

陆羽聪慧早熟，胸有大志。他少年钟情茶水，青年著就《茶经》；他交高僧大德，似僧非僧，与贤士为伍，说隐非隐；他居不久居，频频迁寓；他精于书画，诗文俱佳。“一生为墨客，几世作茶仙”，是同好对其传奇人生的定位。他晚年从宦游至归隐故里，友人评价其“百氏之典学铺在手掌，天下贤士大夫半与之游。加以方口谔谔，坐能谐谑，世无奈何，文行如轲，所不至者，贵位而已矣”。①

一、西湖之子

据传，唐开元二十一年（733 年）的仲秋时节，距竟陵龙盖寺外不远的湖畔芦苇丛里，一群鸿雁的声音凄楚而悲怆，惊动了寺中的智积住持。

秋风里，月光下，雁护弃婴。僧人走进湖边芦苇丛，抱回被遗弃的男婴。据陆羽的自传，他只记得三岁时孤身一人进了寺院，故推测此前是被寄养在别人家中。后人将雁护弃婴处的小桥视为陆羽的出生地，遂命名为“雁桥”。《舆地纪胜·复州景陵》中有载：“雁桥，旧传得陆羽处，初见群雁集，覆小儿于下。僧智积禅师得之……因以雁目其桥。”明清以来，雁桥经过多次维修。现存于陆羽纪念馆门前的雁桥长 14.2m，宽 5.9m，高 3.7m，桥额为著名书法家邑人胡德增恭书。立于桥头的“古雁桥”石碑为康熙二十一年（1682 年）景陵知县钱永书丹。

① 〔唐〕周愿：《牧守竟陵因游西塔著三感说》。

图 1-1　古雁桥，据清道光年间《天门县志》记载，万历十五年（1587 年）中书朱万祚鼎建。清顺治初，朱运暹复修桥面和石栏，不久，被雷震毁。康熙二十一年（1682 年），知县钱永自捐奉银重建。乾隆十一年（1746 年）维修损坏的栏杆。道光二十七年（1847 年）由百姓捐款重建，著名书法家、邑人胡德增恭书桥额。1990 年 4 月，天门市人民政府将古雁桥迁建于西湖陆羽纪念馆门前，将钱永所立之碑移于桥的南侧。移建之桥按原样修复。两侧石栏板刻古朴典雅的石雕，东边为龙头，西边为龙尾，宛如巨龙穿桥而过

3 岁以后，智积禅师将季儿（对陆羽的昵称）收进寺院教养。唐代的寺院，不仅学习佛经，而且学习儒家经典。季儿自幼好学，因没有纸张，他便用树枝在地上画字。他偶然得到了一卷张衡的《南都赋》，可是有很多字不认识。一天放牛的时候，他向一位读书人问字，之后便正襟危坐，打开书卷，学着学堂里的孩子读书的模样，摇头晃脑地读着。

陆羽在龙盖寺期间，不但识了字，读了不少的书典，9 岁就能写文章，还学会了煎茶，但他不愿皈依佛门，一心只想孔孟之道。12 岁时，师父带他到黄梅的西山茶园和老祖寺去开阔眼界，经历了人生第一次禅

茶之旅。

根据前人的述说，陆羽曾经多次站在紫云山石头上眺望黄梅茶叶的长势，当地匠人便在此刻下“陆鸿渐天宝乙酉望茶石”纪念石刻。该石刻呈匾额状，长 90 cm，宽 200 cm，其中“望茶石”三字宽度为 160 cm。

图 1-2　黄梅紫云山挪步园中的“陆鸿渐天宝乙酉望茶石”纪念石刻

题款“陆鸿渐天宝乙酉年”。老祖寺，古名紫云山寺，东晋太和年间，由印度来华高僧千岁宝掌禅师开山创建，比禅宗初祖菩提达摩来中国还早 300 余年，有“紫云佛国”之美誉。智积禅师专门带陆羽拜访，足见其希望陆羽继承佛门衣钵的良苦用心。

二、火门求学

回寺院后，陆羽还是不愿念佛，便跑到戏班子里学演戏。他虽其貌不扬，又有些口吃，但却幽默机智，还编写了三卷《谑谈》，被邑吏招为伶正之师。

天宝五载（746 年），河南尹李齐物被贬竟陵郡太守。在欢迎宴会上，李齐物看到时任伶正之师的陆羽出众的表演，十分欣赏他的才华，便让他在自己府上学习了一段时间。不久便亲自赠予诗书，推荐他到火门山学堂学习。

唐代的学堂是模仿佛教禅林讲经制度而创立的。地方教育机构主要是府、州、县学，由朝廷赐敕额、书籍，并委派教官，调拨田亩和经费等，学舍多建于山林僻静之处。竟陵火门山学堂亦为竟陵官学，教师邹野学识渊博，满腹经纶，既是州府长史，也是智积住持的好友，曾为龙盖寺写过寺志。

《五经正义》是各级官学使用的标准教材，因此，5 年时间里，陆羽从邹野处完整地学习了《周易》《尚书》《毛诗》《礼记》《春秋》等儒家经书。另外，由于当时在府州亦开设了地方崇玄学，他也接触了道教经典。

此外，火门山有野生茶树，还有山泉，这成为他与邹夫子极好的品茶之所。随着年龄的增长，文史知识的增多，陆羽研究茶学的兴趣日浓。因此，假期里，他先后探访了附近州郡的许多茶区。如山南的峡州、襄州、荆州、衡州、金州、梁州；淮南的光州、义阳郡、舒州、寿州、蕲州、黄州。还从义阳（今河南信阳一带），到巴山、峡川等地周游，对中部产茶区的情况有过深入的了解。

学业结束，陆羽回城后一度仍居龙盖寺。为寻找一个能安静写作的地方，他顺西江下游先后到过陶溪的燃灯寺、华严湖的泗洲寺，最后选择在松石湖畔的东冈岭结庐。这段时间，正好皎然到竟陵寻访陆羽，因陆羽外出行踪多变而错过，才有了后来的回访，“洎至德初，秦人过江，予亦过江，与吴兴释皎然为缁素忘年之交”。

三、东冈结庐

距竟陵城东约 70 里，沿古汉江东行至松石湖畔有东冈村，“周四十里水澄如镜，日影中子鱼螺蛤毕见。湖岸阜起似土山，西北尤隆耸，榆柳绿中桃花作姿掩蔽茆屋，真作图画观也!”陆羽在火门山学成下山后，选择了在这里结庐写书，整理出游所得，还择期外出考察。

天宝十一载（752 年），礼部员外郎崔国辅黜竟陵，始任司马后任郡守。崔国辅得知陆羽勤学多才，便与之游处，品茶鉴水，诗词唱和，谑谈永日，结忘年之谊凡三年。出生苏州并且到过江南许多茶区的崔国辅特别喜欢喝茶。他做官时，到过长安、许昌、山阴、竟陵和江陵，后又多次往来于吴越，曾几度憩息于南昌。除此之外，他还到过杭州、襄阳等地。故在评茶品水方面，为陆羽撰写《茶经》给予多方指教。

天宝十四载（755年）春，崔国辅为助陆羽出游，特馈赠他白颅乌犎一头，文槐书函一枚，并留下名篇《今别离》："送别未能旋，相望连水口①。船行欲映洲，几度急摇手。"

之后，陆羽溯汉水，经襄阳、金州、梁州，过褒城、金牛，经剑门入绵州；越白马关，经绵竹山至彭州九陇，向西过青城山，再经邛州南行到雅州百丈山，折东过丹棱，临眉州，泛舟抵泸州。一路风尘，复舟下渝州，过夔门到归州，越巴山，临夷水，伐枝掇茶，向东经峡州至当阳玉泉寺，后返竟陵东冈继续写作。

四、更隐对书

从"栖霞寺采茶"到"结庐于苕溪之湄闭关对书"，759年前后，陆羽完成了《茶经》最后的成书阶段。

758年，陆羽到了升州（今南京），寄居在栖霞寺年余。栖霞山最初名为摄山，山上盛产野参、当归、首乌、茯苓、甘草等中草药，有滋养摄生的功效，故名"摄山"。摄山茶亦久负盛名。栖霞寺是佛教圣地，六朝时，葛玄、葛洪曾在此采药。751年，鉴真大师专程来栖霞寺礼佛三天，祈愿东渡日本早日成功。

陆羽白天上山采茶，夜晚与高僧品茗，有时还寄住在山里的农家。好友皇甫冉②有《送陆鸿渐栖霞寺采茶》诗："采茶非采菉，远远上层

① 连水口出西江，亦称三岔河，今天门城西汉北河口。

② 皇甫冉（约716—约769），字茂政，润州丹杨（今江苏丹阳）人，家近南京。天宝十五载（756年）考中进士，任无锡尉。

崖。布叶春风暖，盈筐白日斜。旧知山寺路，时宿野人家。借问王孙草，何时泛碗花。”诗中“王孙草”，出自屈原《楚辞》：“王孙游兮不归，春草生兮萋萋。”皇甫冉将陆羽比作远游的王孙，问陆羽何时采茶归来，若焙制新茶成功，别忘邀他一起品享。

栖霞寺为陆羽完善《茶经》提供了极好的条件。在这安静的环境里，他可仔细回顾多地茶区考察实践的见闻，认真体验亲自采茶、制茶的过程，还可与山僧一起交流品茶心得。更重要的是得地利天时之便，升州附近的冶城有着大型冶金作坊，可供他制作符合《茶经》标准的茶器；十分凑巧的是，陆羽到升州的当年，李氏王朝收复了二京，为此，陆羽特地在次年制作了一尊纪念茶鼎，成为一段历史的佳话。

760 年，陆羽从栖霞山麓来到苕溪闭门对书。在校订他已成著作的同时，“常扁舟往山寺，随身惟纱巾、藤鞋、短褐、犊鼻。往往独行野中，诵佛经，吟古诗，杖击林木，手弄流水，夷犹徘徊，自曙达暮，至日黑兴尽，号泣而归”。期望与无奈中的陆羽犹似“今之楚狂接舆”。

761 秋，他写了一纸相当于今天年轻人的自荐信，后人称为《陆文学自传》。从这篇自传可知，他著有《君臣契》三卷，《源解》三十卷，《江表四姓谱》八卷，《南北人物志》十卷，《吴兴历官记》三卷，《湖州刺史记》一卷，《茶经》三卷，《占梦》上、中、下三卷，并贮于褐布囊。这 61 卷 8 种著作，充分显示了青年陆羽的满腹才华，也是告诉人们，他希望以此得到朝廷的认可，可惜生不逢时。

五、游寓吴越

古代楚之东、江之南皆为吴越，今指江浙地区，即江苏南部、上海、浙江、安徽南部、江西东北部一带。离开故乡后的陆羽，足迹遍及吴越的名山大川。

初到江南，陆羽即和无锡县尉皇甫冉相交相知，应邀游览惠山，写

下《惠山寺记》，并将惠山泉水品评为“天下第二”。后人在此泉附近建

图 1-3　惠山泉

陆子祠供陆羽像，作为无锡人对茶圣永远的纪念。

上元初（760 年），刘展造反攻陷湖州，陆羽写下《天之未明赋》，并迁杭州余杭双溪，在此品泉试茗，后世遂称陆羽品过的泉为“陆羽泉”，又称“桑苎泉”。

宝应元年（762 年），陆羽到杭州灵隐寺，见证道标和尚通经七百纸，得度诗首，中选住持。《唐杭州灵隐山道标传》载，竟陵子陆羽云：“夫日月云霞为天标，山川草木为地标，推能归美为德标，居闲趣寂为道标。”在此陆羽还给西湖留下了《天竺灵隐二寺记》。

永泰二年（766 年）春，陆羽又一次到杭州考察茶事，作《武林山记》，杭州最古老的地名“秦王缆船石”，可见于此记中。据《咸淳临安志・山川》载，杭州的“石门涧、理公岩、呼猿洞、袁君亭、梦谢亭等，陆羽皆有题记”。

图 1-4　陆羽泉

陆羽曾游苏州吴县辟疆园，遗墨永定寺。唐肃宗李亨为表彰吴县顾氏施室为寺的义举，敕赐“永定寺”名，由“陆鸿渐书额”。

陆羽在苏州品尝过虎丘泉水。他发现，虎丘山泉甘甜可口，遂在虎丘山上筑井煮茶，将其评为“天下第五泉”。苏州人称之为“陆羽井”“陆羽泉”。虎丘泉水又被刘伯刍①评为“天下第三泉”，因此，虎丘泉水以“天下第三泉”名立于世。经过几百年的培育，陆羽在虎丘栽的茶树也发展为“虎丘白云茶”。《吴县志》《元和县志》记载了白云茶的征状与特色：“（茶）出虎丘金粟山房，叶微带黑，不甚苍翠，烹之色白如玉，而作豌豆香，性不能耐久，宋人呼为‘白云茶’。”

① 刘伯刍（755—815），字素芝，进士及第，历任考功员外郎、集贤院学士，转给事中、虢州刺史，擢刑部侍郎。

六、南泠辨水

扬子江水由西向东奔流，受到前面石山的阻挡，在扬州段形成三泠，即南泠、中泠、北泠。所谓泠，即是水势曲折的意思。江中有泉在中泠处下，故名“中泠泉”，又因它的位置在镇江金山的西南面，故又称“南泠水”。“南泠水”宛如一条戏水的白龙，自池底汹涌而出，甘冽醇厚，特宜煎茶。因长江水深流急，汲取不易，打泉水需在正午之时将带盖的铜瓶用绳子绑好，放入泉中后，迅速拉开盖子，才能汲到真正的泉水。

广德二年（764年），李季卿上任湖州刺史，船行至维扬（今扬州），正巧碰上陆羽。那时，《茶经》已广泛传抄于世，王公贵族、江南高僧名士尽知，故季卿对陆羽的大名早有耳闻，两人相谈甚欢。季卿说：“先生善于烹茶，天下驰名，而扬子江南泠水是绝品，如今名茶人逢名泉水，二妙千载一遇，实在机不可失，请你煮茶以飨我等人口福。”说着，便命可靠的部下驾船到扬子江心取南泠水，同时，陆羽也将都篮中的风炉等茶器一一取出准备好煎茶。军士取回水后，陆羽用木勺扬水并说：“这是扬子江水没错，但不是扬子江心的南泠水，好像是江边的水。”取水的军士辩说：“我驾船深入江心取水，是大家有目共睹的，岂有虚假？”陆羽不答，把水倒入水方中，倒至一半，停下来，再用勺扬水说：“底下剩的才是南泠水。”军士大骇，连忙认罪：“我从南泠江心取水回岸时，水势急湍，船振荡太过，瓶中水倒了一半，怕水太少，故取岸水增补，处士实在是神鉴，小人不敢说谎了。”

至此，李季卿不得不佩服陆羽，迫不及待地说：“处士既有如此能力，可否对你品尝过的泉水做个评价呢？”陆羽回答说：“楚水第一，晋水最下。”御使命人把陆羽口授的水品一一记下：“庐山康王谷水帘水第一；无锡县惠山寺石泉水第二；蕲州兰溪石下水第三；峡州扇子山下，有石突然，泄水独清冷，状如龟形，俗云虾蟆口水，第四；苏州虎丘寺石泉水第五；庐山招贤寺下方桥潭水第六；扬子江南泠水第七；洪州西山西东瀑布水第八；唐州柏严县淮水源第九；庐州龙池山岭水第十；丹阳县观音寺水第十一；扬州大明寺水第十二；汉江金州上游中泠水第十三；归州玉虚洞下香溪水第十四；商州武关西洛水第十五；吴淞江水第十六；天台山西南峰千丈瀑布水第十七；郴州圆泉水第十八；桐庐严陵滩水第十九；雪水第二十。"①

"南泠水"曾被唐代刘伯刍评为"天下第一泉"。后来由于岸线北移，到了清代咸丰、同治年间，就与陆地连为一体，原在扬子江心的泉口已变为陆地，移到了现在的镇江市金山寺外。

图 1-5　中泠泉

①〔唐〕张又新：《煎茶水记》。记文前列刘伯刍所品七水，次列陆羽所品二十水；说是元和九年（814 年）初，张又新成名时，在荐福寺得于楚僧，唐代宗时李季卿得于陆羽口授。张又新，元和九年进士第一名，历官右补阙、江州刺史、左司郎中等。

七、御前煎茶

永泰元年（765 年），即唐代宗李豫即位的第四年，代宗这位颇有嗜茶癖好的皇帝，记起一桩往事，他曾经听太子太师李齐物谈过竟陵龙盖寺智积禅师善茶的故事，便邀智积禅师到宫中品茶。积公到达，皇帝即命宫中煎茶能手，沏茶赐予积公品尝。积公谢恩后接茶在手，轻轻喝了一口，就放下茶碗，再也没喝第二口。皇帝因问何故？积公起身笑答："我所饮之茶，都是弟子陆羽亲手所煎。饮惯他煎的茶，再饮旁人煎的，就感到乏味了。"代宗暗想：积公只啜一口而知其味，未必有如此之神鉴，难道宫中的煎茶能手真的不如他的小徒陆羽吗？于是又命御前供奉太监下诏，密召陆羽进宫。

图 1-6　此图前人名《萧翼赚兰亭图》，而董逌则认定为《陆羽点茶图》，画面内容为陆羽在宫内为智积禅师煎茶的情景。其实"点茶"只是宋代才出现，表现唐代的故事，应名"煎茶"才准确

陆羽进宫后，代宗再次请积公饮茶。当侍者送给在御书房的积公品尝时，似乎茶没近其香已至。他端起茶来喝了一口连叫好茶，接着一饮而尽。积公放下茶碗，大声喊道："渐儿何在？"皇帝见状惊问："积公怎么知道陆羽来了？”积公哈哈大笑道：“我刚才饮的茶，只有渐儿才能煎得出来。”代宗不由叹道：“知徒儿莫若师也！”代宗十分佩服积公和尚的品茶之功和陆羽的茶技之精，有意留陆羽在宫中供职，却被陆羽婉言谢绝了。

八、二荐贡茶

唐代晋陵郡（常州）和吴兴郡（湖州）的贡茶最为出名。常州茶在大历初年（766 年）入贡，湖州茶在大历五年（770 年）以后入贡，都与陆羽的品鉴和推荐有关。

常州太首李栖筠，有两大爱好，一是书，二是茶。赵明诚①的《金石录》卷二十九《唐义兴县重修茶舍记》有载：“右唐义兴县新修茶舍记云，义兴贡茶非旧也，前此故御史大夫李栖筠实典是邦，山僧有献佳茗者，访客尝之，野人陆羽以为芬香甘辣，冠于他境，可荐于上。栖筠从之，始进万两，此其滥觞也。厥后因之，征献寖广，遂为任土之贡，与常赋之邦侔矣。每岁选匠征夫至两千余人，云余尝谓后世士大夫，区区以口腹玩好之献为爱君，此与宦官宫妾之见无异，而其贻患人民，有不可胜言者，如贡茶至末事也，而调发之扰犹如此，况其甚者乎？羽盖不足道，呜呼！孰谓栖筠之贤而为此乎？书之可为后来之戒，且以见唐世义兴贡茶自羽与栖筠始也。”义兴（阳羡）茶因此名重一时，誉满天下。这个故事说明，李栖筠向朝廷推荐的阳羡贡茶，得到过陆羽首肯；阳羡贡茶的逐步增加得益于陆羽和李栖筠。当时的许多诗人名家都与阳羡茶结下了不解之缘，杜牧、白居易、皇甫冉、陆龟蒙、陆希声、张籍等，都写下了诗篇。卢仝的“天子未尝阳羡茶，百草不敢先开花”便是赞美此茶的名句。

---

① 赵明诚（1081-1129），字德甫，金石家、藏书家，女词人李清照之夫。

大历五年（770年），湖州长兴顾渚山所产紫笋茶能够与阳羡茶同被列为贡品，也与陆羽有关。据《郡斋读书志》卷十二“杂家类”载：“《顾渚山记》二卷，右唐陆羽撰。羽与皎然、朱放辈论茶，以顾渚为第一。顾渚山在湖州，吴王夫差顾望，欲以为都，故以名山。”诗人朱放，字长通，约唐代宗大历中前后在世，隐于越之剡溪，故与陆羽交往。湖州顾诸山是著名的产茶区，因此，陆羽与皎然、朱放等人常到此论茶。郑元庆的《石柱记笺释》也有记载：“陆羽与朱放论茶，以顾渚为第一。”①

陆羽在湖州访“顾渚紫笋”后，遂给宰相杨绾《与杨祭酒书》。据宋代钱易的《南部新书》② 戊集载：“唐制，湖州造茶最多，谓之顾渚贡焙。岁造一万八千四百八斤，焙在长城县西北。大历五年以后，始有进奉。至建中二年，袁高为郡，进三千六百串，并诗一章，刻石在贡焙。故陆鸿渐与杨祭酒书云，顾渚山中紫笋茶两片，此物但恨帝未得尝，实所叹息。一片上太夫人，一片充昆弟同啜。”《与杨祭酒书》的大意是：送上两片顾渚山中上好的紫笋茶，一片敬太夫人杨绾之母（杨绾从小丧父）；另一片给“昆弟”，即杨绾品尝；遗憾的是当今皇上还没有喝到如此好茶，希望杨绾品尝后推荐给朝廷。文中“昆弟”意为同辈人，还有比喻亲密友好的意思。长兴顾渚山由此建起了规模宏大、管理精细、制作精良的贡茶院，并由“刺史主之，观察使总之”，除朝廷指派官吏负责管理外，当地州长官也有义不容辞的督造之责。③

顾渚焙贡建成以后，宜兴茶舍逐渐荒废，故许有谷的《题旧茶舍》诗云：“春山无草不芬香，一茗何烦荐尚方。陆羽名荒旧茶舍，却教阳

---

①〔清〕郑元庆：《石柱记笺释》卷二。郑元庆，字芷畦，浙江归安（今吴兴）人。《石柱记笺释》，通史传，旁及金石文字学，笺释《石柱记》。

②《南部新书》：共十卷，计800余条，内容大多为唐代事，所述诸人轶事，以士大夫居多。钱易（968-1026），字希白，年十七举进士，累擢知制诰、翰林学士。

③〔宋〕谈钥：《嘉泰吴兴志》卷十八。

羡置邮忙。”从此，紫笋茶稳稳地在贡茶队伍中散发着迷人的魅力。

图 1-7　顾渚贡茶院遗址

九、颜府修书

大历七年至十二年（772—777），颜真卿任职湖州的 5 年间，是颜、陆交往的“蜜月期”。颜真卿十分赏识陆羽的才华，从不掩饰对陆羽的喜爱和倚重，礼重异常，尤胜于皎然。以颜真卿的地位和威望，使得陆羽的声誉日隆。陆羽和皎然曾经一起住在杼山妙喜寺。颜真卿敕湖州后，对杼山倍为流连，常携友人往来。大历八年（773 年）深秋，他干脆将《韵海镜源》的编辑部从州学搬到了杼山。陆羽曾折桂花赠颜真卿，颜真卿有《谢陆处士杼山折青桂花见寄之什》诗："群子游杼山，山寒桂花白。绿荑含素萼，采折自逋客。忽枉岩中诗，芳香润金石。全高南越蠹，岂谢东堂策。会惬名山期，从君恣幽觌。"他赞扬所折赠的桂花底绿花白，十分可爱。桂花生长于山岩之中，不易为人发现，故又称"岩桂"，但其芬芳举世皆知。陆羽的才能，比之犹如"桂蠹"一般的官员，高明何止百倍；而凭他的才能，只要愿意，一定可以博取功名。最后两句，则表达了自己想要放下公务，与好友一起游玩的心愿。

早在761年之前，陆羽就撰写了《源解》三十卷，可见其在音韵学和训诂学方面的高深造诣。因此，颜真卿邀陆羽参加《韵海镜源》的编辑班子，并被排名第三位。第二年，颜真卿自筹资金，为陆羽建亭。由于恰是癸酉年、癸卯月、癸亥日，陆羽十分欣喜地将其命名为"三癸亭"。在此之后，陆羽还在朋友的帮助下，在湖州青塘门外的苕溪之滨建造了"青塘别业"。

颜真卿平时多尊称陆羽为"竟陵子"，在其诗文碑文中多次引用过陆羽著书中的典故。大历七年（772年），颜真卿应陆羽之请重树项王碑，并作《项王碑阴述》，有曰："其神灵事迹，具见竟陵子陆羽所载《图经》"。陆羽曾亲口向颜真卿讲述河南尹李齐物被贬竟陵郡守时期的故事，颜真卿就将其记录在《金紫光禄大夫守太子太傅兼宗正卿赠司空上柱国陇西郡开国公李公神道碑铭》上。①

颜真卿多次主盟湖州茶会，陆羽每会必被邀，并参加联句。《浪迹先生元真子张志和碑铭》② 有曰："大历九年（774年）秋八月，讯真卿于湖州。前御史李崿以缣帐请焉……在坐六十余人，元真命各言爵里、纪年、名字、第行，于其下作两句题目，命酒以蕉叶书之，援翰立成。潜皆属对，举席骇叹，竟陵子因命画工图而次焉。"

---

①〔清〕董诰等：《全唐文》卷三百四十二。

②〔清〕董诰等：《全唐文》卷三百四十。

陆羽曾大胆评论颜真卿的书法。大历十年（775 年）春，陆羽撰《论徐颜二家书》①，评论徐浩、颜真卿二位书法家，“徐吏部，不授右军笔法，而体裁似右军；颜太保，授右军笔法，而点画不似。何也？有博识君子曰：盖以徐得右军皮肤眼鼻也，所以似之；颜得右军筋骨心肺也，所以不似也”。陆羽认为徐吏部的字虽体裁形似王羲之，但并未把右军笔法学到家，仅得其皮肤；颜真卿学王羲之，注重遒劲雄健的笔力，天真自然的气度，把握住了右军笔法的精髓，是得其“筋骨心肺也”。陆羽所论，从形似与神似的关系中，深刻地阐明了继承与创新的关系。继承是为了创新，重要的是神似，不拘泥于形似。同时，正确地阐明了颜真卿卓然成家、雄视书坛的道理之所在。陆羽还著有《僧怀素传》，记述怀素、邬彤和颜真卿讨论书法艺术的内容，所谓“屋漏痕”“壁折之路”等比喻，启迪了后来书家对运笔妙法的领悟。

十、礼遇洪州

如果说在湖州的日子里，是陆羽结识朋友最多的阶段，那么，洪州（今江西南昌）则是他受到礼遇最高的地方。那时的陆羽不是一般的游子，所到一处，每离一地，都得到达官贵人的隆重迎送，与朝廷命官无异。

建中四年（783 年），受信州刺史姚骥相邀，陆羽从洪州来到信州（今江西上饶）营造新宅于府城西北茶山广教寺。刺史姚骥久慕陆羽大名，厚礼以待。清同治年间的《上饶县志》载：“陆鸿渐宅在府城西北茶山广教寺。昔唐陆羽尝居此，号‘东冈子’。刺史姚骥尝诣所居。凿沼为溟渤之状，积石为嵩华之形……图经羽性嗜茶，环有茶园数亩，陆羽泉一勺。”环居植茶，晨昏培育，山舍环境幽美，建筑精致，使陆羽一度过

① 〔清〕董诰等：《全唐文》卷四百三十三。

上了恬静的生活。诗人孟郊曾经到此拜访，留有《题陆鸿渐上饶新开山舍》诗，可见当时的官员和文人对陆羽的尊敬。

至德元年（756年），陆羽与御史萧瑜初次相会于九江，结伴游玩庐山，成为莫逆之交。贞元三年（787年），萧瑜领洪州，陆羽自信州移至玉芝观。瑜喜与羽倡和成帙，权德舆[①]为之序："太祝陆君鸿渐，以词艺卓异，为当时闻人。凡所至之邦，必千骑效劳，五浆先馈。尝考一亩之宫于上饶，时江西上介[②]殿中萧侍御公瑜[③]权领是邦，相得欢甚，会连帅[④]大司宪[⑤]李公入觐于王，萧君领廉察留府，太祝亦不远而至，声同而应随故也。先是尝舍于道观，因复居之，竹斋虚白，湖水在下，春物萌动，时鸟变声，支颐散发，心目相适，萧君悦其所以然也。既展宾主之贶，又歌诗以将之，其词清越，铿若金璧。得诗人之辩丽，见君子之交好。诗既成，而太祝有酬和之作，复往之盛，粲然可观。客有前法曹掾崔君茂实，文场之旧，以六义为己任，攘臂拔笔而为和者，惟三贤师友风骚，迭为强敌。志之所之，发为英声，其于奇正相生，质文相发，若笙磬合奏，组缋交映。君子曰：'侍御唱之，太祝酬之，法曹和之，是三篇也，不可以不纪，况合散出处之未始有极耶？'以鄙人尝学于是，俾冠以序，其或继而和者，用先成为次序云。"[⑥] 享受"凡所至之邦，必千骑郊劳，五浆先馈"的礼遇，实属罕见，足见陆羽社会地位之高。

后来，陆羽由南昌赴湖南时，权德舆有《送陆太祝赴湖南幕同用送字（三韵）》："不惮征路遥，定缘宾礼重。新知折柳赠，旧侣乘篮

---

① 权德舆（759—818），字载之。曾任太常博士、左补阙、中书舍人、礼部侍郎、兵部侍郎、吏部侍郎、太子宾客、太常卿、礼部尚书、刑部尚书、山南西道节度使等职。《全唐诗》存其诗十卷。

② 上介：古代外交使团的副使或军政长吏的高级助理。

③ 殿中侍御史：掌纠察朝仪，兼知库藏出纳及宫门内事及京畿纠察事宜，位从七品下。

④ 连帅：唐多指观察使、按察使。

⑤ 大司宪：唐代官名，由御史大夫改为大司宪，主要职责是监督其他官员。

⑥〔清〕董诰等：《全唐文》卷四百九十。

送。此去佳句多，枫江接云梦。”当时的陆羽已有“太常寺太祝”职衔在身，权德舆送别陆太祝前往湖南幕府。离别之际，送上折断的柳枝作为礼物，选择乘坐竹轿送行，以示对陆太祝的尊重。权德舆此诗表达了对陆太祝远行的羡慕之情，认为他并不畏惧征途的遥远，因为他是被命运所安排。

十一、宦游归隐

乾元元年（758年），陆羽与司户参军柳澹初会于洪州，为之撰写过《笺事状》，算是在幕府“打零工”的第一次尝试。当然，在漫长游寓的日子里，作为宾客，陆羽吃过多地官府的“百家饭”。直到被诏拜为“太常寺太祝”① 和“太子文学”② 职衔后，才被州府大员聘用。也就是说，壮年时期的陆羽才开启宦游之路。

受湖南观察史裴胄的盛情之邀，陆羽离开江西去到长沙，后因恩师李齐物之子李复由容管经略使调任广州刺史、岭南节度使，于是，789年，“太子文学”陆羽到李复幕下担任了“从事”③。在这段时间，李复上朝廷《收复琼州表》，出兵收复了海南岛。为加强对海南岛这个海上丝绸之路上咽喉地带的控制，他还建议对海南的行政建置做较大的调整。关于这段时间记录有与陆羽活动相关的文献，可见于唐代段公路的《北户录》④，贞元五年（789年）秋，“时有军人获一篾，以为奇者，后献于刺史李复。复命陆子羽图而记之，亦资耳目之一事也。旧记云，李公顾谓门生广州桑苎翁曰：夫视听之外，经籍未录，不合有而有者，不知

---

① 太常寺太祝：太常寺为掌管礼乐的最高行政机关，太祝主管祭祀，正九品上。

② 太子文学：为皇太子的文学侍从官，位正六品下。

③ 从事：中央或地方长官自己任用的属官。

④《北户录》：三卷，唐代岭南风土录。段公路约咸通十二年（871年）从茂名归南海，其先仕南粤，后官万年县尉。此书为作者亲自南游五岭间采撷民间风土、习俗、歌谣、哀乐等而作。

其极。况兹竹载在图记，不足奇也”。由此可见，因陆羽知识渊博，许多琐事李复都愿倾听他的意见。

图 1-8　“枢室”二字拓片

793 年，李复公诏移滑台，花甲之年的陆羽踏上返乡之路。在返回岭南的途中，他游览韶州乐昌西石岩泐溪石室，在那里体验了六祖石床——“石室仙踪”，亲手题留的“枢室”二字至今犹存。“枢”乃不停顿的中轴、中脉也，“枢室”两字，每个都是三尺见方，长与宽相加之数为六，二字相加长度也是六尺，正为六六相合之意。从陆羽留下的墨宝，可见当时他与西石岩寺僧、儒名士交往之密切。据传，陆羽在乐昌期间，亲自上山摘茶，遍访各处茶山，曾在西石岩寺的山腰中，建了茶亭，并备上茶水，供过往行人饮用。这里见证了他晚年的茶禅之缘。

陆羽从西湖到西山，从西石岩寺返西湖，最终隐居于覆釜洲。风烛残年的桑苎翁“老奉其教”，终日伴守恩师智积的灵塔，为塔内师父的塑像续香火，为塔前亲手栽种的竹子整枝，与世隔绝，默默无闻。803年，陆羽离世，两种佛教经典[①]将其以“隐逸”列传。

① 〔宋〕释祖琇：《隆兴佛教编年通论》卷二十；〔元〕念常：《佛祖历代通载》卷十四。

第二章　茶圣归来：陆羽的终隐地

唐玄宗开元二十一年（733年），茶圣陆羽出生在复州竟陵郡，也就是今天的湖北天门。由于是弃婴，陆羽的青少年时代是在竟陵西湖覆釜洲上的西塔寺度过的，他一直生活到24岁，才离开湖北。

在湖北，他的游历很广。

有意味的是，他最后的终隐地扑朔迷离，成了谜团。古老的江汉平原有一首流传极广的歌，至今已吟唱了一千多年，这就是陆羽的《六羡歌》。回到它产生的现场，我们有可能从这里开启通向陆羽晚年生活的隐秘之门。

从孟郊的《陆羽坟》到陆羽的《六羡歌》，让我们穿越岁月的迷雾，回到故事开始的地方。

一、孟郊《陆羽坟》诗：想象的湖州之行

关于陆羽去世的信息（803年去世）记载在佛教的典籍里，而陆羽坟的信息则仅存于孟郊的一首题为《送陆畅归湖州，因凭题故人皎然塔、陆羽坟》的诗中。这首扑朔迷离的诗作，本来只是想象之辞，却成了陆羽坟的唯一证据。

唐元和六年（811年），离陆羽去世已经8年了。诗人孟郊在洛阳自家的生生亭边为即将归籍探亲的新科进士陆畅和他的妻子送行。陆氏夫妇此行的目的地是湖州，而孟郊也是湖州人，送行的氛围因此有点儿凝重。近年来，孟郊丧母失子，他欲归老湖州的夙愿难偿，湖州留在他脑海中最刻骨铭心的记忆——白蘋诗会，盛景不再，恍如隔世。个中一起唱和的友人皎然、陆羽等纷纷谢世，不禁催生出人生的百般感慨。于是，他写下诗作一篇，托陆畅在皎然塔前与陆羽坟前念读一

下。这首诗就是《送陆畅归湖州，因凭题故人皎然塔、陆羽坟》：“淼淼霅寺前，白蘋多清风。昔游诗会满，今游诗会空。孤吟玉凄恻，远思景蒙笼。杼山砖塔禅，竟陵广宵翁。饶彼草木声，仿佛闻馀聪。因君寄数句，遍为书其丛。追吟当时说，来者实不穷。江调难再得，京尘徒满躬。送君溪鸳鸯，彩色双飞东。东多高静乡，芳宅冬亦崇。手自撷甘旨，供养欢冲融。待我遂前心，收拾使有终。不然洛岸亭，归死为大同。”

图 2-1 湖州在 20 世纪 90 年代立的两处陆羽墓。近几十年来，天门陆羽研究会与湖州陆羽研究会似乎达成了某种分工的默契：天门讲年轻时候的陆羽，湖州讲老年的陆羽。这使得天门本地对陆羽晚年的研究长期以来失去了自己的发声权。天门陆羽研究会的萧会长曾经拜访湖州，询问湖州建陆羽墓的根据何在？回答就是孟郊的那首《送陆畅归湖州，因凭题故人皎然塔、陆羽坟》。今天看来，要从更深入的证据链来重新思考这个问题了

一首扑朔迷离的想象之作居然锁定了一千多年来人们对陆羽最后归宿的全部认识，而过滤掉大量的证据，使得陆羽的丰富性被遮蔽。今天关于这首诗仍然存在着误解，毕竟仅文学的解读是不够的，必须回到历史的场景中去，做一番田野调查。当陆羽最后的十年隐居生活露出水面时，我们有必要重新回到这首诗所叙述的故事本身，并从新的《六羡歌》证据链入手，展开对陆羽归属的深入探寻。

二、陆羽坟：往湖州归途中所见，未必在湖州

诗是从陆畅的视角展开的对湖州归途“所见”的想象，并不是孟郊自己去湖州。诗中的湖州景象也只是昔日与皎然、陆羽参与盛会时的记忆，并没有迹象表明孟郊在陆羽去世后去过湖州（当然也没有证据说他在这段时间一定没有去过湖州，只需留待他证即可）。

陆畅回湖州的行程是怎样的呢？同时给陆畅夫妇送行的人还有韩愈，韩愈与陆畅的诗里告诉我们了，是取道湘中。我国台湾地区的林正三先生推测陆畅此行当经过复州竟陵，他可能会在那里看到陆羽坟。这就是孟郊诗中“杼山砖塔禅，竟陵广宵翁”一联的意思，是孟郊从陆畅的视角在两个不同时空看到的景象，作为文学性的对仗描述是成立的。可是孟郊的诗确实孤峭，诗中又多是以湖州的场景作结，就容易让人以为陆羽坟必在湖州，并进一步认定陆羽坟与皎然塔比邻而望。艺术的想象直接变为物理的真实。

400 多年后，在南宋王象之的《舆地纪胜》里，说到湖州（当时叫“安吉州”）的古迹的时候，也提到了陆羽坟，但未详其方位，注解是“孟东野送陆畅归有凭题陆羽墓诗”，居然也只是根据这首诗来判断的。

没有迹象表明孟郊在 803—811 年曾到湖州，上一次到湖州是在他 39~40 岁的时候（790—791），那时陆羽还在世，不可能见到陆羽坟。

三、793 年：孟郊与陆羽都在复州，有无相遇惹联想

那么，有没有可能孟郊在复州竟陵看到陆羽坟呢？似乎 803—811 年他也没有专程来过复州。但在贞元九年（793 年），他确实来过复州。

这一年，第二次落第的孟郊踏上了南下湖楚的干谒之旅。他的好友卢虔被任命为复州刺史，孟郊就从长安出发，下商州、襄州、京山，到复州

来了。从《下第东南行》《梦泽行》《京山行》《自商行谒复州卢使君虔》等篇名可略知其行程。

今天能看到的陆羽的踪迹在这一年后消失了，多么奇怪！正是因为此后陆羽的行迹没有文献记载，所以他才被锁定在孟郊的那首诗里，于是，他的晚年就“挂靠”在湖州了。

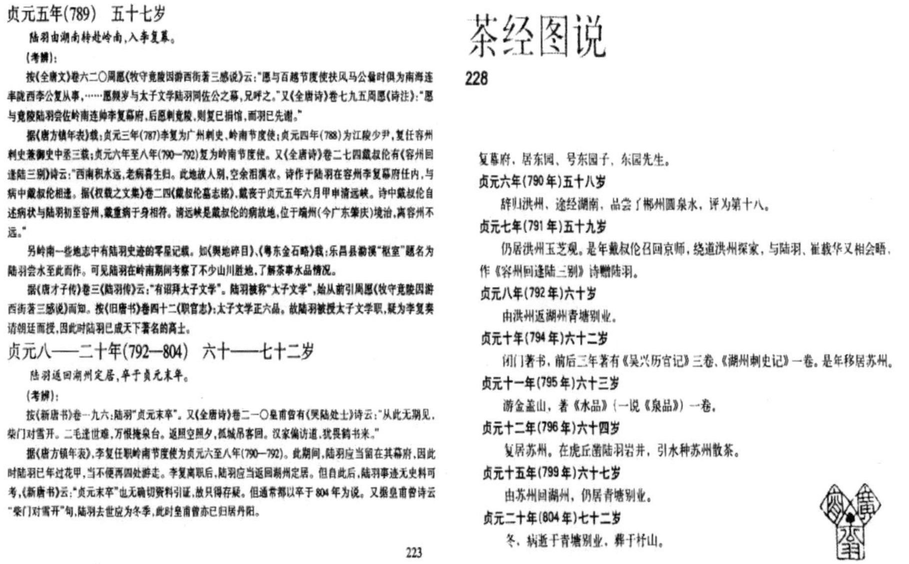
贞元五年(789) 五十七岁

陆羽由湖南转赴岭南，入李复幕。

(考辨)：

按《全唐文》卷六二〇周愿《牧守竟陵因游西街著三感说》云："愿与百越节度使扶风马公畲时俱为南海连率陇西李公复从事，……愿频岁与太子文学陆羽同佐公之幕，兄呼之。"又《全唐诗》卷七九五周愿《诗注》："愿与竟陵陆羽尝佐岭南连帅李复幕府，后愿刺竟陵，则复已捐馆，而羽已先谢。"

据《唐方镇年表》载：贞元三年(787)李复为广州刺史、岭南节度使；贞元四年(788)为江陵少尹，复任容州刺史兼御史中丞三载；贞元六年至八年(790—792)复为岭南节度使。又《全唐诗》卷二七四戴叔伦有《容州回逢陆三别》诗云："西南积水远，老病喜生归。此地故人别，空余泪满衣。诗作于陆羽在容州李复幕府任内，与病中戴叔伦相逢。据《权载之文集》卷二四《戴叔伦墓志铭》，戴丧于贞元五年六月甲申清远峡。诗中戴叔伦自述病状与陆羽初至容州，戴重病于身相符。清远峡是戴叔伦的病故地，位于端州(今广东肇庆)境治，离容州不远。"

另岭南一些地志中有陆羽史迹的零星记载。如《舆地碎目》、《粤东金石略》载：乐昌县翁溪"枢室"题名为陆羽尝水至此而作。可见陆羽在岭南期间考察了不少山川胜地，了解茶事水品情况。

据《唐才子传》卷三《陆羽传》云："有诏拜太子文学"。陆羽被称"太子文学"，始从前引周愿《牧守竟陵因游西街著三感说》而知。按《旧唐书》卷四十二《职官志》：太子文学正六品。故陆羽被授太子文学职，疑为李复奏请朝廷而授，因此时陆羽已成天下著名的高士。

贞元八——二十年(792—804) 六十——七十二岁

陆羽返回湖州定居，卒于贞元末年。

(考辨)：

按《新唐书》卷一九六：陆羽"贞元末卒"。又《全唐诗》卷二一〇皇甫曾有《哭陆处士》诗云："从此无期见，柴门对雪开。二毛逢世难，万恨掩泉台。返照空照夕，孤城吊客回。汉家偏访道，犹畏鹤书来。"

据《唐方镇年表》，李复任职岭南节度使为贞元六至八年(790—792)。此期间，陆羽应当留在其幕府，因此时陆羽已年过花甲，当不便再四处游走。李复离职后，陆羽应当返回湖州定居。但自此后，陆羽事迹无史料可考，《新唐书》云："贞元末卒"也无确切资料引证，故只得存疑。但通常都以卒于804年为说。又据皇甫曾诗云"柴门对雪开"句，陆羽去世应为冬季，此时皇甫曾亦已归居丹阳。

223

茶经图说

228

复幕府，居东冈、号东园子、东园先生。

贞元六年(790年)五十八岁

辞归洪州、途经湖南，品尝了郴州圆泉水，评为第十八。

贞元七年(791年)五十九岁

仍居洪州玉芝观。是年戴叔伦召回京师，绕道洪州探家，与陆羽、崔载华又相会晤，作《容州回逢陆三别》诗赠陆羽。

贞元八年(792年)六十岁

由洪州返湖州青塘别业。

贞元十年(794年)六十二岁

闭门著书，前后三年著有《吴兴历官记》三卷、《湖州刺史记》一卷。是年移居苏州。

贞元十一年(795年)六十三岁

游金盖山，著《水品》(一说《泉品》)一卷。

贞元十二年(796年)六十四岁

复居苏州。在虎丘凿陆羽岩井，引水种苏州散茶。

贞元十五年(799年)六十七岁

由苏州回湖州，仍居青塘别业。

贞元二十年(804年)七十二岁

冬，病逝于青塘别业，葬于杼山。

图 2-2 在周志刚的《陆羽年谱史迹考辨》一文里，792 年之后的陆羽行迹消失了，然后根据孟郊的诗将陆羽余生“挂靠”在了湖州。另外周文提到的《哭陆处士》并非凭吊陆羽之作。一则署名皇甫曾是比较可靠的，皇甫曾先陆羽离世（约在 780 年），故可排除。二则有人说应为权德舆作，也不确。因为权德舆有三首写陆羽的诗，均称其为“陆太祝”，不太可能改称“陆处士”。裘纪平的《茶经图说》附录《陆羽年谱》792—803 年的行迹描述也是按“挂靠”湖州连缀而成

可是，更多的信息显示，陆羽的这 10 年不是消失了，而是回到家乡隐居去了。他离开岭南，取道杭州，回到了竟陵西湖。也许他在 793 年在复州与孟郊谈起过隐居的想法，所以孟郊可以顺理地做出猜想。毕竟复州的治所在竟陵，而竟陵的府衙就在西湖边上，陆羽的居所在西湖中的覆釜洲西塔寺后，两人见面的概率是相当高的。又可能陆羽在归途中经过无锡的惠山寺，在那里也透露过类似的心声。所以，陆羽身后不久，只有两个地方有陆羽祠——复州竟陵与无锡惠山寺。（明代的陆羽祠堂又有了多处，如湖北沔阳与蕲水等地。）

那么，怎么知道陆羽在 793 年是返回故里了呢？790—792 年，陆羽还与友人周愿随李复入幕在岭南（广州）。李复是陆羽幼时的恩公李齐物之子，晚年的陆羽又受到李复的眷顾。793 年，李复结束了在岭南节度使上的任命，去了滑州。如果不出意外，陆羽有可能会继续随他前往，但意外的事偏偏发生了，他不得不匆匆地踏上回乡的旅程。

四、《六羡歌》密码：陆羽在 793 年归来是决意与恩师“相伴”余生

陆羽为什么会辞别李复，匆匆从岭南赶回呢？这恐怕与一个人有关，这个人就是恩师智积。智积的名字以及他的逝世是由一个叫李肇的史家记下来的。记载的时间大概是在 823 年，离陆羽去世整整 20 年。通过他的描述，我们知道陆羽在智积去世后的强烈反应——“哭之甚哀”，并作了那首著名的《六羡歌》诗。

可惜没有说智积去世的准确时间与陆羽作此歌时的具体位置。但很显然，这件事在竟陵西湖应该是人所共知的。到了北宋郑刚中来竟陵做官时，他补充了这首歌的信息，“鸿渐后宦游广中（广州）有诗云：不羡黄金盏，不羡白玉杯，不羡朝入省，不羡暮入台。千羡万羡长江水，曾向章华亭下来。”

这下我们就明白了，智积的去世就发生在陆羽在岭南入李复幕的时间。如果不出意外，陆羽会继续随李复前往赴任地，但意外的事就这样发生了：他得知了恩师智积去世的消息。

智积的去世对陆羽来说，打击是无比沉重的，他“哭之甚哀”就很能说明问题。对于暮年孑然一身的陆羽来说，还有什么别的牵挂可言呢？

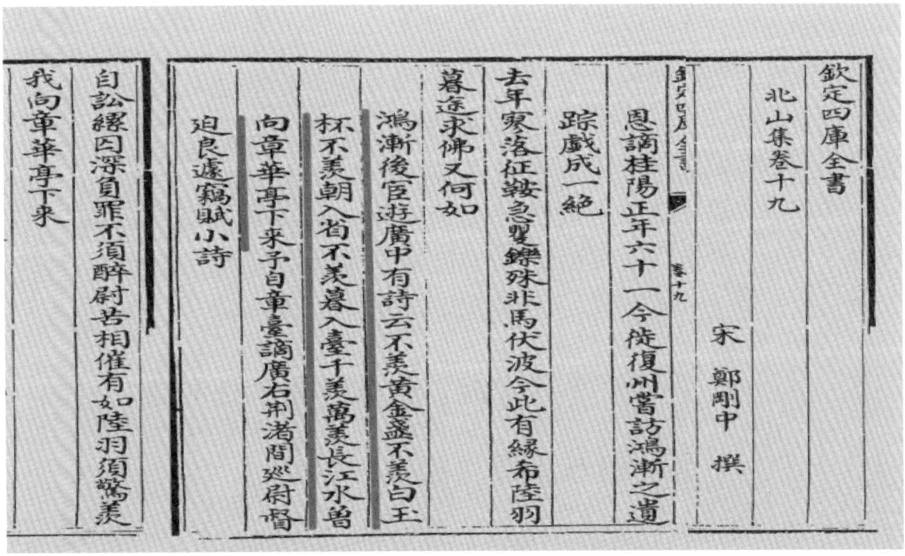
欽定四庫全書

北山集卷十九

宋 鄭剛中 撰

恩謫桂陽正年六十一今徙復州嘗訪鴻漸之遺

踪戲成一絶

去年寒落征鞍急矍鑠殊非馬伏波今此有緣希陸羽

暮逢求佛又何如

鴻漸後宦遊廣中有詩云不羨黄金盞不羨白玉

杯不羨朝入省不羨暮入臺千羨萬羨長江水曾

向章華亭下来予自章臺謫廣右荆渚間廷尉胥

迫良遽竊賦小詩

自訟緣因深負罪不須醉尉苦相催有如陸羽須羨

我向章華亭下来

图 2-3 《六羡歌》在很多有关陆羽的传记笔记中被提及，有不同的版本。比对不同的信息，发现里面居然隐藏着一个巨大的密码：它确定了智积去世的时间以及陆羽返回故里的时间是在 793 年。而长期以来，793—803 年的陆羽系年因无史料可考，是不甚清楚的。另外，陆羽把它带回了竟陵西湖，很多人都会唱，唱了一千多年，是陆羽晚年在竟陵影响最大、传播最广的作品

正是这个原因，使陆羽决心踏上归程，为恩师守孝、“与其为伴”，并最终与之携眠，隐没在竟陵西湖。

很多人以为这首歌表现了陆羽不慕名利、高风亮节的一面，其实不见得要这样解释。这首歌其实只是想告诉我们，他已经打定主意，准备回归故里了。

五、覆釜洲头的《六羡歌》歌声：陆羽的隐居生活

因为恩师智积的去世，陆羽回到了竟陵西湖的覆釜洲西塔寺，多条文献记载了他在故里的隐居生活。他将《六羡歌》带回来了，教给西塔寺里智积的门人们。

关于《六羡歌》，离陆羽身后最近的笔记史料中一般都有记载，像

《唐国史补》（约 823 年）、《大唐传载》（约 834 年）、《因话录》（约 839 年），版本或多或少有点出入，总会提供一些新鲜的信息。

陆羽去世的那一年，赵璘落生了，他儿时在江汉一带度过，曾经过覆釜洲，听到西塔寺的老僧深情吟唱着《六羡歌》：“不羡黄金罍，不羡白玉杯，不羡朝入省，不羡暮登台。千羡万羡西江水，曾向竟陵城下来。”《大唐传载》则说，到大和年间（827—835），还有人在唱这首歌。实际上，这首歌从陆羽晚年一直唱到了今天。明嘉靖年间还刊刻进景陵版的《茶经》中，当时的沔州名士陈柏还特意探寻“《茶经》遗址”。可见在竟陵西湖，民间一直流传着《茶经》与《陆文学自传》都曾随陆羽回故里的说法。陈柏在没有找到遗址的情况下，自建“六羡草堂”，吟唱《六羡歌》自娱，其影响可见一斑。

陆羽在与恩师塔相伴守孝的日子里，还写过非常多的怀念诗，这也是赵璘告诉我们的。而 816 年友人周愿的到来，则告诉我们，陆羽在覆釜洲的西塔寺内，诵经伴师，为恩师铸像种竹：“塔中之僧，羽事之僧；塔前之竹，羽种之竹。”

六、由隐而终与茶圣归来：陆羽归葬地从民间走向官方记述

唐贞元十九年（803 年），陆羽在竟陵西湖终隐，时间被记述在佛教的两部文献里。除此之外，他 793—803 年的行迹，很少有文献提及，致使有人根据孟郊的《陆羽坟》诗误认为他葬在了湖州。

其实原因很简单。一则陆羽过的是平静的隐居生活，在通信不发达的情况下是很容易被时代忘记的。二则竟陵西湖的西塔寺在智积逝后败落了，僧众渐渐散去，不再有往日的气象，再没有产生像智积、陆羽这样的名僧高士。即使陆羽的归来，隐居西湖也没有引起太多的波澜。陆羽的时代谢幕了。如果不是友人周愿与后辈史家赵璘、李肇等的注目，不会有人

再提起这个曾声名远播的人物。后代屡有官员名士过访西塔寺凭吊他，他们记住的是陆羽在最后的岁月里的身份——隐士。北宋的宋祁采集他的事

图 2-4 存于天门市陆羽纪念馆内的“唐陆公祠”石碑。北宋诗人张耒来竟陵任酒税监督时（约 1098 年），作《题陆羽祠堂兼寄李援援有诗殊佳二首·其一》诗说：“陆子不可招，寥寥风月魂。空堂掩遗像，幸此配老禅。举世人浇薄，云谁知子贤。竟陵樵牧地，陈迹岂复存。我欲歌子诗，三叹抚无弦。瓦登荐秋菊，酌此石井泉。”可以想见当时陆羽祠堂的情景

迹，将他请进《新唐书·隐逸》里。

陆羽的坟墓，周愿也没有直接说明，只说“予作楚牧，因来顶中道场，白日无羽香火，遐叹零落”。后代设陆公祠，历代都有凭吊与修葺之作。

直到《大清一统志》“安陆府天门县西湖”条目里，才有了下面的话，“西湖：在天门县西门外，广次于东湖。有洲曰覆釜洲，唐陆羽所居，后葬此。即建塔焉，有西塔寺，寺有陆子茶亭”。

经过一千多年的流转，陆羽的终隐地终于从民间走到了官方的陈述里，茶圣由此归来了。

大清一統志　安陸府　十二

十里。白湖在潛江縣西南。有東白、西白、北白三湖。東湖在天門縣東門外。廣袤三里。中有洲。華嚴湖在天門縣東五十里。上帳湖在天門縣東七十里。又東二十里為下帳湖。南湖在天門縣南門外。中界民居壇廟。析為兩湖。在天橋東者。邑人延鶴諸書其中。名延家湖。後可通舟。西湖在天門縣西門外。廣次於東湖。有洲曰覆釜洲。唐陸羽所居。後葬此。即建塔焉。有西塔寺。寺有陸子茶亭。青山湖在天門縣西十里。又西十里有熨斗湖。北湖在天門縣北門外。縣志。一名官池。舊通西南二湖。水常溢。明知縣邵宜築官道於中以隔之。風波湖在天門縣北十里。南通義河。北通柳家河。蒿臺湖在天門縣東北七十里。一名楊桑湖。湖上承汜水。下通三台湖。三台湖在天門縣東北九十里。接德安府應城縣界。龍鳳港在鍾祥縣南四十里。輿地紀勝。相傳楚王乘舲船載姬遊此。冷水港在鍾祥縣西三十里。相近又有唐港。龍窩港在鍾祥縣西三十里。三尖山之下。白雲三汊

图 2-5　《大清一统志》书影

第三章　陆羽的西湖："陆鸿渐煎茶"碑传奇

得知恩师去世噩耗的陆羽，风尘仆仆回到了故乡——复州竟陵西湖的覆釜洲西塔寺。竟陵城区不大，很快热烈地流传开茶圣归来的消息。人们打听着他在外的见闻，对他新近得来的"太子文学"头衔赞叹不已，并且很快以"陆文学"来称呼他。在大致相当于今天的天门市陆羽故园范围内，曾经有一块石碑见证了他的归来。那么这是一块什么样的石碑呢？它能告诉我们哪些不为人知的陆羽最后生活的侧影呢？让我们从立碑的时间说起。

一、874 年：竟陵西湖陆羽故居新立的"陆鸿渐煎茶"碑

唐代，复州竟陵出的"大官"只有三个：一个是陆羽，他被征召为"太子文学"，但没有就职；另外两个是进士皮日休与刘虚白。皮日休是第一个整理《茶经》、诗补《茶经》的人，而刘虚白则在咸通十五年（874年）为他的前辈在竟陵西湖覆釜洲上的陆羽故居立了块碑，这就是日后影响深远的"陆鸿渐煎茶"碑。

立碑的情况，直到 150 多年后，因为一位在复州任军事推官的北宋新科官员宋祁的到来（1025 年），端倪渐显。宋祁观摩了碑文，做了耐心的采风，写成了《陆羽传》，收入《新唐书 · 隐逸》中，并将碑文的拓片赠给《新唐书》的另一位合作者欧阳修。欧阳修在其《集古录》里是这样记述的：

"陆文学传：唐刘冥鸿书，陆羽自叙也。刘虚白以羽自传并李阳（冰）写真赞，又为后叙附。咸通十五年刻石在复州。"

碑文的内容很丰富：陆羽的传、李阳（冰）的“写真赞”和刘虚白自己的跋。“写真赞”是“写真”（画像）+“赞”（评论）呢，还是仅仅只有对“写真”的“赞”？按前者就应该有陆羽的像，按后者就只有对相貌的描述文字了。李阳冰，史书中说他“唐大历（766—779）中，李阳冰篆迹殊绝，独冠古今”，并未见他有画像的记录，而且他约于贞元二年（786年）谢世。所以，这块碑什么样就成为悬案了。令人不禁遐想的是，如果陆羽在874年有像，会是什么样子的呢？

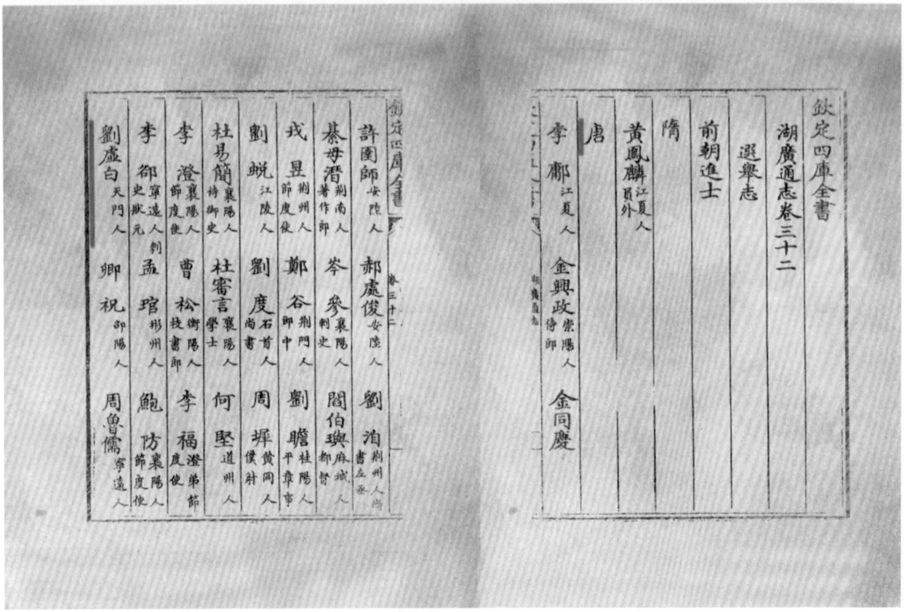
欽定四庫全書
湖廣通志卷三十二
選舉志
前朝進士
隋
黃鳳麟 江夏人員外
唐
李鄘 江夏人 金興政 崇陽人侍郎 金同慶
許圜師 安陸人 郝處俊 安陸人 劉洎 荊州人尚書左丞
綦毋潛 荊南人著作郎 岑參 襄陽人刺史 閻伯璵 麻城人都督
戎昱 荊州人節度使 鄭谷 荊門人郎中 劉瞻 桂陽人平章事
劉蛻 江陵人 劉度 石首人尚書 周墀 黃岡人僕射
杜易簡 襄陽人侍御史 杜審言 襄陽人學士 何堅 道州人
李澄 襄陽人節度使 曹松 舒陽人校書郎 李福 澄弟節度使
李郃 寧遠人刺史狀元 孟琯 郴州人 鮑防 襄陽人節度使
劉虛白 天門人 卿祝 郇陽人 周曾儒 寧遠人

图 3-1　唐代复州竟陵出的三个“大官”：陆羽、皮日休、刘虚白。陆羽因为诏拜“太子文学”没有就职，所以这个名单上没有他；皮日休因为参加“黄巢起义”，可能被除名了；只剩下刘虚白一人。刘虚白中进士挺有意思，他有个同学叫裴坦（也作裴垣、卢坦），这一年裴坦做主考，他是考生。考试当晚，刘虚白献了首诗给他：“二十年前此夜中，一般灯烛一般风。不知岁月能多少，犹着麻衣待至公。”不久刘虚白就成进士了

图 3-2　刘虚白立的“陆鸿渐煎茶”碑我们是看不到了，但刘虚白的字我们还是看得到的，这是现存于桂林伏波山东岩（今还珠洞）的刘虚白留题。时间是咸通四年（863 年），早“陆鸿渐煎茶”碑 11 年。正书，40 cm×67 cm

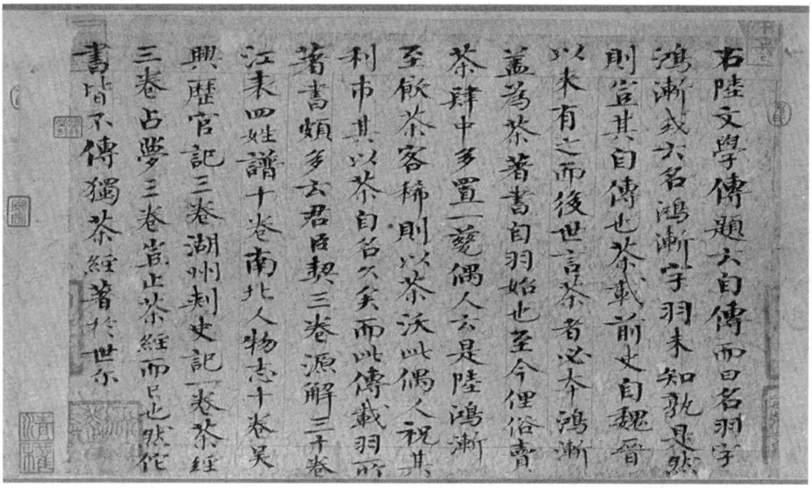

右陸文學傳題云自傳而曰名羽字
鴻漸或云名鴻漸字羽未知孰是然
則豈其自傳也茶載前史自魏晉
以來有之而後世言茶者必本鴻漸
蓋為茶著書自羽始也至今俚俗賣
茶肆中多置一甕偶人云是陸鴻漸
至飲茶客稀則以茶沃此偶人祝其
利市其以茶自名久矣而此傳載羽所
著書頗多云君臣契三卷源解三十卷
江表四姓譜十卷南北人物志十卷吳
興歷官記三卷湖州刺史記一卷茶經
三卷占夢三卷豈止茶經而已也然他
書皆不傳獨茶經著於世尔

图 3-3　欧阳修根据“陆鸿渐煎茶”碑文拓片写的跋文，是目前存世不多见的《集古录跋尾》手稿之一。这是目前关于“陆鸿渐煎茶”碑最重要的记录，离咸通十五年立碑快 190 年了。此后，“陆鸿渐煎茶”碑的存毁再没有见于记载

二、齐已：我所亲见的陆羽故居

“陆鸿渐煎茶”碑具体的位置在哪里，是什么样子的呢？好在碑立了十几年后（874—892），有一位从当阳玉泉寺西来的僧人齐己（863—937）造访竟陵西湖覆釜洲，他看到了这块碑。随即写下的《过陆鸿渐旧居》，连注带诗对相关情形说得很详细，他写道：“（陆生自有传于井石，又云行坐诵佛书，故有此句）楚客西来过旧居，读碑寻传见终初。佯狂未必轻儒业，高尚何妨诵佛书。种竹岸香连菡萏，煮茶泉影落蟾蜍。如今若更生来此，知有何人赠白驴①。”

在诗僧齐己面前的陆羽故居，荫静地幽处在西湖覆釜洲上。根据后来《天门县志》中的《西塔寺图》看，陆羽故居在西塔寺后西北角，靠近陆羽井的地方。“陆鸿渐煎茶”碑应该就在井旁。

齐己在陆羽故居的这块碑前伫立良久，他说他看到碑（估计应该还看到了此前于840年立的“龙盖寺”碑）上的《陆文学传》，陆羽的一生就豁然在眼前了。年轻时的陆羽像接舆一样狂狷，“通狎胜流”，但骨子里对儒家是很尊崇的；老年隐居故里，也并不妨碍他成天抱着佛书来吟诵。环顾故居，清幽雅致，篁竹饶舍，莲荷绣岸。阵阵清香，在夜色中浮动；曾经汲水烹茶的陆羽泉里，荡漾着月华。他最后不禁感慨道：“唉！而今这个世道，即便是陆羽再一次投生在这里，又到哪里去找当初赠给他白颁乌犎牛的贵人呢？”

那个产生了茶圣陆羽的盛唐气象已经谢幕了。齐己的诗让我们身临其境看到了陆羽去世约90年后竟陵西湖其故居的日常情形，是非常珍贵的写真。

① “驴”应为“颁”，典出礼部郎中崔国辅“赠白颁乌犎一头”给陆羽的故事。

图 3-4 根据乾隆乙酉年（1765 年）的《天门县志》中的西塔寺图可以找到陆羽故居的位置，靠近陆羽泉，“陆鸿渐煎茶”碑也在这里。但“陆羽泉”是不是“文学泉”就有点二乎了。《天门县志》上是这样说的，“文学泉：一名陆子井，县北门外西北隅官池内，口径七尺深，近百尺。中有断碑废柱，字刻‘支公’，乃真陆井。陆曾以文学征，故以名。按，井湮没年久，嘉靖庚子佥事柯乔博求无踪，构茶亭寺西，并甃井、刻《茶经》，寓怀陆意。后知县邱宜筑城掘得之。拟构亭其上，未果。今迹又湮矣”。又注陆羽泉，“陆井：西塔寺右，即柯公所甃，非真井”。而陆羽故居的陆羽泉，历代都有访客来凭吊。如五代人裴迪的《西塔院》（也作《西塔寺陆羽茶泉》）写道：“竟陵西塔寺，踪迹尚空虚。不独支公住，曾经陆羽居。草堂荒产蛤，茶井冷生鱼。一汲清泠水，高风味有馀。”不管怎么样，“文学泉”与“陆鸿渐煎茶”碑都因为陆羽被征召为“太子文学”一事而被记入南宋的《舆地纪胜》，反映了陆羽以“太子文学”归来后在竟陵西湖留下的新景观

三、《陆文学自传》之问：陆羽何时成为“太子文学”？

我们看到，陆羽的自传在最初可能只叫“传”或“自传”，第一次正式“公布于众”，就是 874 年立的这块碑上的说法：《陆文学传》。到了 110 多年后，在《文苑英华》（982—986）中才叫《陆文学自传》。

问题是，陆羽的传为什么到了竟陵就成了《陆文学传》了呢？他是

什么时候被称为“太子文学”的呢？

《陆文学自传》曾引起热烈的学术讨论。因为这篇自传写于“上元年辛丑岁”（761 年），与他被征召为“太子文学”的时间严重不符，加上若干著作也存在类似的问题，很多研究者就断定它是伪作或做了伪。其实，了解了“陆鸿渐煎茶”碑的情况，这就不是个问题了。

陆羽诏拜为“太子文学”的时间，则有点绕。前面说过，1025 年，北宋官员宋祁来复州任军事推官，根据“陆鸿渐煎茶”碑及民间采风，写成了《陆羽传》，收入《新唐书 · 隐逸》里。对于陆羽的后半生，笼统地提到了“太子文学”一事。他说：“久之，诏拜羽太子文学，徙太常寺太祝，不就职。”宋祁是严谨的史家，应该不仅仅是采风所得，但确实不知其来源。“陆太祝”的称呼约起于陆羽居江西，从信州移居洪州玉芝观的时候（787 年 8 月），太祝是“正九品上”。而在这之前，并未见到有人称他为“太子文学”（正六品下）的情况，大历年间（766—799）陆羽在游吴越时，诸人均称他为“山人”“处士”，甚至直呼其字。因此，说他在“太祝”之前被诏拜为“太子文学”似乎不妥。而且既然两者都没有就职，为什么别人称呼他时要舍大求小？

耐人寻味的是，称陆羽为“太子文学”的唐代人只有两个：周愿与赵璘。两个人说“太子文学”的语境都在复州竟陵，而且这个头衔也主要流传于竟陵西湖一带。这是怎么回事呢？

四、从“文学”到“处士”：陆羽在竟陵西湖的称呼

首先是周愿在复州竟陵西塔寺做了一次祭祀，活动记载在一篇叫《牧守竟陵因游西塔著三感说》的文章里，时间是元和十一年（816 年），周愿任复州刺史的第一年。文章在同一年刻碑留在了西塔寺内。这篇文章是最早提到“太子文学陆羽”的。周愿与陆羽两人性情相投，都以诙谐见称，又都在岭南节度使李复幕中共事（789—792）。陆羽被征召为“太子文学”就在这段时间内，应该是李复推荐的，而陆羽没有

就职。原因可能正是恩师智积去世改变了他继续从政的想法，但回到故里的陆羽已经是“陆文学”了。

再就是赵璘在《因话录》里提到这一头衔，他是将陆羽作为官员来记录的，收入其专为“记王公大臣妙语卓行”的《商部》里。赵璘的少年时代是在江汉一带度过的，曾在复州竟陵的覆釜洲亲见老僧在吟唱陆羽的《六羡歌》，并在那里采集到陆羽的身世传说。

这些说明，陆羽被征召为“太子文学”一事起点在岭南，而终点是在他的故里。所以，尽管他在外地的时间达 37 年之久，归来时物是人非，但是他还是选择了西湖覆釜洲作为他的终隐地，而竟陵西湖一带为了纪念他，这才有了“文学泉”“陆鸿渐煎茶碑”等纪念物。南宋王象之的《舆地纪胜》里就录有这两处名称。

陆羽归来的身份是“太子文学”，简称“陆文学”。因为没有就职，所以被宋祁当作隐士来处理，当地人则称他为“处士”，和隐士是一个意思。

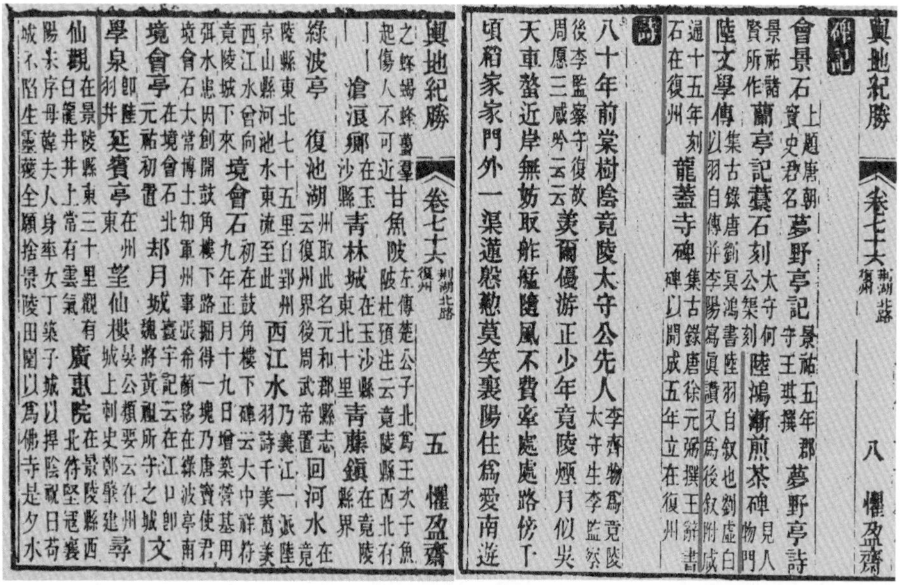
輿地紀勝 卷七十六 荆湖北路 復州 八 懼盈齋
碑記
會景石上題唐朝寶史君名 夢野亭記景祐五年郡守王琪撰 夢野亭詩
景祐諸賢所作 蘭亭記藝石刻太守何公槊刻 陸鴻漸煎茶碑見人物門
陸文學傳以集古錄唐劉冥鴻書陸羽自叙也劉虛白羽自傳并李陽寫眞讚又爲後叙附咸
通十五年刻石在復州 龍蓋寺碑集古錄唐徐元弼撰王緯書碑以開成五年立在復州
詩
八十年前棠樹陰竟陵太守公先人李齊物爲竟陵太守生李監察
後李監察守復故周愿三感吟云云 羨爾優游正少年竟陵煙月似吳
天車螯近岸無妨取舴艋隨風不費牽處處路傍
頃稻家家門外一渠蓮殷懃莫笑襄陽住爲愛南遊

图 3-5 南宋王象之的《舆地纪胜》里采录的复州竟陵风物中，与陆羽的“太子文学”身份有关的纪念点是“文学泉”与“陆鸿渐煎茶碑”。应该说散留在全国各处的“陆羽泉”“陆羽井”等很多，唯独“文学泉”在复州竟陵，这难道不是陆羽晚年以“太子文学”归籍的真实反映吗？

五、袈裟或士服：桑苎庐里的陆羽像

陆羽晚年是僧是俗本来是个很清楚的事情，但由于他“老奉其教，如声闻辟支，以尊乎竺乾圣人也”（周愿语），“高尚何妨诵佛书”①，致使这件事情一下子变得扑朔迷离起来。特别是《大唐传载》里说：“至大和，复州有一老僧，云是陆僧弟子，常讽歌云‘不羡黄金罍，不羡白玉杯，不羡朝入省，不羡暮登台。唯羡西江水，曾向竟陵城下来’。”在转引《因话录》本事的时候，省了一些字句，一下子让我们眼前的画风大变，隐隐约约觉得陆羽归来西塔寺后，不仅成了住持僧，还带了徒弟。

由于陆羽与寺院特殊的因缘——他长于覆釜洲西塔寺，又终隐于覆釜洲西塔寺后，他的祠堂与桑苎庐都有像，供来寺的人凭吊；在江苏惠山寺、永定寺的陆羽祠堂，也是“一瓣佛香炷遗像，几多衲子拜茶仙”。他的卒年也是记录在佛教的两部典籍里，所以陆羽谢世后，他的身份一度变得模糊起来。

清乾隆癸卯（1783 年）春，湖北安襄郧兵备使陈大文与竟陵的罗知县过访西塔寺东的桑苎庐，见到了庐中塑的陆羽像，竟然穿的是僧人的袈裟（服僧伽水田衣）。陈大文久久不能释怀，他说：“先生唐处士也，鹿苑缁衣，大失本来面目。”于是陈大文做了一件意想不到却影响久远的事，他亲自画了一幅《唐处士陆鸿渐小像》，刻在碑上（因摹像以正之，并汇诸作勒石，以垂不朽之云），成了今天我们能看到的陆羽的“标准像”。

六、晚年生活的一幕：修订著作？

“陆鸿渐煎茶”碑确实深深打上了竟陵西湖的烙印。大家习称的

① 指他隐居期间吟诵佛书。“高尚”是婉指隐居，来自《桃花源记》中“南阳刘子骥，高尚士也”一语。

图 3-6　这块与“陆鸿渐煎茶”碑媲美的“唐处士陆鸿渐小像”碑，很幸运地保存到今天，存放在陆羽纪念馆里。碑长 104 cm，宽 39 cm。“陆鸿渐煎茶”碑有没有陆羽像我们不清楚，而这块碑的意义就在于他将竟陵西湖一带对陆羽流传中的历史形象固定下来，成为茶圣陆羽的“标准像”。绘这幅像的人认为陆羽应该是处士的装扮，不能有僧人之像。有趣的是，茶专家林治先生拜谒过陆羽像后，认为陆羽端茶碗的方式正是寺院的僧人流行的“龙口含珠”式，饮茶时也不同于常人的端起来就喝，而是“凤凰三点头”，用头来找茶碗。不知是否果真如此。我们只知道，从“陆鸿渐煎茶”碑到“唐处士陆鸿渐小像”碑，见证了陆羽从“文学”到“处士”的归来史

《陆文学自传》写的是他 761 年前的小半生，而《陆文学传》以碑文形式的“公布于世”，却续写了他最后的十年，既是陆羽落叶归根，对自己一生行止的交代，也是后人对这位“竟陵人文之祖”终隐故里的纪念。它像陆羽故居旁的一个回音壁，所有的人都能在这里“遇见”陆羽，与他跨时空对话。我们看到茶圣归来了，带着他的自传及其多种著作，晚年在竟陵西湖，作古歌，诵佛经，种篁竹，煎新茶……像齐己诗里描述的与“陆鸿渐煎茶”碑显示的那样。另外“桑苎翁所至，必以笔床茶灶自随”的性格，似乎也让我们看到了陆羽最后生活的场景中，习常“闭门著书”，青灯黄卷映窗台的景象。

那么，他有没有在晚年修改他的著述呢？

就《陆文学传》来说，有两处似乎是“动过”的。一是“故楚人相

谓：‘陆子盖今之接舆也。’”这句话很突兀地出现在对其苕溪生活的描述中，很像是后来在竟陵西湖的补笔。二是文末列的部分著作，可能是在 761 年之后完成的，在修订中补足。另外，我们注意到《陆文学传》（或《陆文学自传》）与《六羡歌》在各处流传的版本似乎与在复州竟陵的“定稿”多有不同。如明万历十六年（1588 年），沔阳（即唐代复州）人陈文烛流寓时，选中了《吴兴掌故集》（1560 年）版的《陆文学自传》，刊刻到竹素园本《茶经》里。这个版本也许是陆羽流寓吴兴时的传抄本，与目前我们看到的通行版本就多有不同。

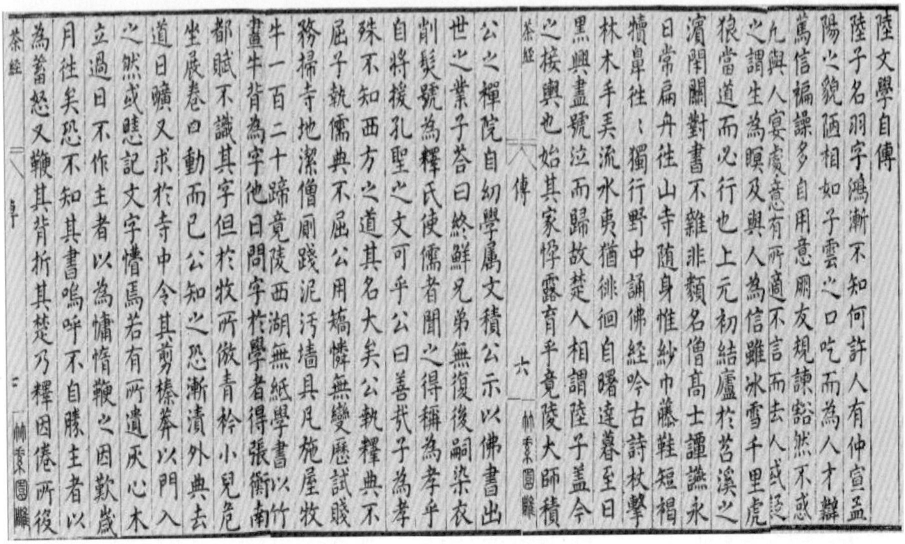
陸文學自傳
陸子名羽字鴻漸不知何許人有仲宣孟
陽之貌陋相如子雲之口吃而為人才辯
篤信褊躁多自用意朋友規諫豁然不惑
凡與人宴處意有所適不言而去人或疑
之謂生多瞋及與人為信雖冰雪千里虎
狼當道而必行也上元初結廬於苕溪之
濱閉關對書不雜非類名僧高士譚讌永
日常扁舟往山寺隨身惟紗巾藤鞋短褐
犢鼻往往獨行野中誦佛經吟古詩杖擊
林木手弄流水夷猶徘徊自曙達暮至日
黑興盡號泣而歸故楚人相謂陸子蓋今
之接輿也始其家㤈露育乎竟陵大師積
茶經　傳　六　竹素園雕
公之禪院自幼學屬文積公示以佛書出
世之業子答曰終鮮兄弟無復後嗣染衣
削髮號為釋氏使儒者聞之得稱為孝乎
自將授孔聖之文可乎公曰善哉子為孝
殊不知西方之道其名大矣公執釋典不
屈子執儒典不屈公用矯憐無變歷試賤
務掃寺地潔僧廁踐泥污墻具凡施屋牧
牛一百二十蹄竟陵西湖無紙學書以竹
畫牛背為字他日問字於學者得張衡南
都賦不識其字但於牧所倣青衿小兒危
坐展卷口動而已公知之恐漸漬外典去
道日曠又求於寺中令其剪榛莽以門人
之然或暗記文字懵焉若有所遺灰心木
立過日不作主者以為慵惰鞭之因歎歲
月往矣恐不知其書嗚呼不自勝主者以
為蓄怒又鞭其背折其楚乃釋因倦所役
茶經　二　竹素園雕

图 3-7　明万历程福生竹素园本《茶经》第一次将《陆文学自传》刊录到《茶经》单行本的正文里，虽然不算是“竟陵版《茶经》”系列，但作序者陈文烛是古复州人，其出发点仍然和其他“竟陵版《茶经》”一样，特别在意通过《茶经》来推重陆羽

第四章　带幅地图探寻唐代天门的陆羽故事

现在，我们可以重新审视陆羽的生平故事了。

关于陆羽在天门的身世传说，真实的情形是什么样的？“雁翼护婴”、“青梅竹马”、幼时受李儒公夫妇代养等故事是真的吗？

我们听古人怎么说。

一、一张地理导图还原陆羽的天门故事

唐开元二十一年（733 年）的一天，复州竟陵西湖覆釜洲头的龙盖寺（后改称西塔寺）在建寺 250 多年后，迎来了一个传奇的男婴。

今天关于陆羽的传说，在天门有很多版本。“雁翼护婴”“以易自筮”“青梅竹马”“禅门祖泉”“御前烹茶”……让我们通过唐宋的地理导图回到陆羽生活的现场，还原复州竟陵龙盖寺的茶禅少年。

《舆地纪胜》（1208—1227）是南宋王象之著的一本“收拾山河之精华”，“使骚人才士于一寓目之顷，而山川俱若效奇于左右”的人文地理总集。对陆羽降生的复州竟陵，也是将文献图经搜罗殆尽，集大成而作。特别是已经失传的《复州图经》或《竟陵图经》中就有关于陆羽行迹的很重要的信息，部分采录在这本书里。有这样一幅地理导图，基本上可以清晰地还原陆羽生长的环境与陆羽在今天天门的生活及影响。

二、《舆地纪胜》里陆羽的生长环境

首先，我们来看看陆羽的出生地竟陵的风土人情，这是我们了解陆羽

的起点。《舆地纪胜》复州部分“风俗形胜”说:“云梦七泽之南率皆水乡”“地多卑湿,人性醇和”。这是江汉平原的特点。陆羽自己的印象是“竟陵风土之美,无出吾国”。宋代诗人们来天门看到的多是一望无际的水域。皮日休的诗里倒是给了个近景,他说“竟陵烟月似吴天”,跟江浙一带有得一拼。“车螯近岸无妨取,舴艋随风不费牵。处处路傍千顷稻,家家门外一渠莲。”斗大的蚌蛤河边到处都是,小划子船往来如梭,路两旁是千顷水田,家家户户门外都种池藕。皮日休生活的时代距离陆羽不远,这大概就是陆羽所生长的环境。

当然,与少年陆羽成长息息相关的还得说是龙盖寺。大约在智积或陆羽去世后,改成了今名西塔寺。算到今天,西塔寺已经有 1500 多年的历史了。关于这座古刹的源流,佛教典籍《续高僧传》(唐代释道宣著)中的记载最早,也较为可靠。

三、古刹传奇:舍利感瑞

按《续高僧传》的记载,今天的西塔寺始建于南齐(479—502)初年,最初叫方乐寺,在此之前则是一片地势开阔的荒地。北周(557—581)武帝毁佛时遭到破坏,仅剩遗址。隋仁寿四年(604 年),高僧彦琮(557—610)奉旨来复州方乐寺建舍利塔成了这一古刹传奇的开始。

据说,彦琮一行在古刹的地基上着手建塔,挖地到七尺深时,发现了一个砖砌的藏宝地,内有盛满清水的银盒,清水底有一颗舍利,但怎么也捞不到。在为它配石函的时候,得到一块奇石,磨制后竟像玉一样光彩夺目,能照众色相。等塔建好后,将盛有舍利的石函搁在里面,一系列奇迹都来了:先是一只鹅在石函处,形影不离,前后达 10 日之久;塔前池里的鱼鳖,也都把头伸出水面,望着舍利,彦琮为它们说法,过了好几天它们才隐没而去;塔前的井水,自然涌溢了 15 天,等石函埋好,涌溢才停;四月八日请舍利的这一天,本来乌云密布,近中午时,有五彩云集聚于塔上,等到把舍利埋好后，乌云随即消散。这些祥瑞迹象都被记录下来，上报给隋文帝，藏在皇家的秘阁里。

图 4-1 隋文帝杨坚仿效阿育王，于仁寿元年（601 年）、仁寿二年（602 年）、仁寿四年（604 年）分三次在全国一百多个州敕建舍利塔，并规定了统一的建塔时限、营造样式、塔铭内容。上至朝廷，下至百姓，从都城到边地，无不大张旗鼓、兴师动众，可谓盛况空前。彦琮是在 604 年来到复州方乐寺（今天门西塔寺）建舍利塔的

四、《舆地纪胜》里的“雁翼护婴”本事

真正使西塔寺扬名千年的是彦琮建塔 129 年之后，古刹迎来了一位日后非凡的人物——“茶圣”陆羽。

关于陆羽的身世，天门广泛流传着“雁翼护婴”“以易自筮”“青梅竹马”等传说。“雁翼护婴”是说开元二十一年(733年)的一天早晨，龙盖寺僧智积缓步走出山门，忽然见湖畔有“群雁喧集，以翼覆一婴儿”，于是将他收养在寺里。后来根据《周易》占卦，从“渐卦”的爻辞给这个婴儿命名，这就是陆羽的来历。但“雁翼护婴”之事，唐代人没有记载，北宋也没有，到南宋《舆地纪胜》才露出端倪。真正形成今天版本则是在明代童承叙修《沔阳州志》(1531年)来天门采风的时候。他特意改动了宋祁在《新唐书·隐逸·陆羽》里的文字，将这个情节插了进去。

《舆地纪胜·复州》在“景物·雁桥”条目下记载了完整的陆羽故事。“旧传得陆羽处。初见群雁集覆小儿于下，僧史积师得之。育之三岁。既长，以易筮之，得‘蹇’之‘渐’，曰：‘鸿渐于陆，其羽可用为仪。’乃氏以陆，名以羽，字以鸿渐，因以雁目其桥。”另外在其他几个条目下，也谈到“雁翼护婴”本事的细节。

五、崔刺史：我所知道的陆羽传说

《舆地纪胜·复州》里的“雁翼护婴”本事，有几处和今说不一样，但更接近真相。首先，陆羽的师父姓史，不姓陆。姓陆的说法出自赵璘《因话录》。赵璘在幼时曾流寓江汉，应该是来过复州的，但毕竟他年纪小，误记是很有可能的。姓史则出自崔订(后写成了崔讦)，他曾写过《题史禅师影堂》一诗。《舆地纪胜·复州》在“仙释·积禅师”条目下注：“积禅师堤在西禅院，师所筑。师姓史，又名史禅师。主宗席于西禅，得陆鸿渐于水滨，育而教之。”也认为智积姓史。

那么，为什么崔订的说法就可靠呢？原来，他是当时复州的刺史，是直接在天门做官的。他什么时候来的复州呢？韩愈曾经写过《赠崔复州序》给他。文中说崔订马上要来复州当刺史了，他可不要学于頔搞得民怨沸腾，复州的百姓可是希望能享他的福的。这个时间大概在贞元十四年(798年)或十八年(802年)。不管怎么样，他在天门当官的时候，陆羽还在,离智积的去世时间也不远,断不会把智积的姓搞错。看来,陆羽的姓名并非随师父得姓,的确是从《周易》中占卜得来。“湖上婴儿漫记名”(宋代郑庭芬)就是说这件事。但也不是陆羽“以易自筮”,而是智积“以易筮之”,替他占的卜。

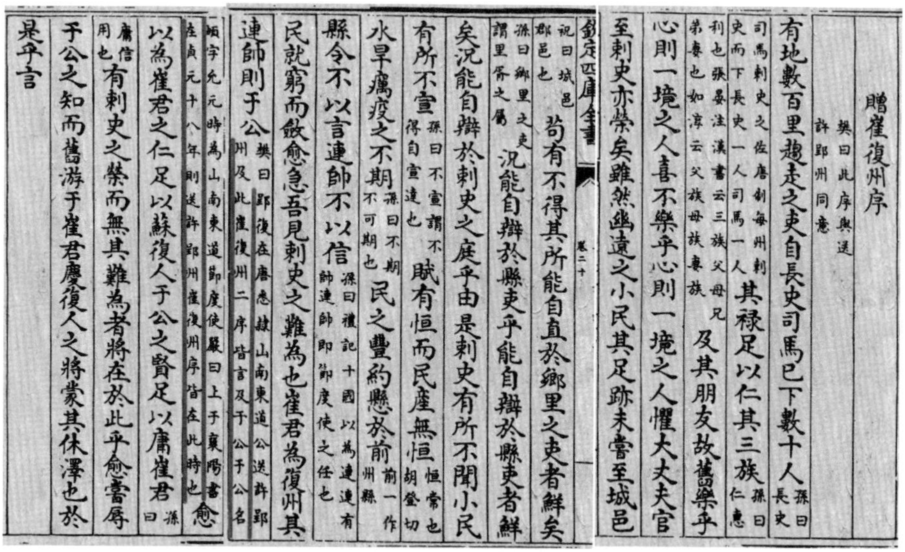
贈崔復州序
樊曰此序與送許郢州同意
有地數百里趨走之吏自長史司馬已下數十人 孫曰長史司馬刺史之佐唐制每州刺史而下長史一人司馬一人 其祿足以仁其三族 孫曰仁惠利也張晏注漢書云三族父母兄弟妻也如淳云父族母族妻族 及其朋友故舊樂乎心則一境之人喜不樂乎心則一境之人懼丈夫官至刺史亦榮矣雖然幽遠之小民其足跡未嘗至城邑 祝曰城邑郡邑也 苟有不得其所能自直於鄉里之吏者鮮矣 孫曰鄉里之吏謂里胥之屬 況能自辯於縣吏乎能自辯於縣吏者鮮矣況能自辯於刺史之庭乎由是刺史有所不聞小民有所不宣 孫曰不宣謂不得自宣達也 賦有恒而民產無恒 恒常也胡登切 水旱癘疫之不期 孫曰不期不可期也 民之豐約懸於前 前一作州縣 縣令不以言連帥不以信 孫曰禮記十國以為連連有帥連帥即節度使之任也 民就窮而斂愈急吾見刺史之難為也崔君為復州其連帥則于公 樊曰郢復在唐隸山南東道公送許郢州及此崔復州二序皆言及于公于公名頔字允元時為山南東道節度使嚴曰上于襄陽書在貞元十八年則送許郢州崔復州序皆在此時也 愈以為崔君之仁足以蘇復人于公之賢足以庸崔君 孫曰庸信用也 有刺史之榮而無其難為者將在於此乎愈嘗辱于公之知而舊游于崔君慶復人之將蒙其休澤也於是乎言
欽定四庫全書 卷二十

图 4-2 《五百家注昌黎文集》卷二十《赠崔复州序》书影

六、关于“雁翼护婴”之事

其次,据笔者考证,智积捡到陆羽的时间是在晚上,不是早上。崔玎的《题史禅师影堂》说得明白:“夜得婴儿湖水边。”

耐人寻味的是,崔玎任复州刺史的时候,陆羽还活着,也在复州竟陵西湖的覆釜洲。当时在覆釜洲西塔寺内,不光有智积的塔坟,还有智积的影堂(陈列他遗像的处所)。崔玎记述陆羽时,仅仅说智积在一个夜晚,行步湖边时捡到了他,但并没有谈到“雁翼护婴”的事。对于这件事,他是可以当面问陆羽的。看来,陆羽是弃婴,在覆釜洲西塔寺一带是妇孺皆知的,陆羽也是认可的。但是,在陆羽活着的时候,并没有神话到有“雁翼护婴”的地步。似乎到北宋宋祁与张耒等人来天门做官时也不曾听说过这回事。但到了南宋,这个故事突然被称为“旧传”而记录下来。

图 4-3　天门市美术家协会副主席刘沉香女士所作的《灵雁秋声》,展现了茶圣故里雁桥的秋景,仿佛让我们一下子置身于唐开元二十一年(733 年)陆羽被寺僧智积捡拾收养的场景中

关于“雁翼护婴”的故事,也许是受了陆羽名字(特别是渐卦爻辞)与“以易自筮”传说的启发。后世更有发挥,把鸿雁的相关联想进一步附会到陆羽身上,于是有所谓陆羽的生日在农历八月十五之说等,离真相就更远了。

七、陆羽与李季兰“青梅竹马”纯属虚构

坊间更有所谓陆羽少年时代与李季兰“青梅竹马”、受李儒公夫妇代养的故事。说陆羽被收养在寺后,一无奶水可吃,二无儒家典籍的熏陶,于是凭空想出湖州人李儒公夫妇来,两个疑难因之迎刃而解。而且说李儒公膝下一女李季兰与陆羽青梅竹马,情感挚密。这样又解决了另外两个问题:一是李季兰《湖上卧病喜陆鸿渐至》诗中表现出的与陆羽的亲密关系从哪里来,二是陆羽为什么后来到湖州去。不得不说,这是一个茶文化界的极佳剧本,可惜全是假的。居然有研究者拿它当学术文献来展开立论。

这一故事的始作俑者为前些年写的一些陆羽传,文学想象本不错,可是引以为史,就大谬不然了。

其实,陆羽与李季兰唯一的交集就是《湖上卧病喜陆鸿渐至》这首诗,别无其他。李季兰也从未踏入复州竟陵一步。陆羽与李季兰的交往不会早于至德元载(756 年)。而且李季兰一生的爱慕者为僧皎然、阎伯均与朱放,并没有陆羽。

八、《舆地纪胜》里散见着诸多陆羽行迹

《舆地纪胜》是一幅很好的人文地理导图,陆羽的行迹与传说当然不仅仅局限在“复州”的条目里,在“安吉州”“信州”“广州”等条目里也有。而在陆羽的故里,我们主要看到的是陆羽的身世传说与晚年终隐的生活记忆。

我们可以看看《舆地纪胜·复州》的“景物”条目中,分别对陆羽少年与晚年的居所做的导游式介绍。如“广教院”条说:“在竟陵县西一里,覆釜洲上,本名西塔寺,陆羽故居。”这是陆羽被智积收养成长的地方。而他晚年终隐故里的人文景点则有“覆釜洲”、“文学泉”与“陆鸿渐煎茶碑”等。其中“覆釜洲”条说:“在竟陵县,西禅寺有洲如覆釜,即唐陆羽隐居

图 4-4　在 20 世纪 90 年代的陆羽研究热中产生了很多文学性很强的陆羽传。香港楞严阁主张轸先的《茶圣陆羽传》(1987 年)较早将李季兰一家"空降"到天门,在少年陆羽的贫乏生活中增添了亮色。丁文先生的《陆羽大传》(1994 年开始创作,2002 年完稿)是将陆羽、李季兰"青梅竹马"的故事描写得最精彩的作品,至今影响深远。唯一受委屈的是李季兰的父亲"不好当",《茶圣陆羽传》中叫"李老"、《陆羽大传》中叫"李儒公"、《茶圣陆羽的故事》中叫"李松柏"……在电影《茶恋》中,情节更是围绕陆羽与李季兰的恋情展开,使这一子虚乌有的故事完胜事实本身

之地。"

当然,《舆地纪胜 · 复州》里还有陆羽评水煎茶的"文学泉"与"陆子泉"的景点介绍。不过,那是后面我们要说的故事了。

第五章　西塔寺里初出茅庐的禅茶少年

陆羽在古刹西塔寺（当时叫龙盖寺，今依俗）里是怎样成长为一个禅茶少年的？围绕着他的侍茶都有哪些遗址和传说？

《茶经》里都留下了哪些陆羽早年生活在寺院里的煎茶记忆？北禅茶风对《茶经》到底有着怎样的影响？

一、西塔寺可能浸染北禅茶风

湖北境内的佛教活动最早可追溯到三国时期的吴国，到唐代，经历了三次佛教中心的转移：最开始是在襄阳，后在江陵，陆羽的时代，在黄梅。①

陆羽生活的时代，北方的寺院基本上笼罩在北禅的教义之下，西塔寺也不例外。我们这么判断，主要是从《茶经》中对北禅茶风的反馈与设计看到的。侧面也可以做一些推断，如离西塔寺较近的黄梅东山寺与荆州玉泉寺就是北禅宗师神秀的驻锡之地。这两个地方，陆羽似乎都有拜访。

还有一个小侧例。少年陆羽有一次与师父智积发生了一次冲突，起因是智积希望他能继承衣钵，潜心事佛。陆羽则说：“我本来没有兄弟，一旦出家，岂不是断了家业的传承。孟子说‘不孝有三，无后为大’，断断不行的。”这在北禅确实是个问题，南禅讲“心平何劳持戒，行直何用修禅。恩则孝养父母，义则上下相怜”。事佛是不一定非要出家不可的。

所以，西塔寺浸染北禅茶风的可能性很大，陆羽正是在这样的氛围

① 张伟然：《湖北历史文化地理研究》，湖北教育出版社2000年版。

中成长起来的。

二、少年陆羽跟了个评茶大师

在探寻《茶经》是否受北禅茶风影响之前，我们好奇的是，西塔寺这样一所北禅风格的寺院怎么就能培养出一代茶圣陆羽呢？应该说，他师父智积可能是一个深藏不露的茶家。我们不知道这位姓史（不姓陆）的禅师是哪里人，学识身份都不了解，茶艺如何也不得而知，但他却有着惊人的对茶的品鉴力。从第一章的《御前煎茶》这则轶事可以看出，智积应该是陆羽煎茶评水最早的启蒙者。

少年陆羽煎茶，一定是在智积禅师的常年指导下完成的。因为“渐儿茶”的口感定型是需要常年校准、反复见习才能最终完成的。

三、亲临北禅腹地的茶地考察

另外，智积也曾带少年陆羽去盛产茶树的黄梅，北禅的祖庭就在那里，既为求道，也可以了解茶树的习性。这是很有可能的。那年，陆羽才 12 岁，他在少年时代访茶评水的经历比我们想象的要早。

据黄梅的茶文化研究者鄢如愿老先生撰文讲，少年陆羽因为不愿皈依佛门，与智积禅师起了冲突。智积为了开导他，让他感受一下“西方之道，其名大矣”，曾于天宝乙酉年春带陆羽到黄梅紫云山老祖寺拜晤天王道悟大师，并有了亲临紫云山野生茶地考察的机会。此次考察，陆羽在后来的《茶经・八之出》里说“淮南……蕲州、黄州又下”。

陆羽拜晤天王道悟大师（736—818）大概有误，因为这一年，天王道悟大师才 9 岁。一说是因印度宝掌和尚曾在老祖寺开道场，陆羽慕名而来。

不过也给了我们一个提醒，就是少年时代的陆羽是经常到处游历的。《茶经》中提到的湖北范围内的荆州、峡州、襄州、归州、蕲州等地的访茶游历大多是在他青少年时代生活在西塔寺时完成的。

四、多个“陆羽煎茶处”传说

在天门有好几处“陆羽煎茶处”遗址与传说，可以侧面来了解一下少年陆羽煎茶的风采。在746—752年，也就是陆羽14~20岁，陆羽曾在天门火门山（后改称天门山）邹夫子处学习，《陆子茶经·县志考》里就采录了两则陆羽煎茶的地方。

一处是“陆羽井：在天门山北山半，有坠石丈许，中开如狮口，深不及尺。水常停，不溢不竭，无穷可寻。味甘而不寒，内沉绿藓，外斑石花。传为陆子读书此地，取水烹茶处。井下石有数窟，其一圆而细，陆子置盖处也”。

图5-3 位于天门市佛子山镇的天门山陆羽泉，相传为少年陆羽在天门山从学邹夫子时所掘

另一处是“土锅：在天门山上，大丈许。登者笑语而上，则下寂然。登后开言则滃然有声，传陆子煎茶处，草木不生”。确实有点神奇了。

在西塔寺附近则有“文学泉”，名字是陆羽晚年归隐故里后起的，另有“陆鸿渐煎茶”碑，他青少年时代就在此汲水煎茶。据清代人笔记，这口井在重新疏浚之后，“得积茶数十余石”。可见，如果不是历代层积，很难达到这样惊人的茶叶量的。

顺便说一下，陆羽少年时代的老师还有崔国辅（687—约756）。崔国辅被贬竟陵后，与陆羽曾有过3年的“相与较定茶水之品”。这里就不说了。

五、北禅茶风对《茶经》的影响

让我们回到《茶经》，看看《茶经》中的北禅茶风。

我们知道，北禅对茶文化的发起颇有影响，《茶经》中有许多地方留下了这些影响。

其一，开元年间的山东灵岩寺开以茶修禅的先河，准许过午不食的禅修者怀携茶具，随处煎饮。茶的“荡昏寐”功能成为寺院里对茶最深刻的认识。陆羽在《茶经·六之饮》里强调的正是这一点。饮茶对修禅的助力还有提神醒脑、助消化、使不自失的佛家“茶三德说”，这也是陆羽将饮茶引入精神体验的起点。

其二，清饮的方式也在寺院茶里得到强化。僧人是要尽可能抑制口腹之欲的，这也是陆羽在《茶经》中反对世俗中将茶与葱、姜、枣、橘皮、茱萸、薄荷等混煮的原因。

其三，北禅主渐悟渐修，煎茶与饮茶的渐进式过程也得到了重视，被看成是北禅修道过程的外化，所以寺院里不少僧人对茶是很有悟性的。皎然的《饮茶歌诮崔石使君》中有“一饮涤昏寐，情来朗爽满天地。再饮清我神，忽如飞雨洒轻尘。三饮便得道，何须苦心破烦恼”等句。陆羽在《茶经·五之煮》中的描述也是这样，都很强调这个展开的过程对修道的体悟与自我的升华。

其四，《茶经》中对茶器的设计也有北禅的义理考虑。佛教强调吃穿住行都选次等差等的，为的是去欲修禅。《茶经》里的《二之具》容易让人想到僧众在寺院茶山的劳作情形，而陆羽主张的精行俭德精神与佛教徒这种自食其力、节俭勤作的做法是高度一致的；《四之器》则像寺院里常规的行茶展示，其材质无不以实用、俭朴、洁净为原则。像水方、滓方、涤方、巾、滤水囊等出于洁净考虑设计的器具占比是蛮大的，而且滤水囊本身就是佛教出门必备。对碗的要求，以宜汤色为限，相对来说，雅致一点，有点像和尚用的托钵，是看家的行头。

六、《茶经》中看不出茶禅

当然，陆羽并不是在专门发扬茶禅，但这些茶器与茶艺确实可能有寺院茶的影子。客观地说，《茶经》的针对群还是王公贵族，“王公之门，二十四器阙一，则茶道废矣”就是这个意思。最后，《茶经》中对行茶过程的展示，也有点北禅的意思。陆羽似乎很看重行茶过程中对洁静雅和、精行俭德的体验。这种体验还不光是茶器、茶席、煎水、分茶场面上的东西，还有茶礼。但我们有个印象，或者说是个疑问：似乎《茶经》中没有类似于日本那样讲得出“和静清寂”的茶道。其实，这大概就是北禅茶风的特点所在了。唐代的茶文化，或者说《茶经》所蕴含的禅茶文化，并不是后来的“禅茶一味”。北禅茶风，只是将茶作为一种外在的助力参与到禅修的渐进式体验。但说到底，茶本身是没有禅意的，从茶到禅，还需要宋代理学的融通。所以，《茶经》中是看不出茶禅的，更何况它还有许多儒家和道教的因素。

中篇

《茶经》时间

第六章 《茶经》开始了什么？

自从陆羽的《茶经》诞生之后，“山泽以成市，商贾以起家”，由此便进入了《茶经》时间。

在展开《茶经》的文化之旅之前，先有必要探讨一下《茶经》问世的意义。

应该说，陆羽《茶经》在中唐的问世，开始了很多东西。大体上可概括成三句话：《茶经》是茶书的开始；《茶经》是茶学的开始；《茶经》也是茶道的开始。

一、《茶经》是茶书的开始

《茶经》要放在中国农家的背景中看，就有点意思。诸子百家，有一家叫农家。某种程度上讲，农家的思想是其他各家共同的哲学背景。所以，农家思想传统很深厚，但又稀释到各派中，有时候像感觉不到似的。用中国系统思维的放大镜就看得很真切了。像“（天地人）三才观”等，在今天的茶文化中就还有人会提到，它就是个来自农家的说法。

《茶经》是农家传统中的一个重要发展。农家有个传统很有意思，就是很多农书都是隐士写的，不论是在五谷稻作方面，还是在经济类作物与传统工业方面。隐士有两点与茶可能有关：一是隐士的生活往往“宁可绝粮不可无茶”；二是山居地有茶，高山云雾出好茶。像陆龟蒙、朱权都是这样。陆羽也是一个隐士，其立身之本是专茶而艺。

《茶经》是实地采茶、种茶、煎茶、饮茶的生活经验记录，是第一本茶书。《茶经》之后有很多茶书，但与《茶经》有本质区别。区别是什么呢？就是陆羽的《茶经》首先是农学方面的书，是茶叶科学方面的书（当然也有人文科学的内容）。而此后的茶书，基本上只能叫茶叶（汤）

品鉴方面的书，是文人雅士饮茶风味的书，不是自然科学的书了。像《续茶经》就是一个典型的文献资料汇编，是社会科学的书了。

二、《茶经》是茶学的开始

《茶经》为茶叶建立了一个自然科学的体系，或者说是建立了一个茶学的体系。一个人写书，总是要有个纲目，有个体系。布局是蛮难的。

《一之源》其实最难写。提纲挈领的话要在这一章里讲。某种程度上，这一章应该最能透出作者写书时的心境与写作环境。如精行俭德的茶人思想，就在首章提出。另外，有人根据“紫者上”“笋者上”及“阳崖阴林”的描述断定《茶经》的起笔是在顾渚山采茶之后，也不是没有道理的。

《二之具》是采制茶所要用到的器具准备，准备好了，就是下一步的《三之造》，讲怎么采茶、制茶、藏茶的事了。

《四之器》是讲一个完整的茶事仪式所需要的器具。陆羽是很强调“茶礼”的，这是儒家的东西。万事俱备了，接下来就是展示陆羽的煎茶道了，这就是《五之煮》。

饮茶是精神上的东西，这是陆羽要告诉我们的。日本有本书叫《吃茶养生记》，今天说吃茶养生，不是陆羽说的，而是荣西禅师说的。虽然陆羽在《茶经》中开出了很多吃茶可以养生的单子，很多药用方面的记录，但陆羽的《茶经》主要不是讲养生的。陆羽是想确立一种“茶道”样的东西，这个茶道是什么呢？我们可以理解为陆羽是在为茶事确定仪式，而且认为这是有一个精神传统的。《六之饮》就是追溯茶饮怎么样从单纯的口腹之欲，过渡到精神的雅致愉悦。先为这层说法打个底色，然后一五一十地讲述茶人茶事以回溯这个精神传统，这就是《七之事》。我们可以形象地把它看成是“中华茶道的精神走廊”。

《八之出》是陆羽的行迹图与茶的排行榜。据说唐代有两个排行榜，一个是“茶区排行榜”（好茶排行榜），一个是“好水排行榜”（即《水

图 6-1　荣西（1141—1215）在其所作的日本第一部茶书《吃茶养生记》（著于日本建历元年，1211 年）中提倡吃茶可使世人安心静思，强身健体，消除杂念，摆脱乱世苦恼。他的推导很有意思，他说日本人为什么羸弱？是因为心脏功能不行。怎样让心脏功能改善呢？心脏主苦味，吃茶是清苦的，所以对心脏有好处。结论是吃茶可以养生

品》），都说是陆羽开的。看来，陆羽是定标准的，是那个时候的“行业家”。

《九之略》。很多人问，《茶经》有茶道吗？你看看陆羽从《四之器》开始一直忙活到现在，他要干吗呢？就是要讲茶道仪式仪轨。不要看《九之略》省去了什么，要看它省去之后还剩下什么。还剩下什么呢？就是士大夫的茶礼和精行俭德、自然随性的精神。

《十之图》，很有趣。这是陆羽的“自媒体”心思的流露。接下来我们会讨论这个问题。需要说明的是，后世的茶书几乎都遵从了《茶经》的体系。

三、《茶经》是茶道的开始

应该说，在唐代陆羽之前，中国就已经有了茶道的初步形态，一个是道教茶道的因子，另一个是佛教茶道的因子。道教的早一点，约在东汉末年。三国吴赤乌元年（238 年），道士葛玄在天台山华顶开圃植茗，后称“葛仙茗圃”，被认为是道教种茶之始。佛教兴茶主要还是隋唐之际的事，现在一般说禅茶了。有趣的是，每一种茶道都有自己的“形象代言人”，当然这都是后世追认的。道教推出的是老子，道教有本书叫《天皇至道太清玉册》，里面就说老子出函谷关的时候，关令尹喜捧着茶迎接他，道教把这件事说成是茶事的开始。佛教推出的是达摩祖师。

我们要知道，把喝茶当回事来做，其实是蛮难的。西方有个小故事，说番茄刚传到欧洲的时候，大家都不敢吃，因为听说它有毒。后来吃的人多了，证明没毒了，就把它当蔬果用了。所以我们说，一个东西要让大家接受，是一定要有个标志性的事件，或者说它经过了一段时间的默认。《茶经》就是这个样子的。

陆羽在把茶引为茶道的时候，他虽然没有说茶是用来养生的，但是我们可以这么讲，在陆羽之前的文献资料中，几乎都在告诉你茶的提神功用或是其他药用价值。但《茶经》和日本的《吃茶养生记》还是有很大不同的。《茶经》经过了魏晋南北朝时期的精神洗礼，在那一时期产生了一些标志性的茶人，这些茶人，就是奠定了后来陆羽茶道精神走廊的那些开宗立派的前辈。因此不妨说，在陆羽的《茶经》中，他续写了一个或者说引进了一个中华茶人的精神传统，这个很关键。这个精神传统，从神农氏、周公，到梁武帝，到初唐，最后落脚到陆羽那里，主要体现的是“精行俭德”四个字。

如果把陆羽茶道的形成放到历史中去观察，就会发现：饮茶这件事情真正兴盛起来是在中唐。但是任何东西要兴盛，绝对是有前奏的，它的前奏在哪里？它的前奏可以说是一个很漫长的过程，最重要的事件有两个，一个事件就是在东汉末年的时候，兴起了道教。道教对茶文化的影响，比禅宗可能还要深远。因为“二十四器”中风炉设计的一些观念，甚至“茶道”的由来可能来自道教（有人认为是借鉴“丹道”）。道教是提倡养生的，确定如何延长生命，修炼成仙。饮茶成了道士成仙的导引术。

另一个事件就是禅宗的兴起了。关于禅宗，麻天祥教授认为，禅宗其实是本土化的老庄哲学。佛教西来后，在本土化的过程中，借鉴了道家的一些东西。比方说禅宗的“禅”字，就来源于《庄子》。道教给陆羽的茶道输入了一种外在的程序、形式，如“二十四器”的形式、茶道的表演形式等和炼丹的很多东西是一样的；而《七碗茶歌》里所说的一碗、两碗、三碗……喝茶的体验和道教的食丹效果也很近似。禅宗的影响更多的是从组织动员力上推广了茶，在生产实践中提高了茶，同时以茶修禅。

陆羽的茶道是不是道教茶道和禅宗茶道的延伸呢？不是这么简单。陆羽的茶道更多的是受到中唐思潮的影响，接受了许多儒家的东西。

可以这么说，陆羽茶道最核心的东西是，儒家气质最重，道教次之，禅宗最弱。为什么儒家这么重呢？在中唐的时候兴起了一个运动，叫“古文运动”。像韩愈就认为，写文章要“文以载道”。载的什么道呢？就是儒家的道。陆羽可能比这个思潮还要早。在他少年的时候，还曾经为了从儒而与师父智积发生过对抗。那么，这种儒家的东西也会自然延续到他的《茶经》里。所以，我们说《茶经》是茶道的开始，准确地说是儒家茶道的开始。

其实每一个宗派，要把茶道神话的话，都要想一个办法：找到自己的“代言人”。前面说过，道教推出了老子，佛教推出了达摩祖师。那么陆羽干不干呢？陆羽也干，陆羽把神农氏搬出来。神农氏和周公是中华文化的始祖，所以大家现在都懂了，为什么说茶祖的时候有神农氏等各种各样的人出现，因为他们的派别不一样。

最后的总结，《茶经》是三个开始：茶书的开始，茶学的开始，茶道的开始。我们会在接下来的篇章里，逐篇来了解它所蕴含的文化意义。

图 6-2 各种茶道都会有自己宗派的“形象代言人”：陆羽找到了神农氏，道教找到了老子，佛教找到了达摩祖师。这本身就说明了茶道的多元性

第七章　《茶经》是陆羽的“自媒体”

为了快速地进入《茶经》书里的文化，我们不妨先从《茶经》末章的《十之图》入手，试图揭开陆羽写作《茶经》的动机是什么。如果进展顺利，还可以从中推测《茶经》问世后的使用情况。

通常，读《茶经》的人，读到《十之图》会生起一脚踩空、大跌眼镜的感觉。专辟一章，以为是《茶经》“珍藏图”之类的，结果不是。连他说过的“茶之否臧，存于口诀”，口诀是什么，到最后也没有看到。所以，《茶经》的写作也不是处处严谨的。

那《十之图》说了些什么呢？“以绢素，或四幅、或六幅，分布写之，陈诸座隅，则茶之源、之具、之造、之器、之煮、之饮、之事、之出、之略，目击而存，于是《茶经》之始终备焉。”很短就收尾了，顶多是个嘱咐。但是，是个顶重要的嘱咐。陆羽甚至是有些急匆匆地这么做，是要干什么呢？

一、还原《茶经》的“序跋”

古人著书一般是有序有跋的，交代著书的缘起、时间、经过、著者及相关出版信息，可这基本上是宋代雕版印刷术盛行以后的事。陆羽写《茶经》是唐代的事，没有出版过，所以没有专门的序跋，但类似序跋的内容还是有的。某种程度上讲，《陆文学自传》可以看作是《茶经》的序，《十之图》可看作《茶经》的跋。

《陆文学自传》里注明他写作《茶经》三卷的时间是在“上元辛丑

岁①，子阳秋二十有九日”之前。写完书后，“贮于褐布囊”。这是要干吗呢？唐代人管这个叫“行卷”，就是拿自己的作品向名人“自我推销”，希望谋个职事的意思。

那么，现在大家应该懂了，《茶经》其实是陆羽的“自媒体”。

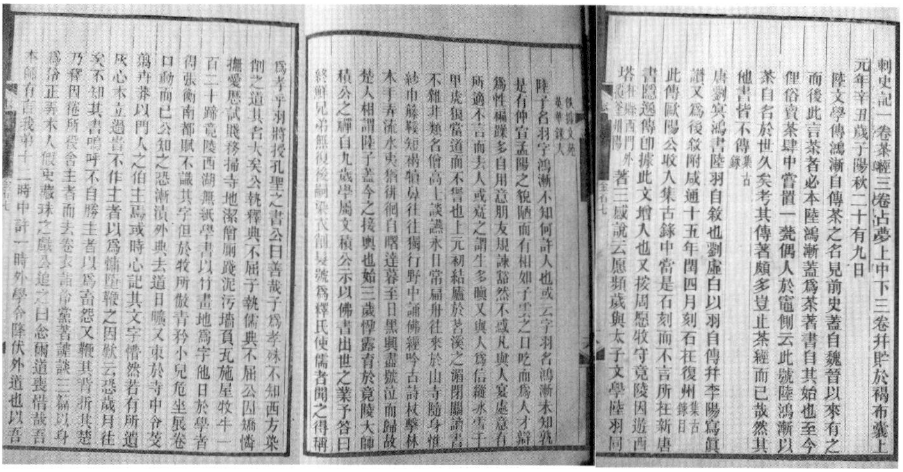

图 7-1 《陆文学自传》最开始出现在天门（当时叫复州竟陵郡）是在陆羽去世 71 年后的咸通十五年（874 年），这一年在竟陵境内立了块“陆鸿渐煎茶”碑。欧阳修的《集古录》里记录了这段史实。此图为《湖北金石志》书影，内容从《集古录》载入

但是，用《茶经》这样的书“行卷”，是很困难的。当时流行的“行卷”作品以诗文为主，很少会有科学技术方面的。这就需要另起炉灶，在“广场艺术”上做点文章。顺便说一句，陆羽是很会“广场艺术”路线的人，他很小就跑过戏班。他的“广场艺术”就是将自己的作品在具体的茶会活动中去推广，亲自表演或演示他完整的煎茶道。

① 公元 761 年。

二、《茶经挂图》什么样？

首先，《茶经挂图》是1块绢布呢，还是4块或6块呢？这事得说一说。问题出在对“幅”字的理解上。

沈冬梅博士说，“幅”在唐代是有规定的，绸织物一幅是一尺八寸。看来她是倾向于用1块绢布写完整部《茶经》的。但“幅”只是宽度，我们不晓得《茶经挂图》的长度。

所以，我们还是倾向于将“幅”理解为数量词，《茶经挂图》是4块或6块白绢组成的。今天还是有很多人心有不甘地把《茶经·十之图》想象为“茶器图”展示，这个恐怕不合正文的意思。在当时，以书法作品作为陈设背景显然是高雅之举，而画些茶器当背景会让人想起戏班里的背景，那都是士大夫看不入眼的。

其次，是怎么摆放的问题。《茶经·十之图》里说，用4幅或6幅白绢，把《茶经》内容分别抄在上面，张挂在座位旁边。这是明确地说，《茶经》最后是做成了“挂图”，陈列在座位旁侧的。而且从图的装饰效果看，还是对称的。

陆羽这是在干吗呢？这是陆羽设计的茶会场景，可以说是他为唐代盛行的文人茶会确立的陈设样板。

在茶会雅集中，布置上《茶经挂图》，不仅是确立陆羽煎茶道的环境典型，还是后世茶室茶寮陈设美学的前导，而且也是一种博取功名的“广告行为”。陆羽的煎茶环境感觉像是露天的，这在《九之略》中说得很清楚。对于王公贵族之家的茶会，他也似有参与，建言“二十四器”缺一不可。

顺便说一下，当时有很多“自媒体”与寺院有关，如题壁与画壁之类。而且画壁这种方式在唐代颇为盛行，从皇宫的凌烟阁到敦煌，再到普通寺院，在社会上市井间有很高的接受度。陆羽选择“挂图”与“图经”的方式来推介自己的茶道，不是偶然的。

最后，我们看看《茶经挂图》有图没图。按照《十之图》的说法，《茶经挂图》就没图，纯是字。因为我们到目前为止，还搞不清楚《四之器》原来有没有配图。按道理讲，陆羽会画画，他画了好几种方志性的《图经》，应该有。而且《茶经》三卷的布局是很不齐整的。卷上是《一之源》《二之具》《三之造》，卷下是《五之煮》《六之饮》《七之事》《八之出》《九之略》《十之图》，而卷中只有《四之器》，这无论如何是不对等的。如果《四之器》配了图，布局还稍微匀称点。但确实没有图存世，相关的文献一点蛛丝马迹都没有。

关于《茶经挂图》有图无图，纪晓岚认为没有。他说：“其曰图者，乃谓统上九类写绢素张之，非别有图，其类十，其文实九也。”意思就是说，《茶经挂图》只是提议将《茶经》一至九章的内容在白绢上写一遍，做成4幅或6幅就可以了。那么，《茶经》一本书实际上是九章内容加一个倡议。

三、《茶经挂图》可能是最早提出茶书法的

作为书法作品的《茶经挂图》也不是白给的，因为陆羽可是个书法鉴赏家。他曾经为当世的狂草书法家怀素写过传，“坼壁路”“屋漏痕”两个书法术语就是从这篇文章流传开来的。而且，在今天的广东乐昌，我们还可以看到陆羽题写的摩崖石刻“枢室”二字。清代李调元的《南越笔记》卷二说：“泐溪石室在乐昌治西北三里。……有陆羽题名及枢室。二楷书字大四尺。”所以，《茶经挂图》即使不是最早的茶画作品，也是最早的茶书法作品，是茶书法理念的确立之作。

四、传播“陆氏茶”的煎茶道是《茶经》宗旨

《茶经挂图》的目的是“茶的起源、采制工具、制茶方法、煮饮器

具、煮茶方法、饮茶方法、茶事说、产地以及茶具的省略方法等，便随时都可以打眼，《茶经》从头至尾的内容也就完备无遗地记存在脑海里了”。

说白了，陆羽的《茶经》“自媒体”是用来宣传他的煎茶道的。

《茶经挂图》也是有实践的，当然我们没有看到唐代的实践记载，倒是宋代有个永颐和尚，他在《食新茶》诗中说：“自回山中来，泉石足幽弄。茶经犹挂壁，庭草积已众。拜先俄食新，香凝云乳动。心开神宇泰，境豁谢幽梦。至味延冥遐，灵爽脱尘控。静语生云雷，逸想超鸾凤。饱此岩壑真，清风愿遐送。”人家是把《茶经挂图》挂在墙上，当圣物拜的。估计一般性茶事是不用的了。

从存世的茶画来看，茶室挂画渐成风气。后来与品茗、焚香、插花、读书等几乎成了茶事活动的标配。说到最早的茶室挂画，宋代的陈师道在《后山丛谈》中记载了一个故事。宋太祖平蜀以后，将蜀籍宫廷画工悉数迁到京师的翰林图画院中办公。一次，有个画工正作画呢，宋太祖突然问：“嗯，好丹青！这是准备做什么用呢?”画工毕恭毕敬地回答：“只有当今圣上才配享宫廷丹青呀，当然是献给圣上您的啦。”宋太祖想了想说：“不好。一个人欣赏哪里比得上和大家一起欣赏呢?”随手就把这幅上乘的宫廷画赐给东华门外的一家茶肆了。

到了南宋，都城搬到了杭州，那就更繁华了。许多茶肆为了竞争，不仅挂名人画，还插四时花，鼓乐伴饮呢。这些大概是陆羽始料未及的吧。所以，《茶经挂图》在茶文化界的影响还是很深远的，极大地丰富了我国的茶文化内涵。

第八章 《茶经》地图的底色：南方之嘉木

从本章起，就算正式进入《茶经》的文本世界了。

《茶经》开篇的第一句话是，“茶者，南方之嘉木也”。从这里，将踏进《茶经》茶香沁脾、绿色重叠的世界。需要指出的是，它不仅表现在茶树的自然分布上，也表现在茶文化的气质与秉性上，它的中国做派上。

一、《茶经》地图：茶确实在南方

与茶确定在南方形成呼应的文字出现在《茶经》的《八之出》里。

《茶经·八之出》某种程度上可看成是唐代中华茶叶的分布版图，横跨了十五个道中的八个道、四十三个州郡、四十四个县，涵盖今天的四川、陕西、河南、云南、广西、贵州、湖北、湖南、广东、福建、江西、浙江、江苏、安徽等。显然，南方是它的底色。

陆羽所说的南方，指秦岭、淮河以南的地方。参照一下李肇《唐国史补》的说法：唐代“风俗贵茶，茶之名品益众。剑南有蒙顶石花，或小方、或散芽，号为第一。湖州有顾渚之紫笋，东川有神泉、小团、昌明、兽目，峡州有碧涧、明月、芳蕊、茱萸簝，福州有方山之露芽，夔州有香山，江陵有南木，湖南有衡山，岳州有浥湖之含膏，常州有义兴之紫笋，婺州有东白，睦州有鸠坑，洪州有西山之白露，寿州有霍山之黄芽，蕲州有蕲门团黄，而浮梁之商货不在焉”。李肇提到的产茶地均在古巴蜀、荆楚、吴越区划之内。看来，在唐代虽然饮茶之风遍及全国，但产茶之地却在南方，尤其是李肇所列 16 个产茶地中，有 3 个（剑南、夔州、东川）在巴蜀地区，其中剑南之蒙顶为全国之冠。

二、嘉木：一个南方文化的传统意象

陆羽著述的“茶者，南方之嘉木也”，不仅是对其遍历荆吴京蜀等地所编录的茶俗生态的映照和对巴山峡川古茶树的望树兴叹，也是对一种所自由来的文化传统的表述。

“嘉木”，是一个极具楚文化情怀的词，屈原的《橘颂》中有“后皇嘉树，橘徕服兮”句，意思是，皇天后土之间，有一种美好的树木（“木”比“树”更富意象性）——橘树，它天然生长在这方水土。从此，“忠君爱国、安土重迁”成了它的一个意象，这种楚文化情怀对陆羽影响很深，陆羽用了很多楚语来著述《茶经》，是值得玩味的。陆羽曾对友人周愿说“竟陵风土之美，无出吾国”，也曾被人与楚狂人接舆（陆通）并称，陆羽都欣然领受。

文人们延续了楚辞那种比兴的手法，将茶性做了人品上的引申，赋予其精行俭德的君子人格，如宋代苏轼的“从来佳茗似佳人”、《叶嘉传》的茶君子典故。所以“南方之嘉木”不仅是个空间概念，还是种文化意象。

三、从巴蜀到荆吴：南方茶文化走廊

茶在南方，有两条走廊。一条是日本学者所说的“照叶树林文化带”，主要涵盖区域为云贵湘的古茶树与茶俗区。一条是西汉以后，茶树产地北移，沿川陕，经河南向东折入皖西淮南地区，沿着大别山的沟谷，河南南部的信阳至安徽西部的六安，成为我国长江以北最为重要的茶叶走廊。后者形成了我们所熟知的从巴蜀到荆吴的南方茶文化走廊。

从巴蜀到荆吴这条走廊，是汉唐之际经济繁庶之地，文化、政治都颇为发达。茶文化生态正是在这里交融，成为中国做派的形成时期。儒释道三教、农家思想等对茶的塑造，尤其是“和”“礼”“俭”“厚生”等对茶的塑造，奠定了茶性的表述传统。

巴蜀，中华茶文化的摇篮，为中国茶文化贡献了太多才华横溢的茶人。如文士司马相如、扬雄、张载（张孟阳）；市井卖茶粥的蜀妪；与僮仆立约的王褒……为我们展现了一个鲜活无比、和谐多元的茶俗生态。

吴越之地则贡献了中华茶文化的精致品质。似乎是因佛教、道教兴起的关系，吴越一地的茶文化显得颇有精神的约律性与思辨性。如对廉俭的崇尚，南齐梁武帝重佛，遗诏以茶作供祭；桓温治扬州，也以茶示俭；最著名的当然还有陆纳以茶果待客的故事。汉代士子所捍卫的方正廉俭精神，通过茶的孔道流传到唐代。以茶待客的茶礼也可追溯到东晋。

魏晋玄谈的后期以茶佐谈，开元年间的以茶悟禅，都使得茶具有了某种精微的思辨性。“吃茶去”公案就是一个例子。

同时，“和”的精神，在中原文化茶生态的濡染中生成，最终在南方的经营与开拓中显示出来。《荈赋》是今天能看到的最早的、较系统的论述茶的文字，为《茶经》体系的前导。在这篇残存不多的文字里，理性地对茶进行了总结，并提出了“调神和内”的茶功用说。

四、茶在开拓南方的进程中表现了“和”的中国做派

中国的文化向来有南北之别，其饮食结构与文化秉性也不同。魏晋南北朝时期，民族融合不断加剧与深化，南方的经营与开拓也逐渐展开。在这个过程中，“中华化”成了一个引人注意的大的趋势。汉代的“大一统”思想遗产，以及长达近300年的“五胡乱华”局面，使得人心思治，隋唐正是在这个政治延长线上出现的生动局面，并且走到了“东亚世界体系”的中心舞台上。

在民族融合与不断南方化的开疆拓土过程中，佛教与“茶”都发挥了巨大的“和”的润滑剂作用。南北朝都在追寻政治合法性（也就是“正统性”），也使得茶渐渐变成了一种“正统性”的物质文化，使茶成了一种“中国做派”（当然当时叫“大唐做派”或“中华做派”）。

五、不同茶区的代言人也在整合：中国化

从云南思茅将诸葛亮视为“茶祖”就可以看出茶在中原政权进入南方过程中所起到的“和”的作用。诸葛亮七擒孟获的故事反映了中原政权进入南方所遇到的抗拒，而诸葛亮最终在南方被尊为“茶祖”，则反映了这种“中国化”① 进程中和谐的一面。故事说，诸葛亮率兵途经桃花江畔的桃叶渡口时，将士们因瘴气中毒，纷纷晕倒。幸从当地蛮濮人那里得到姜茶汤来解毒，并口含茶叶避染瘴气，才得以解困。诸葛亮看到茶叶有此神效，即命军士深入哀牢山采茶籽，亲授当地人，并教他们农耕技术，所到之处深受各族酋长、族人的欢迎，并以丞相赐物为荣。自此，诸葛亮被尊为“茶祖”。基诺族人称茶树为“孔明树”，称茶山为“孔明山”。

茶，在不同的地区，都在寻找它这种文化的“代言人”。云南基诺族人把诸葛亮视为茶祖，四川雅安把吴理真视为茶祖，布朗族把叭岩冷视为茶祖，道教将老子视为茶祖，佛教将达摩祖师视为茶祖，而陆羽将神农氏视为茶祖，这一切，也透露了南方文化的整合与中国做派的最终定型，那就是陆羽的“发于神农氏，闻于鲁周公”说。

六、唐代：中华茶平和的气象影响东亚世界

“南方之嘉木”是茶的文化属性，还在于它所附着的中国做派的三教思想与农家思想较重。茶在道教那里借得了煎茶的技艺与养生的思想，天人合一、阴阳五行与道法自然的精神在茶文化里是很重的。佛教，特别是本土化的禅宗的禅修入定与茶互为表里，其对茶的推动更是显而易见。儒家的中庸、冲淡、雅正、厚生、廉俭、精进、和谐、礼仪观等对

---

① 中国化：在日本《中华的崩溃与扩大：魏晋南北朝》一书中，作者川本芳昭用“中国化”一词形容了胡汉关系的大趋势，并用它解释此时期中国文化的域外影响。

茶的文化性格都有深远的影响。

唐代的茶更借助于“东亚世界体系”中心的舞台向周边国家传递了中国茶这种平和的气象与格局。经过了安史之乱的阵痛后，中唐迎来了一个茶文化的繁盛期。这个“胡风”盛行的盛唐的背影，使得人们心中对胡人“非我族类，其心必异”的政治警惧渐增，而茶所引动的“清淡平和”的心灵认同感也由此倍增。这一新的审美时尚，左右了大历诗坛，使得茶的文化属性达到极深极广的社会接受程度。

也正是在8世纪的中后期，中国茶的这种文化品性最终完成，并走出国门，与日本、朝鲜半岛等地分享。

从这个意义上，我们要感谢陆羽，是他的《茶经》使得茶成了一种“中国元素”。

第九章 《一之源》：陆羽怎样以“经”的方式引入茶？

猜想作为“经”的《茶经》会是一次愉快的茶之旅。

陆羽给他的茶书命名为《茶经》，我们就不要忘了它作为经义的思想层面。回到农家学派的传统中去，可能会让我们在进入《茶经》的时候，有一种清风徐来、场景阔大而从容惬意的感觉。古人读书追求的也就是这种状态，对于今天的茶人迅速进入修定之境也不无裨益。

那么农家学派的传统是什么呢？起码有三点：农书的写作者是一个“士”的系统；农书的写作有仿经的做法；农书也是有哲学、有思想的。这些都是《茶经》写作时所面临的传统。它们对《茶经》写作有没有影响呢？

《茶经》开篇是怎么引茶入经的？陆羽在《一之源》里是怎样以“经”的方式来定义茶的？对这些问题的不断猜想会使你不经意地把读《茶经》想象成一次“穿越”，开始一段唐代的访茶之旅。

一、写《茶经》的准备：经的写作传统

《茶经》，望文生义，也就是专门为茶写的一部可以经世致用的书。那么写作这样的农书有没有套路可循呢？还是有的。魏晋以来，农书的写作（如《齐民要术》《四时纂要》）都有一个自足的综合性体系，而且受汉儒研修经学的影响，它们的写作也采用了仿经的写法，如研修经学的人，行文时往往先引经据典，然后结合自身体验、实践去一一注解，所谓“六经注我，我注六经”就是这个意思。这种既崇尚经典又重视实际考证的传统影响到农书的写作，就需要一方面要以前人的研究为基础，

广泛参阅既有历史文献中的农业科技知识，这叫“采捃经传”；另一方面还要高度重视农业中的亲身实践与新发现，这叫“验之行事”。《茶经》的写作就面临着这么个传统。

陆羽的问题是他写作时能引述的前辈文献实在有限，经书中就更难找得到了，大概只有《尔雅》等少数几条算得上（当然后来在《七之事》中有了充分的补足）。为弥补不足，陆羽也想了点办法，为自己的经书找个“担保人”。由于农家这一派也称为“神农之教”，陆羽就把这个茶书的源头献给农家的这个“保护神”了，显示茶的源流也很久远，与耕种五谷的时间是一样的了。这其实是他遵循传统的一个做法。

二、仿经式写作：每句话都跟板上钉钉似的

陆羽对前辈文献中引述最多的要算杜育的《荈赋》，约四五次，这篇赋确实对《茶经》体系的形成有莫大的启发。这也是打传统来的。

文献的不足，势必使他的书写法和别人不一样。陆羽的《茶经》基本上是本实践之作，同时他是在自创一部经书，仿经的体式去做。经书一般是代圣人立言，都是“你应该怎样”“某某是什么”这种居高临下式的、指令式的说话方式，每句话都给人板上钉钉的那种感觉。所以，读《茶经》千万不要把自己给“钉死”了。

你去看《茶经》，跟下定义、翻字典似的，“一之源”“二之具”“三之造”“四之器”……就像给字典写的词条：“茶”“茶具”“造茶”“茶器”……。回过头来看《一之源》也是这样，每段开头都在下定义：“茶者”“其字”“其地”……现在终于懂了，这个“源”不是陆羽在追溯茶的源流，而是在总结经验教训，仿造经书的语言套路、篇章布局在引茶入经，是为茶开源。而这种行文的方式，也就是经书的写法。

三、《一之源》：茶的经怎么开篇？

每次我们读《茶经》，《一之源》总给人一种莫名其妙的感觉，似乎里面并没有多少谈茶的“源流”的东西。按说一个人写一本叫《茶经》的书（这个名字不是随便起的，那是“以茶为经”，要“以茶经世”的），它的体系无疑是完备的、自适的，从源流谈起也很正常。问题是，陆羽心目中的茶之源似乎并没有多少历史的内容，而更多的是当下的东西。换句话说，陆羽的“一之源”更像是“茶之识”，而“七之事”倒有点像“茶之源（源流）”。

《续茶经》的作者陆廷灿似乎也不太清楚这个“源流”该从何谈起。他先沿用陆羽的做法，补充了若干茶字的源流，然后引用了大量序、跋、述评来证明陆羽的创茶之功，也就是说，“源”要追溯到陆羽，那就难怪陆羽的《一之源》不好写了。对茶历史的梳理，是需要有大量的文献支持的。陆羽要叙述他之前的茶的源流，显然有点难度。在这里，很快我们就会发现，陆羽的《一之源》基本上是亲身实践、考察得来的，不是文献性的。(《七之事》看来真的有可能是后来在文献条件具足的环境下补充的。)

四、《一之源》只是在引茶入经，开宗立派

《一之源》留给了我们一个新的特色和思考方向。也就是说，我们要换一种思维，不要考虑茶的历史是什么，而要考察陆羽在当时是怎样为“茶验明正身”“开宗立派”的。一句话：他不是在溯源，而是在开源。这在当时可是惊天之举，估计他也是“初生牛犊不怕虎”，希望早点建功立业。要为茶开个宗派，以茶经世，这是典型的盛唐气象的做派(陆羽的青年时代是在盛唐度过的)。陆羽写《茶经》的时候正是盛唐向

中唐过渡，他还带有很强的为盛唐服务、致敬的色彩，《茶经》是有这种用心的。

陆羽当然也梳理了茶的源流，但主要是茶的“圣贤”源流，这是《茶经》流传不可或缺的部分。陆羽把它专设为《七之事》了。这是后话，暂且不说。《一之源》为茶开宗立派，主要是将茶从众多生活日用中单提出来，分辨出来，予以说明。换句话说，引茶入经就是《一之源》要做的事。问题是，陆羽怎么样引茶入经呢？

五、陆羽介绍茶像是在绘画

陆羽对茶的介绍主要涉及茶的品相、茶性，其描述颇像字典里的定义，而且是他那个时候最完备的词条描述。

不妨看一下字典里“荼”的认识进化史。最早的茶写作“荼”字，读 tú，实际上是先民第一次尝到茶时对苦味的本能反应，是吐出声，记住的是它的性味，而缺少植物学性状的描述。约成书于公元前 2 世纪的《尔雅 · 释木》里记载，“槚，苦荼”，指明了茶是木本植物；到了 4 世纪前期，东晋郭璞在为《尔雅》作注时才进一步指出，“苦荼，注：树小如栀子，冬生叶，可煮作羹饮”，说明茶是一种常绿灌木，而且是一种叶用植物，但对茶树性状，还是未做具体的说明。到了唐代中期陆羽的《茶经》中，对茶树性状的描述才第一次具体而完整了：“其树如瓜芦，叶如栀子，花如白蔷薇，实如栟榈，蒂如丁香，根如胡桃。”感觉像是在画画。陆羽是著过《源解》，也画过《图经》的人，为什么不直接用绘画的方式来展示茶呢？估计引茶入经，靠配图只能解决传播的问题，不是很庄重。

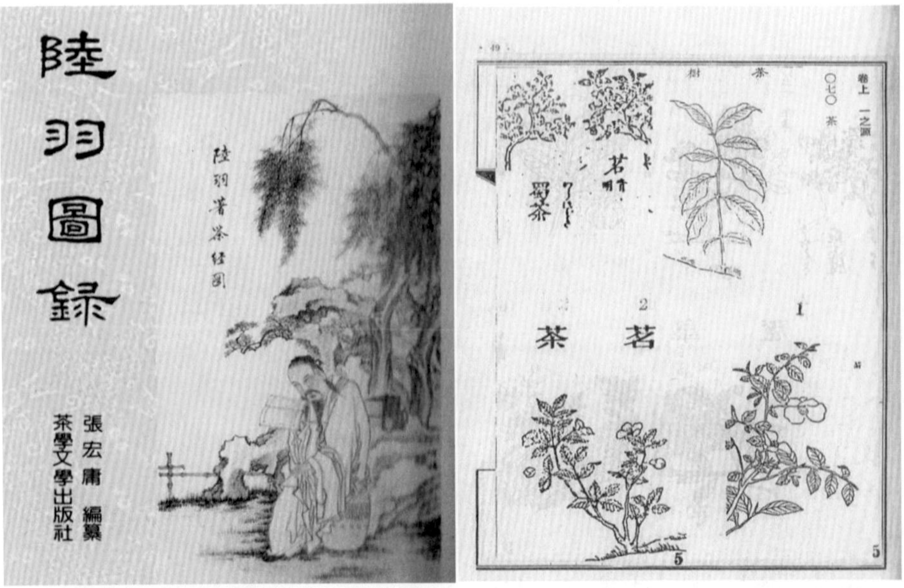

图 9-1 1985 年台湾张宏庸编纂的《陆羽图录》一书中，收录明清的《三才图会》《古今图书集成》《植物名实图考》《本草纲目图》及日本的《茶经评释》等书中部分图片，首开现代中国茶书辑录茶图的先河

六、陆羽为什么要为茶设个“经”式定义？

事实上，后来北宋苏颂的《本草图经》和唐慎微《经史证类备急本草》等在介绍茶时，也确实有图了，而且这些书里药图的绘制还有着特定的规范，像绝大多数草本植物的图都包括了根、茎、叶、花及果实等。这和陆羽的介绍是不是很贴合呢？有人甚至推断，这些药图可能由专门的宫廷画师按统一规范绘制的。

那么，陆羽为什么要为茶设个“经”式定义呢？什么时候我们才需要给茶下一个标准版的定义呢？一定是当时的社会有了这种需要，一是要对茶有统一认识，二是避免假茶。饮品在中国古代是礼的一部分，是有专人负责的。皮日休在《茶中杂咏》其三《茶笋》的序中写道："案《周礼》，酒正之职，辨四饮之物，其三曰浆。又浆人之职，共王之六饮，水、浆、醴、凉、医、酏。入于酒府。"可以说中国有很悠久、很多样的饮品历史，各种代用茶不下数百种，陆羽的贡献是定茶为大众饮品，借茶设礼，通过走上层路线，来推行自己的茶道。那么统一对茶叶的辨识、茶性的认知就很有必要，这既是社会生活的需要，也是经济生活的需要。更何况当时确实有很多与茶接近的饮品造成了若干混淆，如陆羽特意指出的皋芦叶就似茶而非。

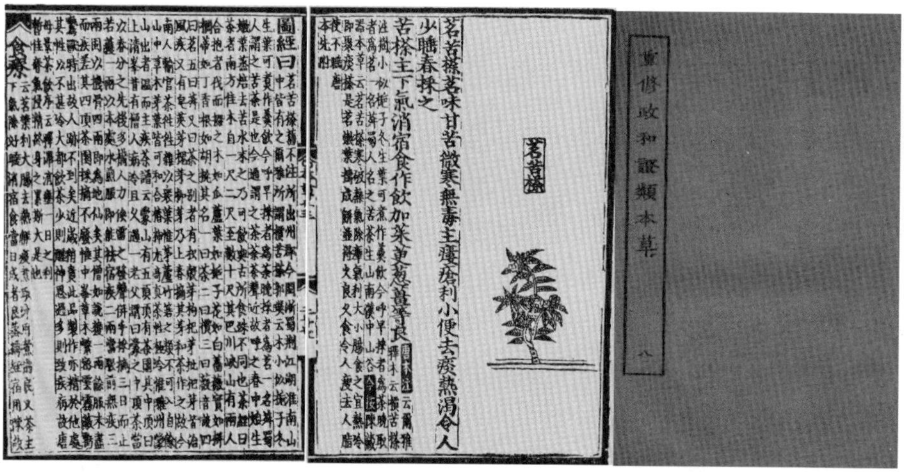

图 9-2　《重修政和证类本草》（1116 年）里的茶配图介绍，可能是从北宋苏颂的《本草图经》（1061 年）来的。药图的绘制已遵循特定的规范，茶的绘制中已包括了根、茎、叶、花及果实等元素，与陆羽"经式"的茶定义一致

七、对茶的功效的介绍是引茶入经的重点

陆羽在《茶经·七之事》中引经据典，大量谈论茶的功效，这几乎是他要说服当时人饮茶的最重要的一部分。这其实是很好理解的，一种饮品是否能居于主流，广为接受，最重要的一点就是它的功效安全、保健，成为大家的共识。其中有本书帮了陆羽很大的忙，这就是先他而在

的唐显庆四年（659年）苏敬奉敕撰修的《新修本草》（也就是我们常说的《唐本草》），这本书第一次正式将茶纳入中国主流的本草体系中。这就相当于说，茶获得了一次难得的权威性的认证。此后的医书基本上都承袭这个说法。陆羽对茶性、茶的功效的认识也据此而来。

当然，陆羽真正要表达的东西，以茶为经的东西，还不止于茶的保健功能，而是在社会上推广一种茶道，是将茶从物质性的保健功能迁升到精神性的寻趣和良好的社会生态上去。

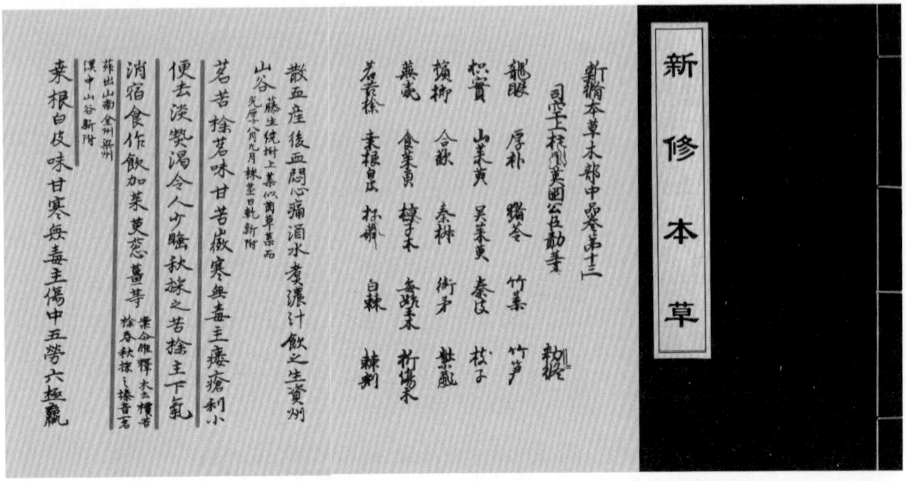

图9-3　苏敬奉敕撰修的《新修本草》，第一次正式将茶纳入中国主流的本草体系中，从此茶的功效被广为接受，为陆羽著《茶经》，推动茶道奠定了基础

第十章　野者上，园者次：陆羽的“种茶经”

《茶经》七千字，谈种茶的只有短短的几行字：“其地，上者生烂石，中者生砾壤，下者生黄土。凡艺而不实，植而罕茂，法如种瓜，三岁可采。野者上，园者次。阳崖阴林，紫者上，绿者次；笋者上，牙者次；叶卷上，叶舒次。阴山坡谷者，不堪采掇。性凝滞，结瘕疾。”主要说了茶树生长的环境，茶树的种植法与茶树品质的鉴别问题。这些说法背后有什么道理呢？今天还有多少仍在影响我们对茶树的认知呢？除了自然科学方面的认知，陆羽的种茶描述是否对社会生活与茶树的文艺审美产生了影响呢？

一、陆羽的临时居所也种茶

读《茶经・一之源》，眼前会浮现出陆羽夙兴夜寐劳作山间的情形。陆羽曾有“茶山御史”的雅称，说他是巡视茶山、指导茶山整饬的专家，实际上是就种茶、采茶来说的。而自称“野人”的陆羽，一生访茶评水，居无定所，其临时住宅往往即山成舍，凿泉汲饮，留下了很多“陆羽泉”，且“环居多植茶”。看来他的居所须臾离不得茶，种茶的经验也多来自山中的实践。若有客来访，他该怎么样给别人介绍他引以为豪的“种茶经”呢？

《茶经》第一次写入了种茶，对当时的茶叶生产是有指导意义的。实际上，唐代以前，饮茶用的鲜叶主要摘自野生茶树；唐代开始，人工栽培就成为主要形式了，所以种茶在茶园里有广泛的实践与需求。当时的茶园有官家的，有私人的，也有寺观的。寺观的茶园基本上都

图 10-1　中国地方志中记载有许多称“陆羽泉”“陆子井”“陆井”等的遗迹，都被认为与陆羽在当地评水访茶有关，初步统计有十余处，涉及地域有湖北、江苏、浙江、江西等

在山上。像张守珪（684—740）的私人茶园规模还相当大，每到采茶的时候，雇佣的男女茶农多达上百人。专业的茶农、茶农户与茶商中唐时都有了，可见种茶与茶园管理在当时是很成熟的，这对陆羽著述种茶提供了参考。

问题是，陆羽在茶园种茶、采制茶成为主流的时候，还是念念不忘“野者上，园者次”，并且席不暇暖地入山访茶（当然是野生茶），是否也有借野生茶树的茶籽来改进茶园茶树品质的考虑呢？

我们就来看看《一之源》里陆羽谈到的种茶经验。

二、野者上，园者次：陆羽“种茶经”的总纲

茶树有四喜：喜温、喜湿、喜漫射光和酸性土。这四喜都是有一定标准的：温度一般在 15～25℃，水分要求年降水量不得低于 1 500 mm，生长的坡度在 30°以下，土壤 pH 值一般是 4.5～6.5。这些特性使得茶树的生长以一定海拔的山区为宜。

在《茶经》之前，传统认识也认为山间是野生茶树的生长之地，是天地造化的灵瑞之地。如西晋人杜育的《荈赋》就说：“灵山惟岳，奇产所钟。瞻彼卷阿，实曰夕阳。厥生荈草，弥谷被岗。承丰壤之滋润，受甘露之霄降。”意思是，仙山福地之间，是野生茶树这珍奇物产所钟爱的地方，它秉承天地灵气，受享沃土甘露的滋养。

唐代，茶园栽培渐渐地成为主要形态，特别是安史之乱后，大量北方人口南迁，补充到茶园的生产经营中来，对茶树栽培技术也有了新的探索。

总的说来，从杜育的《荈赋》到陆羽的《茶经》，对茶树生长环境的认识进了一大步，特别是从野生到园生的栽培经验的借鉴。有趣的是，“野者上，园者次”构成了陆羽对茶树生长环境的总的判断，他的“种茶经”也基本上是以野生茶树作参照来描述茶园栽培的经验的。

三、“野者上，园者次”首先是因为土壤不同

陆羽认为，造成茶树生长品质“野者上，园者次”的原因，首先是土壤不同，其次是光照、坡向等的不同。

对土壤的描述，他说：“其地，上者生烂石，中者生砾壤，下者生黄土。”即茶树生长的土壤，以岩石充分风化的土壤为最好，含有碎石子的砂质土壤稍差，而黄土最差。为什么呢？我们知道，山石经过长期风化以及自然的冲刷作用，山谷石隙间积聚着含有大量腐殖质和矿物质的土壤，土层较厚，排水性能好，土壤肥沃，最宜出好茶。而砾壤是砂质土壤或砂壤，排水透气性能较好，含腐殖质不多，肥力中等。黄土是黏性与强酸性土壤，缺乏磷分，含腐殖质和茶树需要的矿物元素少，肥力低。这种经验显然是陆羽对烂石里生长的野生茶树的观察得来。

有趣的是，陆羽“野者上，园者次”的说法后来就受到了挑战。一方面固然是因为茶树栽培技术提高了，另一方面也是因为人们逐渐意识到人力因素对克服环境的作用，不再单纯迷信环境的先天条件了。比方

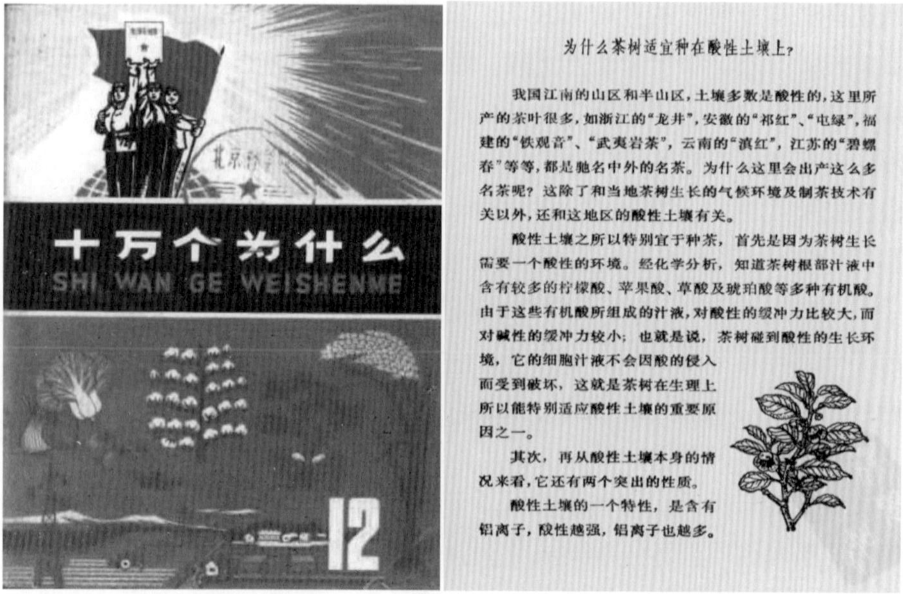

为什么茶树适宜种在酸性土壤上？

我国江南的山区和半山区，土壤多数是酸性的，这里所产的茶叶很多，如浙江的“龙井”，安徽的“祁红”、“屯绿”，福建的“铁观音”、“武夷岩茶”，云南的“滇红”，江苏的“碧螺春”等等，都是驰名中外的名茶。为什么这里会出产这么多名茶呢？这除了和当地茶树生长的气候环境及制茶技术有关以外，还和这地区的酸性土壤有关。

酸性土壤之所以特别宜于种茶，首先是因为茶树生长需要一个酸性的环境。经化学分析，知道茶树根部汁液中含有较多的柠檬酸、苹果酸、草酸及琥珀酸等多种有机酸。由于这些有机酸所组成的汁液，对酸性的缓冲力比较大，而对碱性的缓冲力较小；也就是说，茶树碰到酸性的生长环境，它的细胞汁液不会因酸的侵入而受到破坏，这就是茶树在生理上所以能特别适应酸性土壤的重要原因之一。

其次，再从酸性土壤本身的情况来看，它还有两个突出的性质。

酸性土壤的一个特性，是含有铝离子，酸性越强，铝离子也越多。

图 10-2　1973 年版的《十万个为什么》中较早普及了茶树知识

说明代罗廪在《茶解》中就说：“种茶地宜高燥而沃。土沃则产茶自佳。《经》云，生烂石者上，土者下；野者上，园者次。恐不然。”看来，只要有好的肥沃土壤，精心管理得好，茶园一样能种出好茶。当然，陆羽重视环境对茶叶品质的影响，这个提醒还是很重要的

四、阳崖阴林：陆羽的茶树评鉴

陆羽也很重视茶树生长所赖以生存的温度、湿度、日光、坡向等对茶树的影响，他提出了茶树要种在“阳崖阴林”。

茶种在山坡与种在平地的茶圃里品质有什么不一样呢？陆羽没有讲，好在宋徽宗讲了。

《大观茶论》里说：“植产之地，崖必阳，圃必阴，盖石之性寒；其叶抑以瘠，其味疏以薄，必资阳和以发之；土之性敷，其叶疏以暴，其味强以肆，必资阴荫以节之。阴阳相济，则茶之滋长得其宜。”这都是

从茶喜温与漫射光的角度来说的。山崖上种茶要向阳是因为山石性寒，茶树长得就差，茶叶味也会淡薄，要借日照来促进生长；平地上种茶要向荫是因为平地土壤肥沃，气温相对高些，会使芽叶生长快，味强而粗涩，因此要使茶叶品质好，就须防止过分的曝晒。总之，茶树性喜温暖，没有光照或终日直射，都会对茶叶品质产生不良影响。选择“阳崖阴林”，不要“阴山坡谷者”，就是这个意思。

“高山云雾出好茶”是因为山高的地方空气往往稀薄，气压低，茶树芽叶的蒸腾作用也快，芽叶里会生出芳香油来抑制这种水分的蒸腾。同时，紫外线和红、黄光线的辐射，会使芳香油增多。云雾多会使阳光被水汽吸收和折散后，形成漫射光，促使叶片的光合作用得以循序渐进，不致突变为粗纤维，有利于蛋白质、氨基酸、维生素、咖啡因、多酚类等决定茶叶品质好坏的重要成分充分蕴蓄，用这样的芽叶制出的茶色香味俱佳。当然山也不是越高越好，海拔过高，茶树会遭受冻害。这些在《茶经》中陆羽没有细说。

陆羽怎么评鉴茶树的好坏呢？他说：“紫者上，绿者次；笋者上，牙者次；叶卷上，叶舒次。”也就是他认为紫芽种的为好，或新梢伸育较长的品种为好。原来，茶树种在树林阴影的向阳悬崖上，日照多，茶中的化学成分茶多酚类物质也多，相对的叶绿素就少；阴崖上生长的茶叶相反。阳崖上多生紫牙叶，又因光线强，牙收缩紧张如笋；阴崖上生长的牙叶相反。所以，古时茶叶质量多以紫笋为上。

五、艺、植：茶树的种植方法

《茶经》里谈论种茶的方法只有几个字：“凡艺而不实，植而罕茂。法如种瓜，三岁可采。”这里说的“艺”与“植”是两种种茶的方法：茶籽直播法与茶苗移栽法。

茶籽直播法是茶树最初的种植方式，是仿照其他农作物来的，陆羽拿它与种瓜法作比。种瓜法在《齐民要术》里的做法是挖坑深广各尺许，施粪作底肥，播籽四粒。种茶也是这样，但陆羽没有说什么时候收集茶籽，怎么选籽，又什么时候播籽。唐末的韩鄂在《四时纂要》里就说，一般在秋十月收茶籽，用“湿沙土拌，置筐笼盛之，穰草盖”的沙藏法保存，播籽的时间春季是二三月，秋季是十月下旬到十一月底，秋播比春播好。明代还发明了水洗法来选择较重的茶籽。唐代多采用多籽密植法，一般每穴四五粒。

茶苗移栽法是一种进步，宋代的茶书里已有“种以多籽，稍长即移”的说法。苏轼将一棵生长在松间路边的茶树（松间旅生茶）移到山上（移植白鹤岭），还专门写了首《种茶》诗。茶苗的移栽时间一般在早春和晚秋，苗龄一般为一年生苗木。移栽时，苗木主根可剪去过长部分，按规定丛距，每穴放入健壮的茶苗 2~3 株，每株稍稍分开，让茶树根系自然伸展，然后填土。土至过半时，压紧茶树根系周围的土壤，随后浇水，要浇透整个松土层，再继续填土到根颈处压实。后来还有扦插法、压条繁殖法等。

六、陆羽的“种茶经”进入社会生活与文艺审美领域

陆羽的“种茶经”在当时是有一定影响的。在社会习俗领域，“聘茶礼”据说就与种茶有关。茶籽直播法操作与后期管理不好，茶树是不容易长好的。但古人深度认可这种方式，认为“种茶下籽，不可移植，移植则不复生也”（明代郎瑛《七修类稿》），社会上就派生出给女方下聘礼的时候要送茶的做法。“行聘礼”就是“茶礼”，女子受聘就叫“吃茶”，为的是用茶来寓意夫妻“忠贞不渝，从一而终”。

另外，茶树、种茶、茶山、茶农等也进入茶诗文中，尚“紫”的风气，也是打陆羽那里来的，如“千丛因此始，含露紫英肥”（《盛山十二诗·茶岭》韦处厚），“紫芽连白蕊，初向岭头生”（《和韦开州盛山十二首·茶岭》张籍），“紫笋青芽谁得识，日暮采之长太息”（《顾渚行寄裴方舟》皎然）等。

第十一章 “精行俭德”：开启“圣人”模式

在《茶经·一之源》中，陆羽还提到了“精行俭德之人”与饮茶的关系问题。后人往往将“精行俭德”抽离出来，代表中华茶道的精神内涵。

它到底是茶道思想呢，还是茶德说呢？不管怎样，这一思想都是唐代茶文化的精华。

一、茶：中唐的新时尚

盛唐很像中国文化的“少年时代”，有着开放进取、豪迈自信、汲取功名、放浪形骸的性格，展示出蓬勃旺盛的生命活力与创造力，而安史之乱后开始的中唐则像是“后少年时代”。

大概只有五四运动与盛唐气象在精神气质、才赋禀性上最为相近、契合，它们都像中国文化的“青春期”。即使是先秦诸子百家也只是像“老年智慧”，而两宋则像“中年心态”，都没有秉承魏晋风度“人的自觉”而来的盛唐气象那样令人可亲可感。

可是少年的性格是不稳定的，特别是与传统的“君子”人格还有相当的出入，为了让朝气蓬勃的“少年”不至于像孙悟空问世之后上天入地没有遮拦，于是上天给了他一副“紧箍咒”。这其实也是安史之乱后，社会生活的写照与新时代的应时之思。

有趣的是，饮茶风气的兴起与普及（这要得益于禅宗的兴起，京杭大运河的疏浚等），在世俗生活的层面上，正在形成一种新的道德，这个道德与茶性的认识有关，并影响到人的性格与诗文的风格。而且这个过程似乎遍及整个中晚唐，实际上两宋的茶风也由此开启。

茶的兴起，拉开了唐代“后少年时代”的序幕。

二、从茶性到人品：中唐社会生活的深层心态

随着安史之乱造成的粮食紧缺而实施的禁酒令，使得茶成为新时尚。经过西汉以来800多年饮茶文化的习染，茶的功用与饮茶的形态获得了新的进展。

唐代，茶的益思提神功能被赋予了文化品格，文人雅士们在茶事圈里挥霍自己的才赋禀性，抒发安身立命的情怀，或寻找施展抱负的机会。

中唐的诗文受到茶性的熏染，也是新的时代的沉淀、安史之乱后痛定思痛的氛围使然，呈现出与盛唐不一样的尚“清”、尚“新”的特点。诗的形态、措辞与意境都是淡泊清和的，茶一样的韵味与递升体验，这种审美方向实际上是宋诗的源头。不同的是，唐诗尚味，宋诗论理，确实与饮茶带来的社会生活的变化有关。

文人的才情秉性蜂拥到茶的领域，构成了最重要的茶人群体。从茶性到诗性，到人品，茶，浸润着中唐人深层的社会生活。

正是在这种养生文化与文人生态中，产生了对茶德的看重。禅宗认为，茶有去睡、化食、入定“三德”；刘贞亮列出茶有“十德”，散郁气、驱睡气、养生气、除病气、利礼仁、表敬意、尝滋味、养身体、可雅志、可行道。都是从茶性、茶的功效以及它能助益君子之德修成的角度来说的。

陆羽则提出了茶人之德的倡议，这是另一种茶德。

要知道，陆羽所说的茶人，并不包括茶农、茶商，而是能兼修茶事之道的文化人。他的茶德表述，是今天我们耳熟能详的被误认为是中国茶道精神代表的“精行俭德”。而事实可能是，“精行俭德”是茶德，而不是茶道精神。

三、陆羽的《茶经》看重茶德甚过茶道

陆羽的茶道，摊开在他的《茶经》里，入门是“精行俭德”的茶德要求。《茶经》问世不久，“茶道大行”。

陆羽在《茶经》里讲述的茶道是煎茶道，是包括造茶、烤茶、碾茶、罗茶、赏茶、备器、用火、选水、烹茶、分茶、论道、觅境、茶礼在内的完整程式，像一个茶艺展示说明书。无疑，从这个在时间里展开的观赏艺术中能看到煎茶的过程，琳琅满目的茶器以及行茶的布景（如《茶经挂图》在座位边的陈设），体味到某种精神的洗礼。如看到鼎形风炉的图纹与铸字，我们会感受到“和平、和谐、和合、方正与厚重”。“二十四器”的形态是素净雅致的，三沸候汤是静穆精谨的，茶事环境是幽静怡乐的，但陆羽没有说破他的茶道思想或茶道精神，他只是说喝茶要与自己的生命为伴，做一个精行俭德、淡泊适志的人。这一提法分开了陆羽的茶德与茶道。茶德是通向茶道的起点，是行茶之人的素养准备。而茶道在《茶经》里则主要指茶礼，这和日本茶道是不一样的轨迹，但这恰恰是“中华茶道”在奠基期就形成的独特风格，即唐代茶文化重视的是茶德和茶礼，而不是近似“茶教”的茶道。

四、《毁茶论》风波：“精行俭德”的试金石

大约在永泰二年（766 年）的时候，御史大夫李季卿在江南视察，途经临淮县馆时听到有人推荐说常伯熊很善于烹茶，就请他来。常伯熊穿着黄披衫，戴着乌纱帽，摆开茶器，开始逐件演示，还随时解说，对茶很在行，头头是道，旁边围观的人都赞叹不已。茶烹好后，李季卿品了两杯才放下。

过了不久，李季卿到扬州，又听说陆羽精通茶艺，就把他也请来煎茶。陆羽穿着平常的衣服，带着茶器就来了。入座之后，开始表演。套

式与说的内容跟常伯熊也差不多，李季卿就打心眼里不喜欢，等他把茶煎完，随随便便给他三十文钱打发了他。陆羽在江南是交游甚广的名流，这时候就受不住了，羞愤之余，写了《毁茶论》。这就是著名的“《毁茶论》风波”，从这里我们看到了“精行俭德”茶德所遇到的社会反弹。常伯熊所代表的是王公贵族们所乐见的讲究排场的茶道形式，而陆羽认为违背了自然之道、“精行俭德”的茶德要求。

陆羽反对流俗的饮茶方式与竞奢的茶道形式，是从新时代伦理的角度，提出茶人应该具备“精行俭德”的素养，这对中国茶文化有何意义呢？

五、“精行俭德”茶德的提出：通向“圣人之门”

有人拿陆羽与孔子作比，说明“圣”的相似。

其实，真正的相似点是，孔子以春秋笔法圈点中华文脉，靠规范国人的言行举止“礼”来达到“仁”的境界；陆羽则是以神农氏统系中华茶脉，靠在社会上推广一种新的茶道（重心是“茶礼”）来改变人们的生活方式，达到儒家君子的境界，“精行俭德”是起点。不同的是，孔子身后进入庙堂；陆羽止步于江湖。

有趣的是，两人都是从伦理的角度开始“圣”的历程，这其实是找到了中华文化的命门。因为中国人其实更关注伦理，或者说，中国文化更关注茶人应该具有什么德行或品性，而不关心行茶要达到的那个道的体验到底是什么。因为茶道思想是见仁见智的，带有宗教性的教义性的东西，中国土壤中并没有产生；如果有，它就会变成茶的宗教或“茶教”。显然中华文化的语境里没有这个，不关心茶要将人带到何种精神领域，而关心怎样成为一个茶人。

从伦理的约束入手，恰是陆羽日后走向“圣人之门”的关键。

六、“精行俭德”茶德说来自文化传统，也借鉴了禅宗伦理

用饮茶这种新时尚来规约中国人的性格，这其实是带有宗教性质的尝试，既有传统的影响，也与禅宗密切相关。

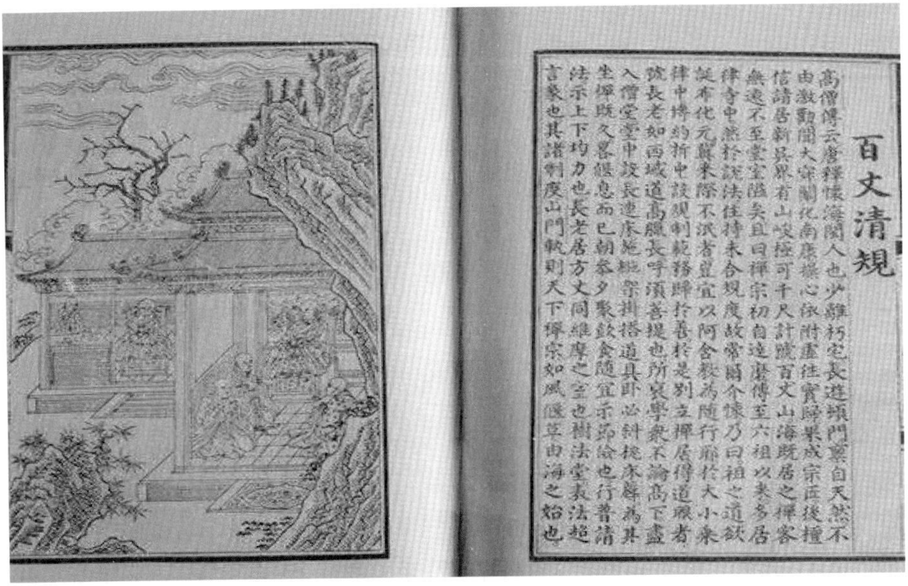
百丈清規
高僧傳云唐釋懷海閩人也少離朽宅長遊頓門稟自天然不
由激勸聞大寂闡化南康操心依附重往實歸果成宗匠後檀
信請居新吳界有山峻極可千尺許號百丈山海既居之禪客
無遠不至堂室隘矣且曰禪宗初自達磨傳至六祖以來多居
律寺中雖於說法住持未合規度故常爾介懷乃曰祖之道欲
誕布化元冀來際不泯者豈宜以阿含教為隨行耶於大小乘
律中博約折中設規制範務歸於善於是別立禪居得道眼者
號長老如西域道高臘長呼須菩提也所褒學眾不論高下盡
入僧堂堂中設長連床施椸架掛搭道具臥必斜枕床脣為其
坐禪既久略偃息而已朝參夕聚飲食隨宜示節儉也行普請
法示上下均力也長老居方丈同維摩之室也樹法堂表法超
言象也其諸制度山門軌則天下禪宗如風偃草由海之始也

图 11-1 《百丈清规》书影

以茶行道具有可操作性、可观摩性。换句话说，它实际上具有了一种类似宗教的仪式感。陆羽对这个仪式感定的基调是“茶性俭”，提出的茶德是“精行俭德”。

“精行俭德”说可能是从禅宗来的。中国的佛教徒基本上是靠自食其力。寺院经济因为不交税，又占有地势之宜，甚至到了“或垦殖田圃，与农夫齐流；或商旅博易，与众人竞利”的地步。禅宗是本土化的佛教，在它不断俗世化、中国化的过程中，伴随着一种新的经济伦理，这就是“朝参夕聚，饮食随宜，示节俭也；行普请法（也就是大家一起

劳动的意思)，示上下均力也”，也就是“节俭”与“勤劳”。禅宗的兴起与此有关，饮茶也与这个有关。后来这一伦理被延入《百丈清规》得以制度化下来。这两个词听起来是不是很像“精行俭德”呢？所以说，“精行俭德”的茶德说是唐代茶文化的精华。

七、“精行俭德”是儒家伦理的回归，陆羽开启“圣人”模式

“精行俭德”的茶德说是道教养生文化与禅宗经济伦理都有的茶人品德，是不是陆羽的茶道思想就是道教或禅宗的呢？

不是的。陆羽的“精行俭德”是儒家伦理的回归，并且由此开启了“圣人”模式。

中华文化虽然以儒家思想为主体，但唐代的主流意识形态却是崇尚道教与佛教的，儒家的影响来得弱，仅限于实际政治和贵族的门第礼法方面。而且佛教也远远超过道教，其影响甚至是世界性的。

就唐代中国人的思想、性格而言，带有很强的可塑性，因为这个时代太开放了，对人的三观的冲击力是很大的，特别是胡风盛行，外来文化在很大程度上冲击着汉文化的根基。安史之乱是“少年时代”没有羁绊的象征，冲击着整个唐代的信心，这是一次“礼”制缺失带来的巨大灾难。安史之乱后，中国文化的性格进入了活跃的自适性调整期。

“古文运动”所倡导的“文以载道”“道统说”就是儒家逐渐回归的前奏。

对陆羽而言，在他的幼年，就曾经因为私淑孔子之道而与师父扞格。《茶经》中处处流露出的积极入世、经时济世的思想是其茶道的本心所在，与出世的禅宗、避世的道教是不同的路径。

正是在这个意义上，我们说“精行俭德”是对以修身齐家治国平天下为指向的儒家伦理的回归。这一提法开启了陆羽通向“圣人之门”的通道，是陆羽“圣心”的流露，也是茶人向圣问道之旅的开始。

第十二章 《二之具》：茶人的意象

这一章我们进入《茶经·二之具》的讨论。

一般的说法是，《二之具》讲述的是陆羽为采制茶所精心设计的一组器具，这和《四之器》主要讲煎茶道的器具不一样。一般人会将《四之器》与茶人联系在一起，可是，在陆羽的理念里，可能有些不同。

“茶人”这个词，最早的文献出处就是在《二之具》里，是在介绍采茶器具时说的：“籝……茶人负以采茶也。”此后，“籝”顺理成章地成了“茶人”的意象。在唐代，籝≈茶人，陆羽在《六之饮》中提到“茶有九难”，提到了“造”，就是制茶之难，却偏偏忽略了“采”，毕竟会采茶也是很难的。或许是蒸青饼茶对“造”的环节要求高过“采”的环节吧。

《二之具》整体上都可以看成是“茶人的意象”。笔者将以“籝”为线索，探寻一下陆羽在这一章中所要投注的意念，以及在当时的茶文化现场与之相关的情形。

我们将从追寻“籝”的形制与命名开始。

一、茶人与茶籝

“茶人”在陆羽写《茶经》的时候已经有这个群体了，指的应该是靠种茶、采制茶为生的人，还包括精通茶道的人。可是种茶、采制茶的人在当时还有个称呼，叫“茶园户”；精通茶道的人则被称为“茶博士”。

“茶人”一词首次出现是在陆羽《二之具》中介绍采茶器具籝的时候，“籝，……茶人负以采茶也”。这就把“茶人”的范围减为“采茶人”了。唐代的诗文里也是顺着这个意思来的。

“籯”与“茶人”同时出现，是不是要多那么一层意思呢？因为它毕竟是“茶人”独立身份的一种“象征”，像后世就有人说采茶人“仿佛采芝仙”，茶籯装茶似“云篮贮瑶华”。相比较于种茶、制茶、煎茶，唯独采茶最有“仙风道骨”之感，难怪“茶人”就主要指采茶人了，这似乎是魏晋以来采撷野生茶风韵的遗留。唐代中期以来，茶园栽培渐居主流，有了专门的茶农，采茶人也独立出来了。“仙”是不是就向俗世的“人”过渡了呢？我们看那时候写陆羽的诗，陆羽还是被称为“茶仙”的，而且多半写的是他早出晚归采茶的事。

二、“陆羽采茶图”≈“茶仙”

我们把“籯，……茶人负以采茶也”从《茶经》中抽出来，演绎成“籯”≈“茶人”，看看陆羽自己的情形，我们会得到它的“升级版”：“陆羽采茶图”≈“茶仙”。

陆羽的友人中有很多用诗来绘制“陆羽采茶图”的，如皇甫冉有一首《送陆鸿渐栖霞寺采茶》：“采茶非采菉，远远上层崖。布叶春风暖，盈筐白日斜。旧知山寺路，时宿野人家。借问王孙草，何时泛碗花。”皇甫曾也有诗《送陆鸿渐山人采茶回》：“千峰待逋客，香茗复丛生。采摘知深处，烟霞羡独行。幽期山寺远，野饭石泉清。寂寂燃灯夜，相思一磬声。”说的都是“茶人”中“仙”的级别。这种披星戴月，采茶山壑，寄情世外，伴茗自娱的精行俭德之人，是陆羽心目中真正的“茶人”。

从诗句呈现的“采茶图”中，我们看到了采茶所用的器具——“筐”。陆羽也说，这个东西也可叫“篮”“笼”“筥”。似乎民间还有许多称谓，皮日休用的是“篓”，但为什么它的“学名”是“籯”呢？

三、籯是方形还是圆形？

陆羽对茶籯的设计是："籯：一曰'篮'，一曰'笼'，一曰'筥'。以竹织之，受五升，或一斗、二斗、三斗者，茶人负以采茶也。（籯，《汉书》音'盈'，所谓'黄金满籯，不如一经'。颜师古云：'籯，竹器也，容四升耳。'）"

图 12-1　日本江户末期山本梅逸（1783—1856）画的陆羽像，其背上背的是盛放"二十四器"的都篮，背籯会是什么样子呢？（都篮肯定是箱式的，所以茶籯也可以是方形的）

其实，籯早在汉代就有了。扬雄在《方言》里说"陈、宋、楚、魏之间谓筲为籯"。"筲"是什么呢？就是"箸筒，以为受饭之器，盖名异而实同者”，“筲箕”或“箸筒”（“筷子笼子”，不是今天的“筷筒”，应该是碗筷笼之类）。好像还是没有搞清楚籯是什么样子的，是圆的还是方的？只知道陆羽用的“籯”字是久远的楚地方言。

再多点信息了解一下，《广雅·释器》里说“籯”是“竹器，笼也”。《篇海》里说是“音盈，箱笼属”。那就是说，方形的可能性比较大。再如《汉书·韦贤传》，“故邹鲁谚曰：‘遗子黄金满籯，不如一经。’（如淳曰：‘籯，竹器，受三四斗，今陈留俗有此器。’）”这条文献《茶经》也引用了，“黄金满籯”，与“黄金满箱”是接近的，而且应该不会小，更让人觉得籯是方形的。但籯=篮（圆、方）=笼（圆、方）=筥（圆）。《三礼图》中说“筥，圆，受五升”。《毛诗故训传》中说“方曰筐，圆曰筥”，那么籯又似乎是圆的。可皇甫冉又称籯为筐，筐是方形的。

四、从籯到茶籯：“文艺”的命名

也就是说，采茶器具的形制是方形、圆形还没有定的情况下，陆羽就选了一个“籯”来命名这种专门的茶具了。这个名字是比较正式的“学名”，比“篮”“笼”“篓”“筐”等要“文艺”，“文艺”在哪里呢？就是陆羽特别注的一笔：“遗子黄金满籯，不如一经。”这句话有什么特别的意味呢？

在汉代，流行整个家族共治一经的做法，几乎成为一种家风传承。有很多累世大族都是靠这个名利双收，这便成为那个时代社会上受人追捧的风尚。这是士大夫阶层获得俗世认同与成功的晋身之阶，其诱惑性甚至胜过为子孙后代留下万贯家财，也就是“满籯”的黄金。装黄金的籯显然不会是草率之物。陆羽参考籯来设计茶籯，作为采茶人的配置，是不是也有着某种反映儒家精神的俗世的功利观在里面呢？

了解了这一点，就可以知道后世的茶籯为什么可以做成非常考究的箱笼形了，这也许正是回归到籯本来的形制了。问题是，陆羽似乎并没有太

图 12-2 清代的竹编茶籯，藏于中国茶叶博物馆

在意它是方是圆，而用了一个稍微久远的方言——不要忘了，汉代文化是在楚文化的基础上建立起来的，很多楚地方言慢慢变成了官方的雅言——显得有那么点古意。

五、茶籯的制作

陆羽在《茶经·二之具》中只说了茶籯的大小和材质，“以竹织之，受五升，或一斗、二斗、三斗者”，怎么制作并没有讲。

好在陆羽之后，皮日休与陆龟蒙用“诗补《茶经》”的方法为我们留下了许多一手资料，生活气息还很浓。陆龟蒙的《奉和袭美茶具十咏·茶籯》说：“金刀劈翠筠，织似波文斜。制作自野老，携持伴山娃。昨日斗烟粒，今朝贮绿华。争歌调笑曲，日暮方还家。”他说茶籯是怎么做出来的呢？先用篾刀将竹子劈成条，再编织成波纹状（就是交替编织，篾条一进一出，就像波浪纹了）的斜面，在火上烤一烤，增加韧性就可以了。根据皮日休《茶中杂咏》其四《茶籝》诗“开时送紫茗”一句判断，茶籝似乎还有盖子。另外，茶籝一般是由上了年纪的人编织的，携带着它去采茶的多是女孩子。这似乎和陆羽心目中的“茶人”不太一样。

另外一个重要的信息是，女孩子们采茶时还唱着欢快融洽的歌曲，忙到傍晚才回到家中。从中可以看到后来采茶歌与采茶戏的源头。

六、“籝”成为“茶人”的意象

在中国文学史上，劳作诗很早就有，但采茶诗成为一个新的主题，是陆羽写《茶经》之后的事情。而且，“籝” ≈ “茶人”的关系更为明显。

通过文人雅士诗化的生活细节的捕捉，茶籝似乎成了茶人的意象：说到茶籝，就会想到不辞辛劳的茶人；而说到茶人，也就浮想到在深山幽径采茶时背着茶籝的画面。

皮日休的《茶中杂咏》其二《茶人》说：“生于顾渚山，老在漫石坞。语气为茶荈，衣香是烟雾。庭从懒子遮，果任獳师虏。日晚相笑归，腰间佩轻篓。”意思是顾渚山的采茶人，生老病死都在这里，连说话的语气神态都沾着茶气，衣服好像还沾满深山的云雾。采茶人早出晚归，腰间佩戴着轻盈的竹篓子（也就是茶籝），他们为一天的劳作所获感到快乐。陆龟蒙的《奉和袭美茶具十咏·茶人》则提到茶人的另一面：“天赋识灵草，自然钟野姿。闲来北山下，似与东风期。雨后探芳去，云间幽路危。唯应报春鸟，得共斯人知。”采茶人有天生的识茶禀赋，并在天地间显得身手不凡。他们在深山幽径间不辞辛劳地采茶，生怕错过了采茶的最佳时期。

后世还有一些跟进者，如清人董元恺的《望江南》其三《啜茶十咏》说：“茶籝满，叶叶占先春，翠霭撷齐双鬓冷，青丝笼就两枪新，衣惹暗香尘。”

七、茶籝出现的“后遗症”

《二之具》中出现的采茶具籝，来自一个久远的方言，虽然在后世获得了广泛认同，但似乎不知道它到底是什么样子的东西。

在皮日休“诗补《茶经》”的时候也沿用了“茶籝”冠以诗名，但他似乎把“籝”（茶籝）和“籝子”（篣筤、芘莉）搞混了。他的《茶中杂咏》其四《茶籝》诗开篇点题就是“筤篣晓携去”，把“茶籝”说成是“筤篣”了。而《二之具》里说：“芘莉，一曰籝子，一曰篣筤。以二小竹，长三尺，躯二尺五寸，柄五寸。以篾织方眼，如圃人土箩，阔二尺，以列茶也。”显然，“篣筤”（或“筤篣”）是用来摊晾茶的竹箩。

图 12-3　放置在紫禁城或行宫内乾隆茶舍中御用的茶籝

按扬雄的《方言》中“笼，南楚江沔之间谓之篣”，《集韵》中

“筤，篮也”，这样说，似乎也接近与陆羽所说的茶籯了，可是，与陆羽对芘莉的说明有出入。

到了清代，乾隆的《题居节品茶图用文徵明茶具十咏韵》其四《茶籯》有两句：“编竹为籯雅制精，品殊部别贮分明。”这里的“茶籯”就不再是采茶用的“竹篓”或“竹篮”了，而是用来分类贮存茶叶、茶罐、茶碗等的器具了，而且基本上都是箱笼式的，这是不是很像“黄金满籯”的那个“籯”本来的样子呢？

第十三章 《茶经》倡导的“蒸青文化”是一次革新

茶，经过漫长的粗放的加工使用，进入《茶经》倡导的“蒸青”制茶法，在中国茶文化史上，开始了一个较长的段落。即便从最晚的《茶经》产生时间算起，到明初，也长达数百年。这个段落，可称为“《茶经》时代”。

为什么说“蒸青”是一种文化？它与《茶经》有关。《茶经》不光是专门介绍了“蒸青”的器物与技法，还在它的基础上发展出了煎茶道。《茶经》中《二之具》《三之造》具有的特别意义就在于，它是“蒸青”文化的物质遗产；它的精神遗产就是《四之器》开始到终篇的煎茶道。

《茶经》倡导的“蒸青”文化是一次革新，是茶在色香味形方面的一次新品质的展示，初次塑造了中国人的茶感觉系统。

可是，为什么《茶经》中制作与饮用的茶是“蒸制”的呢？它来自中国文化的大传统。

一、“蒸青”来自“蒸”这个大传统

如果把唐代到明初的这个新的茶文化段落，冠以“蒸青文化长廊”之名布个展，那么这个长廊起始的展示区，迎面会有一个大大的“蒸”字。当然还会有“曾”“甑”“甗”（都是蒸具）等从甲骨文、金文到小篆演变的图形点缀其下。为什么呢？因为《茶经》的蒸青制茶法来自更为久远的“蒸制”文化这个大传统。

蒸制入烹饪，在中国有几千年的历史，在长江中下游的石家河文化、马家浜文化、崧泽文化等地的日常生活中都有出现，用的蒸具就是

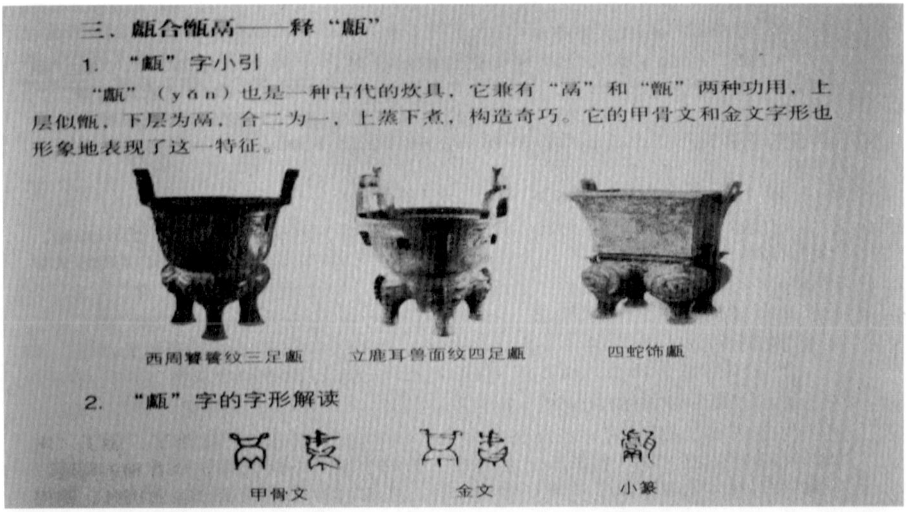

图 13-1　今天看到最古老的蒸具之一叫“甗”。其实“曾”与“甑”也很古老。“曾”是“甑”的古字，下边的“曰”是釜形，大家画一个“锅”的简笔画就是这个样子的；中间金文是个“田”字，就是蒸笼里的“箅”，指代蒸笼；最上面倒写的“八”是蒸汽。看来，蒸具的造字真是与日常的生活息息相关啊。《二之具》中提到的蒸具“灶、釜、甑、箅、三杈榖木”要不都很古老，要不都司空见惯，可以随地取材的

“甗”“曾”“甑”。西晋时期，蒸笼的发明与普及是个大事，《齐民要术》还专设一章来介绍“蒸缹法”，蒸制在烹饪中开始了新的时代。从魏晋南北朝到隋唐，蒸制都是最主流的烹饪方式，而且被认为是营养保存最好、保鲜度最高、最便于消化吸收的烹饪方式。

另外，汉代以来的中草药也广泛地用到蒸制。蒸制对某些药材有增强补益作用，可缓和药物原有的躁烈性或寒性，既保存了药效，也便于贮存。这些，都可以说是蒸青制茶法的参照背景。

二、为什么《茶经》里的茶是蒸制的呢？

茶，介于食与疗之间、烹饪与炮制之间。蒸制在烹饪与草药炮制方

面的广泛使用为《茶经》中的制茶法提供了一种蒸制的可能，但不一定是必须。

陆羽著《茶经》的时代，在茶用方面，似已有了“晒青”（李白的《答族侄僧中孚赠玉泉仙人掌茶》中有“曝成仙人掌”句）、稍后有“炒青”（刘禹锡的《西山兰若试茶歌》中有“斯须炒成满室香”句）等手段，有“粗茶、散茶、饼茶、末茶”（只是原料老嫩、外形整碎和松紧不同），但还是以蒸青为主。为什么不是炒青呢？这恐怕与燃料、炊具有关。

图 13-2 炭的使用在唐代就有记载，如白居易的《卖炭翁》，但到宋代才普及。广为人知的张择端的《清明上河图》开卷画的就是人们用一群驴驮着炭进城去卖的情景

煤炭的使用在东汉就有了，但直到宋代才普及。它的火力更旺更持久，这是炒制很重要的一点；同时，植物油的大量使用与锅的定型也很关键。这些都是宋代的事情，可以帮助我们理解为什么《茶经》以蒸青为主。

《茶经》开创了蒸青制茶法的器物与技法，这是从生活经验中得来的，是不断实践得来的结果。他把蒸青的内容写在《二之具》《三之造》里。《二之具》就是蒸青制茶法用到的器物，“造”是技法。

那么，蒸青制茶法相较以往，有什么进步呢？

三、“蒸青”是一次革新，形成新的茶叶品质

由“蒸青技法”而变成“蒸青文化”，是一次生活方式上的大革新，是茶真正向社会阶层普及的开始。

经过《茶经》倡导的蒸青制茶法已经成为一种文化常态，具有自身的文化品格，不妨先搞清楚蒸青是怎样一次了不起的技术进步。

蒸青制茶法的原理与技术更新在哪里呢？

茶的鲜叶如果不经过加工，它是味比较苦、寒性比较重的。蒸青一方面迅速地破坏酶的活性，抑止多酚类化合物的酶性氧化；另一方面增加可溶性糖、果胶、氨基酸等的含量，形成了新的茶叶品质。

具体说，叶绿素不溶于水，杀青加热后，分解叶绿体使叶绿素水解成亲水性的叶绿酸和叶醇，这都是构成茶汤色泽和滋味的重要因素。茶在加热过程中，还产生了绿茶重要的香气成分——二甲硫，部分蛋白酶分解蛋白质形成多肽，随着温度继续升高，蛋白质变性凝固，结合较弱的侧链容易裂解成可溶性的氨基酸，与儿茶素水解所引发的变化一样，成为鲜爽醇厚滋味的来源。苷的水解则使苦味消失。所以我们看到，杀青对茶叶形成特有的色、香、味起着决定性的作用。

另外，有很多成分是通过蒸青之后才得到的。研究表明，蒸青后，绿茶中含有的 11 种碳氢化合物、19 种吡嗪类化合物等成分是新鲜茶叶中所没有的。新鲜茶叶里芳香物质是 46 种，蒸青之后是 104 种。[①]

四、“蒸青”初次塑造了中国人的感觉系统

蒸青技法是茶文化的一个重要进步，改变了以前粗放的将茶叶与葱、姜、枣、橘皮、茱萸、薄荷等“浑以烹之”的做法，在色、香、味、形上

---

① 关剑平：《茶与中国文化》，人民出版社 2001 年版。

重新塑造了茶叶的品质，带来的是一种更精致、更雅致的品饮方式。

既然如此，它又催生出怎样的“蒸青文化”呢？换句话说，这种具有新的色香味形品质的茶叶，怎样初次确立了中国人的感觉系统（除了味觉、视觉、嗅觉等，实际上还包括健康认同、交际心理与文化价值诉求等）并将它们诉诸琴棋书画这些雅事中去呢？特别是诗的领域，因为在古代，中外都把诗作为文化表现的高端形式。

唐代的人不仅强化了对于蒸青饼茶养生功能的认识，更发展出专门的茶道，这是“蒸青文化”的巅峰时刻。诗人们借用《茶经》中的词汇作为作茶诗的通用词库，开放了蒸青饼茶色香味形向精神王国升华的门道。像卢仝的《走笔谢孟谏议寄新茶》、皮日休的《茶中杂咏》十首、陆龟蒙的《奉和袭美茶具十咏》等都是极好的范例。茶画、茶赋、茶戏等也都丰富了中国人这一感觉系统的精微表达。

五、蒸青制茶法的器物与技术还原

《茶经》某种程度上讲是“蒸青文化”的“陈列馆”。走进这个“陈列馆”，迎面是有着悠久的“蒸文化”展示区（从远古到今天），然后，穿过《茶经》“蒸青文化”的说明墙，进入《茶经》“蒸青器物”陈列区，我们可以趁机来参观一下陆羽蒸青的器物与技法，这就是“具”与“造”。

第一组器物是“灶、釜、甑、箅、三叉榖木”。一看就知道是蒸青的家什，深口的釜是不便于炒的。制作技法、器物形制与品饮方法都是从魏晋沿袭来的。

我们来看看陆羽的蒸青技法如何。陆羽对蒸具的设计其实是因陋就简的，这些器物都非常古老了，非常普及了，只是本着“短时高温”的蒸青原则做了一些改进。灶没有用烟囱，烟囱会“吸风拔火”，灶上放一个有唇口的釜，利于热量集中不散，也不会使烟熏到茶叶。甑放入釜加水也方便。将篮子做成箅（方言叫“熩箅”），便于茶叶放入取出。今天，茶叶蒸青之前，可洗可不洗。洗的话，要晾干再放入蒸笼（甑）。

六、陆羽的蒸青时间是多长？

接下来有个问题，陆羽没有讲，就是蒸青得需多长时间。今天如果是用木柴烧灶，一般是5~8分钟，“恩施玉露”用现代灶，是40秒。那么蒸青时间有没有讲究呢？宋代人黄儒有个说法：如果没蒸熟，茶的颜色发青，易沉，有较重的草木气；过熟的话，茶的颜色深黄，味淡；适度的话，颜色是黄绿色，味有点苦（相比而言，炒青更苦，蒸青好多了），有香气。

那么陆羽的蒸青到底有多长时间呢？确实不好说，但可以从颜色上反着推。《茶经·五之煮》中说“其色缃也”，是将淡黄色的茶视为上品；《茶经·六之饮》中说“碧粉缥尘，非末也”，强调的是绿色。怎么回事呢？有人认为陆羽的蒸青时间过长，约在40分钟。因为陆羽蒸青用的茶叶是“笋”（为萌发的芽头）“牙”（已萌发的茶叶）混着的，所以蒸的时间要长一点，也利于接下来的“捣碎”工序。但“淡黄色”其实也就是“黄绿色”，是蒸得适度的颜色。恐怕即便是有点长，也不会长达40分钟吧。

七、陆羽的蒸青饼茶有多大？

蒸青制茶法一般蒸后要赶快降温干燥，但陆羽不是这么做的，他是“蒸罢热捣”，然后放在模子（规）中迅速定型，定完型后的饼茶再放到芘莉上降温干燥。

一个有趣的问题是，陆羽怎么将茶放在模子里定型？今天机械化操作很容易解决这个问题，机械压力据说为80吨，饼茶很快就能成型。陆羽的做法很可能是边填茶边压，那就要敲打、拍压，需不需要相关的工具呢？《二之具》里没说。可见，《二之具》里18件器物并不是说就完备无缺了，一件不多，一件不少，不要这么读《茶经》，要能够与它互动，与它对话。

另外，用蒸青法制出的饼茶有多大呢？也不知道。但我们不妨来比对一下。今天在日本正仓院仍有 20 枚唐代的“蜡蜜药饼”重约 200 克，与流行于江南“上串”（约 370.3 克）、“中串”（约 185 克）、“下串”（约 92.6 克）的形制大小相符。考虑到日本将“茶室”称为“药室”（如滋野贞主有诗句为“酌茗药室径行入”），为什么“药饼”不可以是“茶饼”呢？而布目潮渢认为陆羽的蒸青饼茶直径在 3 cm 左右。

图 13-3 弘仁年间（810—824）是日本古代茶文化兴盛时期，由于崇尚唐朝文化的嵯峨天皇的推动，在日本上流社会形成了“弘仁茶风”，其行茶风范颇似《茶经》

八、陆羽对蒸青饼茶优劣的评判

最后，我们来看看“陈列馆”中展示的陆羽蒸青饼茶“标本”，让我们对《茶经》中的“蒸青文化”有一个感性的认识。

今天，人们对蒸青绿茶的色香味形的认识是，蒸青绿茶的新工艺保留了较多的叶绿素、蛋白质、氨基酸、芳香物质等内含物，形成了“三绿一爽”的品质特征，即色泽翠绿，汤色嫩绿，叶底青绿；茶汤滋味鲜爽甘醇，带有海藻味的绿豆香或板栗香。

回到《茶经》中，蒸青饼茶的色香味形是这样的：“其色缃也，其馨欸也……啜苦咽甘，茶也。”是说饼茶的颜色是浅黄色，味道香美，入口时略带苦味，咽下去有回甘。

一般来说，饼茶的优劣，主要是看其外形的匀整、松紧、嫩度、色泽、净度等。匀整是看饼形是否完整，纹络是否清晰，表面是否起壳或脱落；松紧看饼茶厚薄是否一致；嫩度看饼茶梗叶的老嫩；色泽看饼茶颜色是否油润；净度看饼茶的叶片、梗、末含量以及是否有杂质。而陆羽评判饼茶的外形，只评比其匀整和色泽。

《茶经》展示的“蒸青文化”对后世影响很大，当然，它也在不断发展完善中，这构成了这个历史长廊的一个底色。

第十四章　一个唐代茶叶从业者的日常生活

《茶经·三之造》在唐代民生的开拓方面，有着划时代的意义。随着采制茶技艺的成熟，茶叶的生产与消费成为新兴的经济形态。特别是《茶经》广泛流传之后的 8 世纪后半叶，全国的茶叶产地迅速扩大到八道之多，知名的茶叶市场与名茶名称在全国内形成广泛的认知。

当时的茶叶从业者主要有茶农、茶园主、茶商、茶馆经营者、官府管理人员等，甚至还有那些猖獗的不法分子。

让我们以一个茶商的视角来看一看唐代茶叶从业者的日常生活是什么样子的。

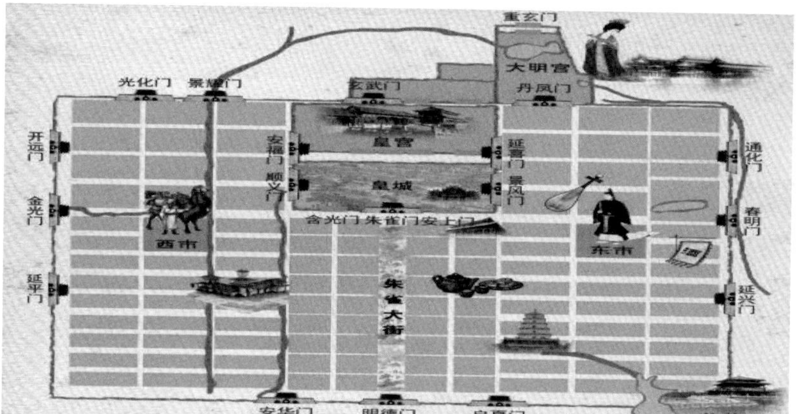

图 14-1　传说中内有大小不同茶室的超大茶坊就在长安“开远门”外十里处

一、长安西市的开远门是茶商的集聚地

作为一个走南闯北的茶商，我对本朝的茶叶行情就算是见多识广了。如今的茶叶市场是一个全国统一的网络，这得益于盛唐的好底子。大唐长安是国际性的大都会，从这里出发，有 7 条国道辐散全国，每 15 公里一个驿站，总共 1639 个，沿途形成了天然的市场。草市更是不计其数。驿站有驴子出租，可作脚力或运货之用，治安也好，这对经商的人都是利好消息。

你问我在唐代经商的感受，一两句话说不清楚。我在长安西市的开远门做茶叶生意已经很久了，有大小不同茶室的超大茶坊就在这一带。这里还有很多像我这样的茶商，算是茶商最集中的地方吧，因为京城之内要求的是随行就市。我们还有茶行会，由行头负责定价、祭祀、协调及与政府交涉之类的。如果与粟特商人、高丽商人等打交道，还要请官方的“牙人”或“牙郎”来翻译呢。

现在喝茶的人越来越多了，老辈人说开元年间就很流行喝茶了，连北方人都带动起来了；陆羽的《茶经》传开之后，更是在全国盛行，长安、洛阳与荆渝之间家家户户都饮茶呢。做茶生意还是新兴产业。

二、沿着运河北上是茶商之路

我们和西域、吐蕃等做生意是很密切的，不过在长江中下游的生意似乎越来越一边倒了。因为产茶地主要在南方，南方茶叶生产不仅地域广、产量高、专业化的名茶也多。巴蜀、江淮、两湖等地的大城市都是我们走熟的茶叶集散地，我们到这些地方收购茶，然后贩运四方，最佳的路线当然就是沿着运河北上了。

听早先的人讲，开元年间大运河重新疏浚后，这条以洛阳为中心，北到涿郡，南到余杭全长 1 700 多公里的大运河沿岸“山泽以成市，商

贾以起家”的事那是太多了。茶铺林立，茶商扎堆，很多大都市与茶叶大市场就在那里。

最著名的南方城市就要数扬州与益州了，“扬一益二”嘛。扬州是大运河联通江、淮、河、海的水陆中心，“烟花三月下扬州”，很多大商贾都在这里发展。有一首诗说“贾客灯下起，犹言发已迟。高山有疾路，暗行终不疑。寇盗伏其路，猛兽来相追。金玉四散去，囊空委路岐。扬州有大宅，白骨无地归。少妇当此日，对镜弄花枝”，写尽了我们这些商人的悲辛。扬州是茶叶北上的必经之路，长江下游茶区的茶都是经过这里周转北上的，沿河还有提供住宿的茶店与存储茶叶的货栈，前些年在这里还发生过李季卿与陆羽评水的故事呢，这可是茶叶界无人不知的“软广告”啊。

三、最大的茶叶集散地在浮梁

长江中下游产茶区几乎是中国最好的茶仓所在地了，陆羽的《茶经·八之出》记述的名茶大半都在这里。如湖州顾渚的紫笋，东川的神泉、小团、昌明、兽目，峡州的碧涧、明月、芳蕊、茱萸簝，福州方山的露芽，夔州的香山，江陵的南木，湖南的衡山，岳州灉湖的含膏，常州义兴的紫笋，婺州的东白，睦州的鸿坑，洪州西山的白露，寿州霍山的黄芽，蕲州的蕲门团黄，等等。

最著名的茶叶集散地则有浮梁、婺源、祁门、德兴、江陵等。当然排第一的还是要数白居易《琵琶行》里说到的“商人重利轻别离，前月浮梁买茶去”的浮梁。可想见这个东南最大的茶叶集散地商贾云集、挥霍人生的场景。浮梁的茶，主要产自饶州、歙州、江州一带，销往关西、山东，产量大，销量广，年产量达 700 万驮（1 驮为 100 斤），上缴的税收高达 15 万贯之多，居然远超蜀茶。

当然，茶叶市场全国很多了，除了茶山交易，还有草市镇的茶叶交易，城市茶叶市场、农村茶叶市场等，所以茶叶的买卖是很便利的。

四、收茶去

每到春季新茶上市，二三月份吧，我们就得带着钱币等到浮梁、婺源、祁门、德兴、江陵等地去收茶了。四面八方的茶商们一时蜂拥而至，都想多收购点茶叶多赚点钱，既有肩挑背负、驴驮车载，做小本生意的小商小贩；也有财力雄厚、门路广大、用巨船运输的大茶商。

说到这里，还有苦水要倒一倒。自唐高祖李渊以来，商人是禁止做官的，不能与士大夫同席，还不许商人骑马，衣服也只能穿黑色的，真是莫大的歧视。不过，茶商富贾们，穿绫罗绸缎进山收茶也是司空见惯，就连他们的家人也都穿金戴银，锦衣华服，这可是身份的象征啊。官府也是睁一只眼闭一只眼罢了。

收了茶，还要过官府这一关，为了逃点税，有时候我们会少报点斤两，税吏一般就是目测一下堆头来抽税；再有就是买通一下税吏了。

其实茶商是蛮担风险的，白居易有首诗很流行，说："莫作商人去，恓惶君未谙。雪霜行塞北，风水宿江南。藏镪百千万，沉舟十二三。"辛酸道尽。

五、体验茶农的艰辛生活

我在湖州贡茶院的生产基地待过一段时间，有机会了解那里的茶农（他们叫茶园户）的生活。那些新开发出来的山区十有八九种茶，相互协作。这些茶农全仰仗茶讨生活，既种茶、采制茶，又卖茶。官焙的贡茶院的雇工与茶农规模大得惊人，有 30 000 多人。

他们的日常生活是非常辛苦的，特别是每年要上贡紫笋茶的时候，要接连忙活好几个月。

采茶要求早出晚归，有些茶树在悬崖峭壁，攀缘有危险；有的野生茶地有老虎出没。所以这项工作多为贫户雇工做。制茶多设在山中，也方便取水找柴。然后分工协作，全家老小齐上阵，年轻人蒸茶，老翁捣茶，妇女拍茶装模，一直忙到天黑。

最难的是来自官府的盘剥，“不惮采掇劳，只忧官未足”。茶农不光要被迫为官府赶制贡茶，停止自家农事生产，在茶场不顾蓬头垢面、手脚生疮昼夜不停地劳作，还要缴纳层层茶税。而王涯为相时，甚至要求茶树充公，老百姓生路都断了。

六、在益州体验新的支付方式

说到入山收茶遇到强人的经历，我真是后怕不已。这些人专门在暗处设伏，杀人越货，将抢到手的茶叶直接在市场上销售，又不缴税，又免过路费，价格还比我们低，连官府也奈何不了他们。遇到这种欺行霸市的人，有什么办法呢?

我曾经到巴蜀的益州（今四川成都）去收茶，有过一次新的支付方式的体验，就便利安全多了。蜀茶，圈内人都知道，全国排名第一等的好茶就是剑南蒙顶石花茶，东川神泉、小团、昌明、兽目等也是上榜名茶啊，茶商们当然就一窝蜂来了。我到益州去进货，先把钱寄存在剑南道的驻京进奏院（类似于驻京办事处）和有关机构，当然也可交给他们设的分支机构的富商，由他们出具半联凭证，我拿着它到益州，与他们寄回剑南道相应单位的另半联凭证核对一下，就可以在异地付钱了。这种新的货币叫“飞钱”，它的产生还就是为了直接方便茶商哩。

巴蜀自古就有很浓郁的产茶、饮茶传统，世界上最早的茶叶市场就诞生在这里，也是安史之乱后大唐最安全的州道之一，这一次，又以这样的创新再次引领潮流了。

七、在自己的茶馆里喝茶等你来

我在西市开远门有自己的茶坊，来喝茶的道俗都有。由于佛教徒饮茶有助于他们修禅，市民跟风的很多，所以京城里冒出了很多专门煎煮茶水出卖的店铺，不论身份如何，只要给钱便可饮用。

茶铺里不是卖茶粥，而是出售茶汤（还有的代卖茶器），这些茶馆一般叫茶坊、茶肆或茶邸。

茶坊，一般是前店后坊。前面是卖茶的品饮区，摆几张桌子、几张凳子就可以了。后边是做茶煎茶的地方，绝对是现货。以后茶灶间还有放上瓷偶人“陆鸿渐”的。如果这一天饮茶的客人较少，就拿茶来浇一下，增添点财气。如果有人来买十来样茶器，还可以送一个瓷偶人给他。

第十五章 《茶经》风物记：陆氏风炉的诞生

《茶经》中有一个风物流行的世界，随着茶道这一中唐新时尚的兴起，在文人的生活中次第展开。世代的变迁，茶器的雅重、煎茶的韵致、茶仪的皈崇、茶境的体验，成就了《茶经》新的风物世界。“二十四器”成为风雅之物，尤其是风炉的格调品味，展示出茶道的精神韵味，它的名目，为茶道的确立之始。

鼎形的风炉，在世俗间鲜有制成品，却深深地影响着茶人对陆氏风炉的想象。暮色时分，抑或沉沉雪夜，拥炉清话，是一段时间中的风物。幽寂玄远，蝉蜕风举，遗世自况，对话的是一个清茶盫开的世界。

陆氏风炉到底是什么样子的？它为何成为茶道的载体？

一、陆羽以“风炉设教”，彰示茶道精神的创生

陆羽设计风炉的场景是《茶经》风物世界唯一与时间有关联的事件，时间是“圣唐灭胡明年铸”，也就是安史之乱平定的次年。

陆羽设计风炉时的心境——百感交集。在他的自传里，部分展露了他的心迹。这一年，他在苕溪之湄度过了他富于才情而时事不遇的第二十九个年华。叛军势熏一时，盛唐的色彩正在褪去。流离中的陆羽看不到时局转圜的希望，常一个人独行野外，杖击林木，手弄流水，吟诵佛经，发出声声恸哭长啸，成天在忧愤惆怅中度日。

叛乱甫定，陆羽着手《茶经·四之器》中风炉的设计，这是一次深思熟虑的表达，寄意遥深。他把它设计成古鼎形，三足上分别写上“坎上巽下离于中”“体均五行去百疾”与“圣唐灭胡明年铸”，尤其是后者，似乎象征着权力再次回到了中央，是对皇帝的遥拜。而他更是在风炉的腹部上围圈写上“伊公羹、陆氏茶”六个字，明白无疑地传达出他

希望像伊尹以调羹术说动商汤王而拜相一样，也希望以煎茶道来自荐于上，实现经邦济世的宏愿。

多年后，陆羽知道自己“惭非负鼎贤”，但无疑，煎茶道的精神在他设计的陆氏风炉上得以公示天下，在民间蔚然形成一种特别的风物景观。

陆羽在风炉上展示的茶道精神有哪些呢？最主要的就是“茶和天下”与经邦济世的进取精神，其次是“精行俭德”与五行和谐的健康养生之道，最后还有行茶中颇具艺术性的审美价值与茶礼体验。

二、风物记：鼎形的优雅

“风炉”是陆羽设计的煎茶炉具的名称，在此之前，在茶灶里就可以完成煎茶了；从这之后，煎茶用的炉子就叫风炉，做饭煎药的炉子叫火炉。陆羽把风炉设计成古鼎形是为什么呢？

其实，在陆羽之前的西晋时代，煎茶用的炉子就是鼎形的了。左思有首《娇女诗》，中间两句说：“心为茶荈剧，吹嘘对鼎鑘。”意思是两个娇女儿心里急不可待地要喝到茶，对着鼎形的炉子使劲吹火呢。“鼎鑘”，就是鼎或鬲之类的炊具。而且鼎和釜是江汉平原用得最广的炊具，今天的考古发现就能证明，这两个都进入《茶经》的器具名单中去了。

问题是，鼎形的风炉到底是什么样子的呢？只有陆羽的文字描述，没有图。今天我们看到的风炉图，是由日本人春田永年（1753—1800）画的，离现在200多年了，后经诸冈存描摹，进一步使风炉的鼎形在人们脑海里定了型。大约在1985年，台湾的张宏庸先生在编著《陆羽全集》之五《陆羽图录》的时候，参考他们，自己又描绘了一番。吴觉农的《茶经评述》也基本上延续了这种鼎形造型，特别是发行量很大的《图解茶经》是据吴书而来，更加固化了我们对风炉的印象，最近的大概要算是裘纪平在《茶经图说》中的绘图，都是鼎形的。

鼎是什么样子呢？字典里的解释：“鼎，古代烹煮用的器物，一般

图 15-1 河北宣化辽代张匡正墓的壁画《备茶图》（1093 年）所画的场景让我们很容易想到“心为茶荈剧，吹嘘对鼎鑩”诗句

是三足两耳。”春田永年等四个人画的鼎形就是这样子的，可是也许我们都被误导了。

第一，在“两耳”（两个执耳或锅撑）上面搁一个鍑，是没办法固定好鍑的，要么没有，要么是三个。实际上也是，鼎形有“无耳”的，出土的风炉也都是三个执耳（或锅撑）。

第二，陆氏风炉在腹部开了三个窗口，底下开了一个，总共是四个窗口。今天出土的一般都是前后口：前口大，后面是两个条状开口。当然，陆羽是为了让炉膛充分通风拔火。陆羽的改进是在炉膛里涂上泥，这样炉膛里的热量散失少，风炉外壁也不至于过热，保护了金属的炉身。

第三，风炉的外观是有装饰的，有卦象，有花纹。

可惜的是，这种近乎球形的古鼎风炉在我们今天出土的文物中，还没有看到，它到底是陆羽观念中的产物呢，还是他说的鼎形原本就不是我们心目中的那种“两耳”的球形？恐怕只有“三足”还保留着鼎形的特征。实际上，有很多鼎形炊具就是盆形鼎或釜形鼎。

三、生活场景中的风炉：图像与意象

《茶经》风行后，风炉作为“二十四器”中的“重器”，不仅标示着茶道的精神，也成为行茶最重要的环节煎茶的器物展示，成为煎茶道场景的中心意象。我们说的《茶经》风物，就是从这个意义上说的。

稍晚于陆羽的皮日休特意写了一首咏风炉的诗《茶中杂咏》其八《茶鼎》：“龙舒有良匠，铸此佳样成。立作菌蠢势，煎为潺湲声。草堂暮云阴，松窗残雪明。此时勺复茗，野语知逾清。”意思是，茶鼎以安徽舒城县的匠人制作的最好，样式很美观。摆在那里像灵芝的样子，用它煎茶时会听到潺湲的声音。人们在暮色下或下雪天，拥炉而坐，饮茶清谈是很惬意的。

皮日休的好友陆龟蒙的《奉和袭美茶具十咏·茶鼎》的和诗是另一番趣味：“新泉气味良，古铁形状丑。那堪风雪夜，更值烟霞友。曾过赪石下，又住清溪口。且共荐皋卢，何劳倾斗酒。”茶鼎的形状不好看，但煮出来的茶还是很好喝的。风雪夜里，山林道中，都离不开它做伴。在江南产茶区，更是这样。有茶喝，谁还会去与人斗酒呢？

其实，《茶经》之后，唐代文人在诗文中谈到风炉，以它为煎茶雅器的大有人在，如岑参的《晚过盘石寺礼郑和尚》一词中有“暂诣高僧话，来寻野寺孤。岸花藏水碓，溪竹映风炉”。与陆羽大致同时的奚陟，拥有比较高档的成套茶具，举行茶会时还专门炫耀了一把风炉。

宋代提到风炉的诗文就更多了，像陆游就说“明窗睡起浑无事，篝火风炉自试茶”“茶炉烟起知高兴，棋子声疏识苦心”。可见风炉在唐宋的茶文化生活中是很重要的。

清代小说《红楼梦》第二十七回里，有个场景是贾探春央求贾宝玉给自己出去买些把玩的小物品，她说：“像你上回买的那柳枝儿编的小篮子，整竹子根抠的香盒儿，胶泥垛的风炉儿，这就好了，我喜欢得什么似的……”第三十八回里也有一段章：“那边有两三个丫头煽风炉煮茶，这边另有几个丫头也煽风炉烫酒呢。”风炉是个很雅的意象。

四、风炉的进化：风炉为什么不再是茶道用具的核心？

风炉，由陆羽设计命名之后，成为唐代专门用于茶道茶艺的炉具，其他用于温酒或烧煮食物的炉具称为火炉。尽管出土的鼎形风炉都不像陆羽说的那样繁饰精美，但陆氏风炉在人们心目中似乎成了一个标准。后世风炉的制作在求雅的路数上多有拓新。

宋代以后，煮茶的器具多用铜制作，还出现了竹火炉。到了元代，茶炉的制造工艺更加精美，杭州城里有个姓姜的妇人，还有平江一个叫王吉的人，他们铸造的茶炉上面有精巧似云锦的花纹，表面光滑美观，深受时人追捧。明代的茶炉传承了前朝的工艺传统，材质上多用铜制材料，做工上讲究雕刻技艺的运用。

风炉所在的位置成为历代茶画中突出表现的区域，往往构成煎茶图或品茶图的中心，但却似乎并没有像日本那样居于茶道中茶器组的核心地位，甚至今天我们说茶器的时候，一般把注意力放在茶壶、茶杯（茶碗）上，而不太注意茶炉了。风炉好像不再是代表茶道最重要的器具了，这是为什么呢？

原因之一是五代以后，风炉被认为是一个可以移动的灶，因此煎茶用的炉子就有了很多称呼，如风炉、茶炉、茶灶。而原先专指煎茶用具的风炉也可用来指其他烧煮和冶炼的火炉。风炉的这种一名多指和一物多用的情况，使得此后炉具长时期不能成为一种专门的茶道用具，不像日本茶道那样一以贯之地奉风炉为煎茶用具了。

另外，日本人有长期尊崇唐物茶器的传统，又有万物有灵的信仰，茶道始终与器物的尊崇密不可分。在中国，赏器也多以茶杯与茶本身的色香味形为中心，风炉渐渐地不再是茶道用具的核心了。

第十六章　茶器图的还原之路

“二十四器”经历了一个从观念到图像的历史。

《茶经》成书后，煎茶道成为一种新的时尚，最流行的是《四之器》中的“二十四器”，这是煎茶道的物质部分。陆羽煎茶道传播的风头，为什么没有延续于后？这与反映煎茶道的茶器组图缺失有没有关联呢？

《茶经》中茶器图的缺失，在唐以后，似乎也没有太多的人觉得遗憾。明代出版《茶经》蔚然成风，它们都将南宋审安老人的《茶具图赞》勉强附在《茶经》正文之后，这是为什么呢？

严格按《四之器》内容绘制的茶器图竟然是在江户时代的日本，这又是为什么呢？它是谁画的，又是怎么传到中国来的呢？

一、陆羽的推广策略：“二十四器”≈“陆氏煎茶道”

《茶经》风行之后，“二十四器”在市坊间有很大的需求，《封氏闻见记》说：“楚人陆鸿渐为茶论，说茶之功效并煎茶炙茶之法，造茶具二十四事，以都统笼贮之。远近倾慕，好事者家藏一副。有常伯熊者，又因鸿渐之论广润色之。于是，茶道大行，王公朝士无不饮者。”看来是到了家藏一副的地步，而且茶器买得多（“二十四器”似乎可分开散卖），还能随赠一个瓷偶人——陆鸿渐像。

也就是说，在当时，已有了“二十四器”的批量生产，可惜我们没有看到坊间的设计图。随着今天河南巩义市、西安法门寺、河北唐县邢窑等地茶器组件的出土，我们大致可以想见当时“二十四器”煎茶道茶器组件的情形，但也时常会疑窦丛生，有很多物件或超出或少于“二十四器”的范围，像茶托、茶叶罐就没有列入，宫廷金银茶器也有很多不在“二十四器”之列，竹制或木制的器具又保留不下来，所以“二十四器”完整的茶器组件到今天都没有发现。

我们对“二十四器”的提法不免有些疑惑。为什么不多不少要叫“二十四器”呢？这是陆羽给自己的“陆氏煎茶道”茶器组件命的名。在《茶经》差不多快结尾的《九之略》中，才看到这个命名，他说：“王公之门，二十四器阙一，则茶废矣。”可是看《四之器》，列出的茶器却有 28 件。并且“二十四器”也不是当时茶器的全部，像茶托、茶叶罐、取火器等都没有。

看来，“二十四器”是陆羽对煎茶道茶器组件的概称，方便记忆，也是文化心理的沉淀，因为“二十四”在中国文化中是一个很特别的数字，可以通过叶舒宪先生的《中国神话哲学》来了解这一点。同样，“二十四器”在市面上、社会上传播很广，可能也是出于这个原因。

总之，“二十四器”是一个推广的概念，“二十四器”是“陆氏煎茶道”，而“陆氏煎茶道”也是“二十四器”。

二、煎茶道之殇：无图的缺憾

陆羽推行煎茶道，其实有很多成功的模式可以借鉴。

首先，陆羽的煎茶道推广有没有动用意象呢？他用的是在具体茶会上陈列《茶经挂图》的做法。这种挂名人书法的做法现在在日本还有。“二十四器”是实物，当然也是很重要的意象了。陆羽有没有挂像或摆个像呢（如神农氏像）？没有。陆羽自己倒是有像存世，如瓷偶人陆鸿渐像和唐三彩像等，但老实讲，根据文献的记载看，陆羽像的使用都不是很神圣。

其次，陆羽的传奇故事，是有的，如“南泠评水”“御前烹茶”；组织动员就没有了，这也是陆氏煎茶道没有后续动作的原因。

到了陆羽谢世之后，“陆氏煎茶道”也慢慢淡出了，一个缺憾就是“二十四器”的缺失，隔断了人们对“陆氏煎茶道”的想象与记忆。

三、宋明之际茶现场：茶器图上场

《茶经》中缺失了茶器图，这似乎在中国语境中并没有引起什么不适。直到明代才有人觉得这是个缺憾，但也没有为《茶经》配茶器图的行动。明代出版《茶经》蔚然成风，它们都将南宋审安老人的《茶具图赞》附在《茶经》正文之后。这部世界上最早的《茶具图谱》，其风格与《茶经》大不一样，又为什么被明代人看中呢？

应该说审安老人画《茶具图赞》背后的文化现场与陆羽的时代有很大不同。两宋的茶文化是宫廷式的，上有所好，下必甚焉。皇室的尚茶倾向很大程度上引发了文人士大夫的生态联动。茶成为很多官员的进身之阶，官品与人品都受到一些扭曲。所以两宋之间，文人们拿茶来说事儿的人就太多了，他们借茶品说人品，像苏轼写《叶嘉传》就是这样的。南宋斗茶甚嚣尘上，茶器成为斗茶的核心，审安老人的《茶具图赞》就是拿茶器来隐射官品与为官之道。这个和陆羽的煎茶道形式不一样了，其实也是士子之道进一步的发展。陆羽的道是用煎茶道来规范人的行为习惯，审安老人的道是强调士大夫的为官之道。《茶经》茶器图并不是唐宋士子们关心的东西。我们知道，明代是文人茶文化兴盛的时期，《茶经》刊刻的次数也多，好像很有市场。他们把审安老人的《茶具图赞》收到《茶经》里去，好像就成了《茶经》的茶器配图了，背后的动机其实是一种基于茶道的价值认同。当然，他们也看重这些前代茶器的赏玩的乐趣，但似乎并无意于为《茶经》绘制茶器图。

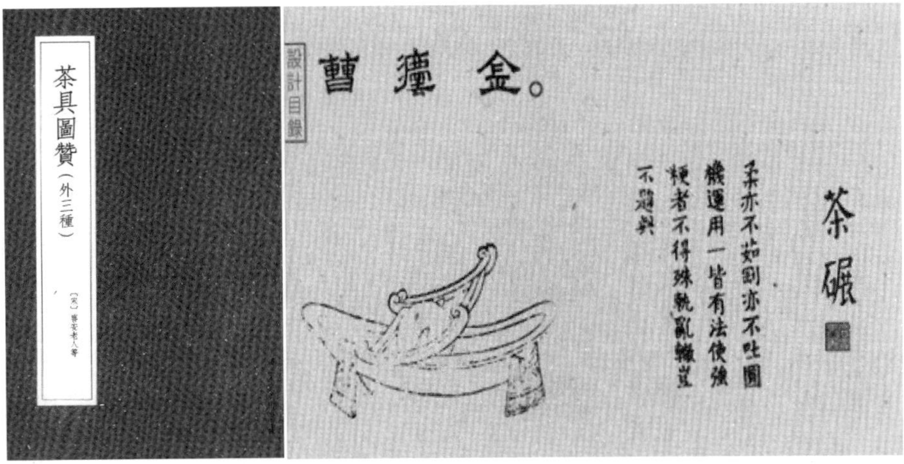

图 16-1　南宋审安老人的《茶具图赞》偏向文人心境与官场人格生态的隐喻表达，继而茶器成为市场上的玩赏之物

四、春田永年与他的《茶经中卷茶器图解》

那么，我们今天看到的《茶经》茶器图是谁画的呢？原来是日本江户时代（1603—1868）的春田永年，作品原名是《茶经中卷茶器图解》。为什么日本人要这么做呢？

我们知道，明代是《茶经》刊刻最频繁的时代，都与明嘉靖景陵本有关。其中一个翻刻本叫郑熜本，这是日本《茶经》版本的祖本。江户时代以前，《茶经》没有进入日本，在江户时代的元禄年间，有了两个郑熜本《茶经》的翻刻版本。宝历八年（1758 年）又有了一个。

接下来，时间到了大典禅师（1718—1801）显常住持京都名刹相国寺的时候。当时的寺院里有定时的饮茶时间，有茶礼。大典禅师是数一数二的汉文学家，也精通茶道，他和大名鼎鼎的卖茶翁（1675—1763）私交很好。每次法会的时候，弟子们常常向他求教《茶经》的内容，大典禅师就给他们详细解释。弟子香海在 1774 年就把《茶经详说》以大典禅师的讲义的名义整理刊刻出来。

图 16-2　大典禅师显常，京都名刹相国寺住持，数一数二的汉文学家，精通茶道。1774 年著有《茶经详说》上下两册

大概当时日本将《茶经》的研读作为风尚，很多懂汉学的日本人都在读《茶经》。这时候，就有一个叫春田永年的人出现了，这个人很懂中国历史，看了大典禅师的《茶经详说》，他居然大放厥词说大典禅师不是解《茶经》的专家，很多错误就情有可原了。他就自己著《茶经中卷茶器图解》（以下称《茶器图解》）上下两卷，先列出大典禅师《四之器》部分的说明文字，然后自己画个图，加以评点。

春田永年的《茶器图解》是相当严谨的，如他在研究《四之器》时，所用的度量衡就严格参考武则天时代的玉尺和升。我们知道，当时还有卖茶翁做的茶器，从后来木村孔阳描摹的《卖茶翁茶器图》看，两者还是有些地方画风相似，都是很严谨的《茶经》煎茶道风格，虽然也有日本人自己的理解。卖茶翁就是日本煎茶道的代表。

图 16-3　木村孔阳绘制的《卖茶翁茶器图》（1823 年）

五、江户时代：《茶经》刊刻与研读风尚

为什么《茶经》茶器图的绘制产生于 200 多年前的江户时代呢？这与日本茶道的发展有关。江户时代是日本茶道各流派确立发展的重要阶段，各茶道流派都通过释读《茶经》，追根溯源，建立自己的茶道流派。他们认为日本茶道的逻辑是从《茶经》中来的，并视之为圣典。所以，他们对《茶经》的研读是还原式的，这种情形在中国从来没有发生过。

在《茶经》的汉文研读，配以日本片假名释读的江户时代，日本人对《茶经》的刊刻非常频繁，除元禄本 2 种、宝历本（1758 年）、《茶经详说》本（1774 年）外，还有茶集本（1804 年）、《本朝茶经》（1807 年）、天保本（1844 年）等。读解亦步亦趋，《茶经》从来没有像在日本这样被奉为圣典，成为日本茶道历久弥新的关键所在，这是非常耐人寻味的。也正是因为这个原因，“二十四器图”只有日本人才会不厌其烦地绘制，在中国没有这样的热情，即使是在明代，就有人觉得陆羽的《茶经》

属于过去时了。

还有一位没有留下名字的日本人著过《茶经图考》，不仅有《四之器》的图，还有《二之具》的图。不过，他所画的茶器图，更像是日本式的，不太像是中国式的了，或者说是他想象的中国式。估计这是晚出的茶器图，因为明治维新时代之后，日本社会不再以汉文学为宗，就不会像江户时代的茶人对汉文学的《茶经》那样尊崇，绘制往往就没有过多考证了。

六、中国《茶经》热：茶器图归来

20 世纪以后，日本茶道复兴，流派众多。特别是 20 世纪 40 年代以来，日本的《茶经》版本刊刻重新热络起来，约有十余种，但《茶经》的配图，还是以春田永年的这部没有刊刻过的《茶器图解》为主要参考，如诸冈存的《茶经评释》版的茶器图、福田宗位的《中国的茶书》版的茶器图与布目潮沨的茶器图。

图 16-4 对中国影响最大的几本《茶经》图解类书，将春田永年与诸冈存的“二十四器图”广泛传播开来，深深影响了人们对《四之器》的认识，有便利，也有误导

最后，补充说一下，春田永年的茶器图是怎么传到国内的呢？这与布目潮沨有关。布目潮沨编的《中国茶书全集》影响很大，我国台湾地区的张宏庸在 1985 年编著《陆羽图录》的时候就参考了这套书。国内今天发行量很大的《茶经图解》就是用的春田永年的图。当然，吴觉农著《茶经评述》与裘纪平著《茶经图说》时，也做了一些自己的研究，对春田永年的图做了些修改。

第十七章　《茶经》效应：围观史上最光鲜的常伯熊茶艺秀

了解了《茶经·四之器》的“二十四器图”之后，接下来我们将进入当时的生活现场，看看《茶经》成书之后，在社会上引起的一些反响。总的社会观感是，煎茶道开始在文士阶层中广泛开展起来，“都篮”的风行与《茶经·五之煮》式语言成为中唐新风尚的独特“风景”。

一、时尚风暴眼：来自《封氏闻见记》的“现场报道”

《封氏闻见记·饮茶》中封演的一段文字无疑是煎茶道兴起时的风暴眼，这是《茶经》问世后，最近距离的茶时尚观察。让我们看看当时的人们是怎么看待《茶经》与新的茶器及新的煎茶道风尚的。

封演说：“楚人陆羽新近创作了一部茶书，论述茶的功效和煎茶、烤茶的方法与程式，并为此专门设计了二十四种茶器，都装在‘都统笼’中。远近的人无不倾心羡慕，都希望能家藏一套。”

看来，《茶经》引起大家兴趣的，首先是它倡导的养生功能，茶一下子跃居社会上广为效仿的道教养生食单之首，成为新宠。

其次是能装下“二十四器”的“都统笼”，也就是“都篮”。这套设计原则从寺院茶风中来，讲求实用、得便、雅净、俭朴、平和、冲淡的茶道装备，经过《茶经》文字的装扮，一下子风靡一时。

再就是《茶经》中所倡导的新的煎茶道了。怎么才能煎煮出一碗正宗的好茶，最大效率地消受它呢？大家很好奇，并颇为期待。

最后，让我们知道了陆羽的追捧者在哪里。煎茶道开始走出寺院，进入文人与士人，特别是“王公朝士”的生活圈子。文人作为一个饮茶的阶层出现了，正式与茶联璧，使茶的文化底蕴提升了。

二、《茶经》效应：茶艺师常伯熊的茶艺秀与煎茶道风行

在煎茶道大行的风口，历史上第一位茶艺师出场了。出场的人叫常伯熊，他在临淮县馆受官方邀请，做过一次出色的现场演示。当时他穿着黄衫、戴着乌纱帽，将茶器一一列开，表演的程式流畅，还配合对茶的解说，“区分指点，左右刮目”。反响是很热烈的。这是历史上最早、最著名的一次茶艺展示，也是《茶经》中的煎茶道第一次面世。演示地点在今天的安徽泗县，常伯熊据说就是安徽人。考虑到《茶经》成书于江浙的苕溪一带，我们从中可以大致看到《茶经》的影响范围。当然，这个影响也是逐步在扩大的，从今天出土文物与文献记载的情况看，两京（长安与洛阳）、江西之间更像是《茶经》中“二十四器”风尚盛炽的地方，陆羽“成圣”也在那里。

《茶经》的流传，使得文人阶层更注重茶器的风雅、煎茶的情趣、诗艺的淬炼、境界的追求。本来是寺院的茶艺，在新的茶器都篮成为便携之物后，以一种雅致的做派，进入世俗文人的日常生活。

他们按照《四之器》的方式制作或玩赏茶器，以《五之煮》的流程煎茶，更用其中的“三沸候汤”语言来表情达意，试探彼此心目中的茶境认同。

“蟹眼”“鱼眼”“腾波鼓浪”等《茶经》词汇就成为文人们作诗的惯用词，如“便凉即嗜眠，煮茗还破睡。不为蚁穴战，犹寻蟹眼沸。果欲梦何梦，应知味非味”（王安中），“呼童烹露芽，蟹眼时一斟。是中有隽永，透入肝肠深”（王柏），“汤添勺水煎鱼眼，末下刀圭搅曲尘”“白瓷瓯甚洁，红炉炭方炽。沫下曲尘香，花浮鱼眼沸”（白居易）等。

三、有一种休闲叫《茶经》式煎茶

陆羽的煎茶道是一种雅集间的艺术活动。煎茶与清谈、赋诗并重，分室内与野外两种。在室内的座隅还常常有《茶经挂图》，有的还常伴随着琴瑟之音，如“茶美睡心爽，琴清尘虑醒”“杯里紫茶香代酒，琴中绿水静留宾”。

标准的煎茶程式是什么样的呢？第一步是备茶。首先炙烤饼茶，用夹夹住茶靠近火烤，烤好后将其储放在纸囊里，为的是茶的香味精气不外泄。等饼茶晾凉后，拿碾研磨成粉末，再用罗筛滤一遍，使茶末更细，再存于盒内。

第二步是煮水。在鍑里盛上水，放在风炉上煎煮。

第三步是投茶。第一沸时，根据鍑内汤的多寡，从鹾簋中取出适量的盐花添入，用以调味。等第二沸时，用瓢（柄勺）酌汤一勺放在旁边，一边拿竹筴在鍑汤中心循环击拂搅拌，再用则（茶量）量末，对着中心下末，等到茶汤势如奔涛溅沫。第三沸时，取先前放在旁边的第二沸水止沸，做培育汤花之用。汤花是下了茶末之后，在沸水中所产生的现象。汤花，薄的叫“沫”，厚的叫“饽”，细轻的叫“花”。

第四步是分茶、奉茶。到上面说的第三步，茶已烹煮完毕，将煮好的茶分酌于茶碗（唐诗大多称为“茶瓯”）。茶碗专作饮茶之用，分茶时必须沫饽平均，要求是很高的。

煮茶操作程序中，如有茶渣溅沫，需使用一定的茶器予以清理，例如用涤方贮茶沫、渣滓，巾擦拭茶渍。饮用的茶器一律放在具列上，茶事完毕则以札刷洗鍑，茶器清洁后收容于都篮。

四、都篮：休闲的代名词

由于煎茶道在文士阶层中的广泛开展，产生了大量的写煎茶、品茶的诗。如唐刘言史的《与孟郊洛北野泉上煎茶》:“粉细越笋芽,野煎寒溪滨。恐乖灵草性,触事皆手亲。敲石取鲜火,撇泉避腥鳞。荧荧爨风铛,拾得坠巢薪。洁色既爽别,浮氲亦殷勤。以兹委曲静,求得正味真。宛如摘山时,自歠指下春。湘瓷泛轻花,涤尽昏渴神。此游惬醒趣,可以话高人。”李商隐的《即目》:“小鼎煎茶面曲池,白须道士竹间棋。何人书破蒲葵扇,记著南塘移树时。”既写出了煎茶的过程,也写出了煎茶的环境与休闲志趣。

都篮,作为煎茶的便利之物,在院内或野外,都被看成风雅休闲的代名词。清饮的茶,使得文人们交游性情、价值认同也迥异于盛唐,而成为宋代文化形态的前导。都篮甚至在宋代更为风行,如刘挚的《煎茶》:“饭后开都篮,旋烹今岁茶。双龙碾圆饼,一枪磨新芽。石鼎沸蟹眼,玉瓯浮乳花。诗思一坐爽,睡魔千里遐。”周弼的《陆羽泉》:“拟酌松根泉,先酹松下土。瓯牺副都篮,拾薪自煎煮。一杯复一杯,并酌连四五。寄谢山中人,腹痛不累汝。”蒋堂的《尧峰新井歌并序》:“而我时邀墨客去,松涧远挈都篮游。”晏殊的《煮茶》:“稽山新茗绿如烟,静挈都蓝煮惠泉。”梅尧臣的《尝茶和公仪》:“都蓝携具向都堂,碾破云团北焙香。汤嫩水轻花不散,口甘神爽味偏长。莫夸李白仙人掌,且作卢仝走笔章。亦欲清风生两腋,从教吹去月轮傍。”都可看出由都篮引出的煎茶之趣。

在中唐煎茶道的流行中,常伯熊成了一个风向标。晚年的常伯熊因为饮茶过量,患上风疾,也劝人不要多饮了。这句话里似乎试探出煎茶道的边界与变革的信息。

第十八章 《五之煮》：水的神话和艺术

某种程度上，我们可以把《茶经》看成是中华水文化中开出的艺术之花，这一比喻在《五之煮》的部分尤为贴切。

水文化在中国源远流长，与“道”一起，塑造了中国人特有的文化气质。《茶经》将水提升为一种可鉴可赏、可亲可玩的艺术，并随形派生出与茶有关的新的“水神话”，在国人生活中多了一份休闲的雅致与品味。

陆羽对“九难”之一的煎茶选水进行评定，开始了茶的水辨历史。环宇之内，没有其他民族发展出这一水文化。中国人孜孜以求地为水化形，祭出的好水榜单，背后有着怎样的文化心理？

《茶经》是水文化开出的花，它形成了怎样的新的水文化特质？在没有科学水检的时代，文人们怎样替代了科学家，一而再再而三地鉴水呢？古代的茶，走向了水的科学性还是艺术性呢？难道有一个生态运动或生态意识在背后兴起吗？

从这些问题出发，开始我们本章的探讨。

一、《五之煮》：从中华水文化中来，到水艺术中去

水，在中华文化中，源远流长，很早就进入宗教与哲学层面，人们将自己所处的空间设想成在四海之内，将来生的世界想象成黄泉之下。儒家对水文化的贡献是“子在川上曰：逝者如斯夫，不舍昼夜”的时不我待，积极进取精神；“仁者乐山，智者乐水”的君子自省自修取向。道家贡献则更大、更深远。老子观家乡涡水而知“上善若水”，以柔克刚，不争而胜；海纳百川，有容乃大。这些都沉淀为中国文化特有的气质品性。

水，在先秦《诗经》《楚辞》中也进入文学史，成为文学与美学意象，而在隋唐进入山水画则是一件更有意义的事。山水画有多重要？有些外国人认为它是中国人的精神皈依之所，是中国人心目中的天堂，是境界的流露。当然，唐人的技法还在摸索阶段，宋明之际，山水画就开枝散叶，瓜熟蒂落了。

图 18-1　展子虔《游春图》。卢辅圣在《中国山水画通史》说："从山水审美的萌芽到文艺领域里自然审美观的成熟，历经了自魏晋至中唐的三百余年；由山水审美变而为成熟的山水画，又经历了自刘宋至五代的五百余年。在山水田园派、神韵派诗歌的催化下，自山水审美的滥觞直至山水画的成熟，总共跨越了七百年的时空。"

大家耳熟能详的柳宗元《小石潭记》，"永州八记"之一，是绝妙的山水文，都在强调唐代文人从身边走向天地自然的感悟与发现。与陆羽关系很好的独孤及认为"物不自美，因人美之"，是山水审美上很重要的观点。

所有这些都说明：水，在隋唐产生《茶经》的语境中，它的艺术性已经上升了，似乎在唐人大面积地走向边塞、壮游山川的过程中，兴起了一种"乐水"的生态运动的思潮。或许，早在北魏晚期的《水经注》时代就开始了。

二、《五之煮》：水和茶的遭逢

《茶经》是中华水文化开出的艺术之花。当水遇上茶，水所具有的灵秀神性通过茶开辟出生活的世俗性另境，茶也借助于水的气质，变得更有神性。

从本质上说，一道茶的品质，取决于溶解在茶汤中对人体有益物质的含量多少和消费者对茶汤的滋味、香气、色泽的适意度。水和茶的关系，迁延出一两千年的时光，而明代人最有心得。张大复的《梅花草堂笔谈》就说："茶性必发于水，八分之茶，遇十分之水，茶亦十分矣；八分之水，试十分之茶，茶只八分耳。"

陆羽对煎茶用水的表述，揭开了茶语境中特有的"水辨"系列。《茶经》中只是将用水列入"茶之九难"，认为"其水，用山水上，江水中，井水下"。而在他之后，"水辨"神话的"南泠辨水"、《水品》……到欧阳修的《浮槎山水记》《大明水记》，后世著述煎茶用水者不胜枚举，统编入明代的茶书《水辨》中。

先不管陆羽的用水是否科学，单说煎茶的部分，写到水，"三沸候汤"就颇有艺术性。唐人煎茶靠目测，于"三沸"之形描写，历历在目，几乎成为一个标准版的煎茶场景，复制在同时代人的表述中，如李约说："茶须缓火炙，活火煎。活火谓炭火之有焰者。当使汤无妄沸，庶可养茶。始则鱼目散布，微微有声；中则四边泉涌，累累连珠；终则腾波鼓浪，水气全消，谓之老汤。三沸之法，非活火不能成也。""鱼目""蟹眼""涌泉连珠""腾波鼓浪"等《茶经》语汇甚至出现在日本弘仁茶风的诗句中。

宋代后，"三沸候汤"改为"耳辨"，煎茶更具诗意。如形容初沸为"砌虫唧唧万蝉催"（初沸时声如阶下虫鸣，又如远处蝉噪），二沸"忽有千车捆载来"（如满载而来、吱吱哑哑的车声）；三沸"听得松风并涧水，急呼缥色绿瓷杯"（如松涛汹涌、溪涧喧腾。这时赶紧提瓶，注水入瓯）。

三、煎茶用水：艺术里的科学

今人视水中所含钙、镁离子的多少，把天然水分为硬水和软水，即把溶有较多钙、镁离子的水叫硬水，溶有少量或不溶有钙、镁离子的水叫软水。在日常生活里饮茶用的水，以软水为好。软水泡茶，茶汤明亮，香味鲜爽；硬水则相反，茶汤发暗，滋味发涩。

自陆羽始，水的艺术踵事增华，如唐代张又新的《煎茶水记》，宋代欧阳修的《大明水记》、叶清臣的《述煮茶小品》，明代徐献忠的《水品》、田艺蘅的《煮泉小品》，清代汤蠹仙的《泉谱》等，构建了水辨的“科学”。

“科学报告”一曰水须甘、洁、活、清。如“水以清轻甘洁为美”“山顶泉清而轻，山下泉清而重，石中泉清而甘，砂中泉清而冽，土中泉淡而白。流于黄石为佳，泻出青石无用。流动者愈于安静，负阴者胜于向阳。真源无味，真水无香”。二曰水要注意贮存方法。如“甘泉旋汲，用之则良，……贮大瓮中，但忌新器……水性忌木，松杉为甚，木桶贮水，其害滋甚，洁瓶为佳耳”。

有趣的是，这些辨水的心得是文人得来的，他们替代了科学家的工作，靠的是经验，要么依据水源的优次，要么是尝味、目测。更有甚者，像乾隆皇帝用小银斗来称量水的轻重来辨水质的好坏。

不管怎样，我们看到，《茶经》是中华水文化开出的花，从它开始盛开那天起，形成了新的水文化特质。它可鉴可赏、可亲可玩，走向艺术的同时，也走向了科学，当然，是经验式的科学，不是实验室里的科学。

四、《茶经》里的水辨：山水上，江水中，井水下

《茶经·五之煮》论水，开始了茶的水辨历史。“其水，用山水上，

江水中，井水下”，基本上奠定了水辨的评级。

“其山水，拣乳泉、石池漫流者上。”从岩洞的石钟乳滴下来的或在石池里经过砂石过滤、漾溢出来的泉水是最好的。乳泉富含二氧化碳，喝起来清新爽口，所以最宜煮茶。山泉，特别是流入石池里的泉水，经过漫流水的沉淀与澄清，洁净清爽，悬浮杂质少，透明度高，清而活，水质极佳。

江水，能溶解的矿物质不多，硬度也较小。但由于流动和冲刷，往往含有较多的泥沙悬浮物和动植物腐败后生成的有机物等不溶性杂质，浑浊度较大，污染也大，所以江水一般不是理想的泡茶用水。《茶经》的建议是“其江水，取去人远者”，也就是在污染少、远离人烟的地方去汲取江水，用这样的江水来泡茶也是适宜的。

井水在地层的渗透过程中溶入了较多的矿物质盐类，含盐量和硬度都比较大。所以万一要煎茶，也只好“取汲多者”，在水源清洁、经常使用的活水井中去汲水煎茶，还是可以的。

古人还有用雨水和雪水煎茶的，誉为“天泉”，更有艺术性，最具文学意象的莫过于《红楼梦》中“贾宝玉品茶拢翠庵”一回了。雪水之所以被视为良好的煮茶用水，除洁净外，其重水含量远比普通水里少。

五、鉴水神技：新的水神话

中华水文化早就有了自己的神话，但唐代还产生了许多与茶有关的水神话。这其中有两则最为著名，与陆羽煎茶的神技有关，是水神话的代表：一则是“南泠辨水”；一则是“御前煎茶”。第一章有讲，在此不再赘述。

前者靠目测，后者靠尝味，都表现出受到水辨影响，从而兴起的新神话，助长了茶的艺术性与神性。

由水辨神话，进一步还发展出给中华的水排名，开出中华好水榜单，像《水品》，是受传统文化心理影响的结果。唐代由陆羽开出了“中华好茶榜”（《茶经·八之出》）、“中华好水榜”，在这之前，《禹贡》里就开出了“中华土壤排行榜”，之后《长物志》也开了很多古玩物器的排行榜。这是中国大一统思维的产物，到今天，人们看《三国》的时候，还要排个武艺榜呢。

第十九章 《六之饮》：椅子上的茶会与茶礼

《茶经·六之饮》，如果放到唐代的新茶风背景中去看，就很像是陆羽针对这些新的时尚所给出的“温馨提示”。比如说“茶有九难”，还有茶礼。那么，引发茶的新时尚的风暴眼到底是什么呢？

图 19-1 世界上最早的椅子出现在古埃及，因为埃及炎热高温，不能席地而坐，而且椅子通常还比较高。另外，椅子和其他所有的家具不同，在古代各国中它都象征着地位。在《水浒传》中经常听到的“坐第几把交椅”的民间说法，实际上是皇权思想影响下的产物。耐人寻味的是，中国椅子的起源是非常晚的，可能与儒家的礼仪文化有关。而椅子的出现则受到佛教的影响。柯嘉豪（John Kieschnick）在《佛教对中国物质文化的影响》里说，在 3~4 世纪，跟随着印度寺院中的习惯，中国的僧人开始使用椅子；在盛唐到晚唐时期，有一部分居士以及与佛教有接触的人也开始使用椅子；至五代、宋初，椅子开始普遍流行于中国家庭

一、《六之饮》：椅子引发的革新

把时光往回倒一点，我们会发现，魏晋南北朝时期的宴饮是席地而坐的，我们只需要看看汉画像砖就知道了。

图 19-2　汉代画像砖中的宴饮场面往往是在会餐者面前设一张小案桌，会餐者席地而坐，分餐而食，这对应的是汉儒的礼节。魏晋南北朝之后，经学逐渐解体，佛教东传与胡族高坐具的输入，使传统的礼仪受到了挑战，新的宴饮礼仪就呼之欲出了。这为唐代的茶会礼仪提供了可发挥的舞台。柯嘉豪认为，从席子到椅子并不是人类文明的必然趋势，说椅子的出现推广了卫生习惯，并"对中华民族身体素质提高或许有益"，是"古代文明的一种进步"，是"向纯理性方向的发展"等观点，恐怕都不能成立

两汉魏晋时（其实春秋战国时也是这样），宴饮的情形往往是在会餐者面前设一张小案桌，约高 15 cm、长 100 cm、宽 30 cm 的样子。每位会餐者席地而坐，分餐而食。面前的酒具也往往有很高的足，为的是进餐时便于取放。可是唐代的情形有些变化了，随着胡族高坐具的引入与流行，渐渐地，人们开始在凳子或椅子上围圈聚餐了。看敦煌壁画与唐墓壁画或宫廷画等，常常可以看到聚众宴饮的场面。会餐者围着壶门大桌，坐在单个凳子（或椅子）或很长的条凳上一起合餐，这是中国宴饮

情形方面一个划时代的变革，也就是由席地而坐的分餐制变成了高凳（或椅）大桌的合食制。说到底，是由椅子引发的蝴蝶效应。

图 19-3 敦煌壁画的风格在唐代发生了很大变化，佛教徒为了更好地吸引大众，经变大量产生（特别是《弥勒经变》与《维摩诘经变》的盛行），画的内容世俗性的东西就越来越多。其中有一类就是婚宴中的宴饮图

图 19-4 盛唐后，椅凳普及，家具由矮向高发展。凳子形状多样，有方形、长条、圆形、椭圆等，坐墩尤为精美。在唐代《宫乐图》里可以看到宫女们聚饮的情形，中间一个很大的盆，一个长勺赫然在目，有人认为这幅图反映了唐代茶会的情景

聚餐形式的变化对人们的日常生活影响当然很大，风行于政府官员的食堂，也时兴于平头百姓的饭桌，这颇合唐代人的性格。唐代人豪放不羁，积极进取，自信开放，功利心很重。他们喜欢交朋结友，以诗才明志，在聚会宴饮方面表现出极大的娱乐性与才情。当时一般的聚会宴饮气氛是很热烈和欢愉的，伴有歌舞管弦，官员们往往可借此协调工作、沟通感情，文人学士们则可借此切磋诗文技艺，猎取晋身的资源，是他们“秀身手”的好地方。

到这里，我们就明白了，唐代新兴的茶会当然也是在椅子、凳子上进行的，这种新的社交方式在唐人生活中不得不说是一场很大的变革，它极大地解放了人们的交际欲望，呈现出新的茶会方式与茶礼。

二、唐代茶会上最出名的“醉茶”

新的聚会宴饮方式使饮酒与饮茶都有了变化。饮茶是唐代人后来居上，受到饮酒的影响。如唐代人饮酒有股“仙”“侠”之气，常常豪饮不止，而且发明了餐桌上一些饮酒的游戏，如划拳、掷骰子、传香毬（有点像击鼓传花）等。

饮茶的宴会也多有取材，喜欢豪饮就是一个常见的情形。陆羽形容时人饮茶“滂时浸俗”“为比屋之饮”。唐代人饮茶的量是非常大的，这和后世（特别是明清）的讲究是很不一样的。最有代表性的当然要算卢仝的《七碗茶歌》了。他描写的豪饮的感受，有点像“醉茶”的状态。

其实，饮茶的量大是唐代以前就一直存在的情况，在魏晋时就有“水厄”的故事，只是唐代人喝得更多而已。有个“马镇西不入茶”的故事，可以从侧面了解到这一点。诗人郎士元喜欢“讲段子”（当时叫“好为剧谈”），四处张扬说大名鼎鼎的马镇西尽管战功赫赫，可惜是个大老粗，不懂茶这种文雅的时尚。马镇西听了，非常不自在，约了郎士元来家里喝茶。自己先打了个底，吃了很多燥性的胡饼，渴得不得了，忍住不喝。等郎士元来了，他就放开来不停地喝，每次喝，郎士元都得陪着（可见这种茶礼与饮酒有点像），最后喝得郎士元实在受不住了，一出门就“气液俱下”，病了好长时间，也算是另一种形式的“醉茶”了。从这里，我们可以看到当时茶会和茶礼的一些情况。

图 19-5　陆羽在《茶经・六之饮》中特别强调了饮茶的功用是“荡昏寐”，说止渴饮浆，解忧饮酒，提神饮茶。“荡昏寐”的功能之所以最受重视，在于它第一次大范围地、深广度地扩大了唐代文人雅士的有效时间，释放出了前所未有的生命活力与张力

三、新兴的茶会什么样？

唐代的茶会或茶宴，往往与交际圈中的中心人物有关。如寺院茶会的召集者往往是寺院高僧，他们在采制新茶或一般性饮茶聚会上往往邀约一些名士来寺，宋代还要预先出茶榜。唐代的诗僧很多，以诗人群开展联句茶会，是很清雅的事。

文人雅士的茶会往往以某位中心人物为主，唱和交酬，往往也有琴瑟伴奏。如陆龟蒙的《袭美留振文宴龟蒙抱病不赴猥示倡和因次韵酬谢》：“绮席风开照露晴，只将茶荈代云觥。繁弦似玉纷纷碎，佳妓如鸿一一惊。”黄滔的《寄湘中郑明府》：“岳僧同夜坐，江月看秋圆。琴拂莎庭石，茶担乳洞泉。”李中的《访山叟留题》：“茶美睡心爽，琴清尘虑醒。”郑巢的《秋日陪姚郎中登郡中南亭》：“隔石尝茶坐，当山抱瑟吟。”

唐代人还特别喜欢在郊区野外聚宴，所以野外茶会也很盛行。他们对环境的选择上看重与自然的亲近，多选在林间石上、泉边溪畔、竹树之下，清静、幽雅的自然环境中。如果在道观庙宇、书院会馆、厅堂书斋，往往要在四壁上悬挂条幅。这些信息，我们从陆羽《茶经》的《九之略》《十之图》中可以看到一些佐证。

四、“茶有九难”：饮者的叮咛与新兴的茶礼

陆羽是喜欢赴宴的，对新兴的聚会宴饮方式也抱着欢迎与积极参与的态度。他在《茶经·六之饮》中，郑重地谈到了茶的“九难”：阴天采了，再趁夜焙制，是不懂制茶；靠嚼味嗅香来判断茶叶好坏，是不懂鉴别；如果炉灶茶碗有膻腥气，是不懂茶器；拿膏薪庖炭煎茶，是不懂用火；用飞流或滞潭的水煎茶，是不懂选水；烤茶的时候外熟内生，是不懂炙烤；碾的茶像碧色的粉尘，是不懂碾茶；拿着勺搅茶末太频繁，是不懂煎茶；夏天喝，冬天又不坚持，不是真的饮茶者。这些对饮茶者的叮咛，是茶会与茶宴上新的“温馨提示”。

我们知道，由席地而坐的分餐宴饮到椅子上围桌的聚会宴饮，改变了一些原来的礼仪。人垂足而坐之后，相较汉魏的礼仪，出现了很大的身体解放，礼仪也相应地活泛多了，也多了些互动感。陆羽的茶礼是这样进行的：在茶煎好之后，开始分茶，分茶就涉及茶礼，如果有五个客人，就煮三碗的量，舀出三碗来传着往下喝；如果是七个客人，就煮五碗的量，舀出五碗来传着往下喝。他用的一个关键字是“行”（“行三碗”“行五碗”），庄晚方先生认为，就是“传碗递盏”的意思。这应该是受到饮酒的启示，唐代人饮酒是论“巡”的（酒过三巡），有娱乐性的成分。饮茶也不是人手一个茶碗，而是论“行茶”。

五、“行茶”：唐代的茶礼真面目

陆羽的“行茶”茶礼不太好理解，但是有证据和实例。

一是来自颜真卿等人的《五言月夜啜茶联句》，诗是这样子的：“泛花邀坐客，代饮引情言（陆士修）。醒酒宜华席，留僧想独园（张荐）。……不似春醪醉，何辞绿菽繁（皎然）。素瓷传静夜，芳气清闲轩（陆士修）。”“素瓷”就是指白瓷的茶碗，在静夜的茶会上“传碗递盏”，碗中的茶香令屋内清爽异常。

二是《太平广记》卷二百七十七《逸史》中关于奚陟的逸事。奚陟在年轻的时候，曾经梦见自己与朝廷的20多个官员在一个政府食堂里饮茶。当时天气非常炎热，他坐在东头上，而茶是从西起，往南往下传。两只茶碗同时传，怎么也传不到他跟前，他渴得实在是受不了了。这时有个肥大的小吏抱了厚厚的签到簿进来让大家签到。奚陟又热又渴，很不耐烦地推开他，弄得小吏手脸衣服，都是墨迹。梦做到这里就惊醒了，他赶紧拿笔记下来。15年之后，他任吏部侍郎。正赶上茶越来越受到人们珍视，日常茶事也越来越讲究。他本性奢华，收藏有非常考究的茶品、风炉越瓯，碗托角匕等。有一次聚餐后，因为天热，他请同舍外郎到食堂厅内举行茶会。他是主人，坐在东头上。20多人的茶会就这样开始了。两个茶碗传得很慢，茶又非常少，从西开始，加上一边传、一边说笑，传得就更慢了。他有痟疾，加之热乏，茶一时喝不到，他烦躁得不得了。这时有个又肥又黑的小吏，抱着大签到簿，端着笔砚，满面大汗地进来，叫大家签到。奚陟实在受不了，把他推倒了，小吏的脸和签到簿都弄脏了。坐客大笑。他突然想起当初做的梦，取出记事簿一对，居然毫分不差。故事虽奇，但行茶的场景历历在目，让我们能一窥究竟。

三是今天仍留俗于日本的传饮之法，它的来源现在知道是来自唐代的茶会了。

第二十二章 《九之略》：唐代的品茗环境美学

这一章是我们《茶经》文化之旅的终结篇，我们将由此叩开《茶经》的哲学之门。

《九之略》在《茶经》体系中起什么作用？它首次提出了茶境高于茶器，也高于茶艺的原则，它所追求的茶境是什么样子的？

另外，《茶经》总体上是献给“王公之门”的，而《九之略》则是陆羽的自留地。一方面是“精行俭德”的儒师情怀，另一方面又是自然而然的道隐之风。到底是前者还是后者影响了中华茶文化的走向呢？这是我们要探讨的问题。

一、《九之略》：《茶经》登堂入室的密码

《九之略》出现在《茶经》接近末尾的部分，有人对它的位置提出了质疑，认为它应该排在《六之饮》后，甚至是《四之器》后。如果了解了《九之略》讲的重点是什么就不会这么想了。原来《九之略》是就饮茶环境方面做了一些提示，也就是在谈茶之境。整部《茶经》里只有这些许的文字提到茶境的情况，是煎茶道的补充也是升华，所以显得格外重要。现在知道了，《九之略》在《茶经》中的地位好比爬台阶，一步步来，到这里算是找到登堂入室的密码了。

读《九之略》，我们通常的感觉是，为了在野外的环境中放便行事，不断要省去一些繁文缛节的器具，像《二之具》（18 件）与《四之器》（28 件）提到的部分采制茶具与煎饮茶器，陆羽都给予了省略说明。如

神农氏成为中华茶脉的茶祖，其实源自陆羽的《茶经》。

农学，在传统文化中归在了“神农学派”门下，茶学当然也不例外。这些关于神农氏的神话传说的真正意义在于，为中华民族确立了自己的价值体系与文化基因。其中一个很重要的方面就是厚生、乐感、不屈不挠、奋发有为的精神，并强调天人合一、人与社会的和谐。中国人的生活很讲求情趣性，对茶的利用就是一个例子。茶，后来从自然属性提升到精神层面，也是这个原因。茶，役于人，而人不为茶所役，是中华茶文化的底色。所以，茶文化在中国没有发展出类似“日本茶道”的那种宗教感的东西。

二、厚生与乐感：中华茶脉的生活底色

饮茶，进入中华民族的日常生活，充满着乐趣与情趣。在茶文化较早发动的四川，更显出茶的这种世俗性，为中华茶文化奠定了浓郁的生活底色。中华茶脉里这方面的人构成了最大的方阵，如司马相如、扬雄、张载、左思、傅咸、蜀妪、老姥等，都透着鲜活的生活感。

张载（字孟阳）有一次到成都看望父亲，正赶上在成都楼上举行的一次茶宴，登楼四望，这个产生了司马相如、扬雄等诸多才士的人杰地灵、风物荟萃之地，让他有感而赋，写了《登成都白菟楼诗》，结尾道：“芳茶冠六清，溢味播九区。人生苟安乐，兹土聊可娱。”清茶一杯，胜过了其他所有饮品，千载而下，仍余音袅袅。以善作大赋而“洛阳纸贵”的左思有首《娇女诗》，写他的家庭生活。诗中说：“吾家有娇女，皎皎颇白皙。小字为纨素，口齿自清历。有姊字蕙芳，眉目粲如画。驰骛翔园林，果下皆生摘。贪华风雨中，倏忽数百适。心为茶荈剧，吹嘘对鼎䥶。”两个女儿在园中跑来跑去，渴了，急不可待地想喝到茶，对着茶炉努着小嘴使劲吹气，弄得脸手都是灰，憨态可掬，着实可爱。

饮茶所反映出来的热爱生活、追求美好的一面，从儒家王道政治的角度看，还是天经地义的，充满着民本思想的光芒。傅咸在当司隶的时

候，听说南方有个四川老太，做茶粥在街上卖，被管事的官员碰到，把茶摊上的器具给摔毁了。后来老太没办法，只好改卖饼食。傅咸对此愤愤不平，怎么也想不通管事的官员为什么要禁止老太卖茶粥，为难她讨生活。因为饮茶是再平常不过的事情，老百姓的生活对于官员来说，就是王道，而老太的生活也是乐观的。

有人将中华文化定性为乐感文化，茶，的确很好地反映了中国人“壶中岁月长”“饮食天大”的厚生乐感特性。

图 20-1　从汉代市井画像砖，可以想见市场上买卖的情形。《司隶教》里的四川老太与《广陵耆老传》里的老妇人可能是最早的茶摊主

三、调神和内：茶脉的初相

在《茶经》中，提到次数最多的人与文章是西晋杜育的《荈赋》。这篇存世不全的赋文是《茶经》体系的先导。里面不仅涵盖了茶树的生长环境、采制时节、煎汤分茶、择器选水等方面，还第一次提到了“调神和内”的茶道思想。“和”，作为中华茶脉一以贯之的核心精神第一次出现了，这是茶文化在晋代最高层次的表述。

“和”文化在先秦就是一个哲学关键词。先秦典籍中出现的“和”有三种原始意义：第一种为饮食之和，第二种为五味调和，第三种为声音相和。史伯、晏子、单穆公、孔子等都对“和”文化的内涵做了发挥。他们从人际关系到五味调和，从万物生成到四时运行，都引入“和”的概念，把不同事物的相辅相成、和谐统一看成是这个世界的本质。“和”是中华文脉的核心，自然也进入茶的领域。当然，这得感谢杜育，是他提出来的。

其实形神之辩，也是魏晋玄谈常涉及的话题。杜育的“调神和内”思想是看到饮茶对助益玄谈、调和形神、舒畅心意、感合天人的功效而言的，也受到服食风气的影响。

服食风气早在先秦的阴阳家、方士那里就有实践，历代不绝。只是经过秦汉，服食丹药的做法因为其危害性太大、成本太高而逐渐淡退。本草类的茶在晋唐之际异军突起，受到青睐。《茶经·七之事》里搜罗了很多这方面的文献记载，如《神农食经》：“茶茗久服，令人有力、悦志。”华佗的《食论》：“苦茶久食，益意思。”壶居士的《食忌》：“苦茶久食，羽化。”陶弘景的《杂录》：“苦茶，轻身换骨，昔丹丘子、黄山君服之。”《本草木部》：“茗，苦茶。味甘苦，微寒，无毒。主瘘疮，利小便，去痰、渴、热，令人少睡。秋采之苦，主下气消食。”等，不一而足，为唐代饮茶风气的兴起做足了舆论准备。

茶，确实在南北朝时期“中华化”扩大的时代，起到了“和”汉族与胡族的作用，后世对茶道精神“和”的论述还有很多，如《大观茶论》中的“致清导和”等，都是从杜育这里发展来的。

四、神话里的伦理与礼仪

《七之事》中还收录了一组有关茶的神话传说。这些神话传说诞生于魏晋南北朝之间，是随着宗教的传播而形成的。道教的茶神话传说往往与寻找仙药、饮茶成仙有关，佛教的茶神话传说则往往与坐禅入定、善恶有报有关。

《神异记》里记载了一个叫虞洪的余姚人入山采茶的故事，说他遇到一个道士，牵着三青牛，把他引到瀑布山，对他说："我是丹丘子。听说你很善于煎茶，常想什么时候能沾点光。这深山中有大的野生茶树，我可以告诉你在哪里，只是希望哪天你煎茶的时候能想着点我。"虞洪也很守信用，回去之后，立了牌位奠祀他。后来他家人入山，果然找到很多野生茶树。

《续搜神记》里也说了个晋武帝时，宣城人秦精入武昌山采野生茶树的故事。不过他遇到的是一个高大的毛人，把他引到山下，指给他看茶树的所在就离开了。

这些故事实际上是道教寻找仙药题材中的一种，当时的野生茶树就是这样被发现的，而且认为茶有仙药的作用。葛洪认为，饮茶可以轻身换骨、飘飘欲仙。

《广陵耆老传》里说，晋元帝时，有个老妇人每天早晨独自提着一壶茶到街市上叫卖，路人都争着买。奇怪的是，卖了一天，茶壶里的茶水一点都不见减少。卖茶得的钱也都散发给路边的穷人乞丐了。有人就觉得这是个妖人，告发了。州官把她拘捕入狱。夜里，这老妇人提着茶壶从牢房窗户里飞出去了。这实际上是一个行善得道成仙的例子。

佛教也讲善恶有报。《异苑》里说剡县人陈务的妻子，年轻时与两个儿子寡居，好饮茶。每次饮茶，都先祭祀一下宅中的古坟。两个儿子不耐烦，说："坟里的人又不晓得，白白地祭他做什么!"想把坟平了。做母亲的苦苦相劝才没那么做。到了晚上，这女人梦见一个人对她说："我待在你们家都三百多年了，承蒙你又给茶我喝，又保护我，我得怎么感谢你才好呢?"天亮后，在庭院中挖出十万钱。母亲把经过告诉儿子，两个儿子都很惭愧。从此更加诚心地祭祀它。故事中陈务的妻子，其实就是受到佛教影响的在家居士。

齐武帝是个信佛的皇帝，他甚至在遗诏里要求，在他灵座上不要拿牺牲作祭品，只摆放饼果、茶饮、干饭、酒脯就够了。这些茶的福报思想，通过礼仪的方式得以延续。

五、从“廉俭方正”到“精行俭德”：陆羽对中华茶道的塑造

道教与佛教对茶的推广，力度是很大的，促成了茶“清俭”的形象。特别是佛教，主张以茶来助坐禅，其荡昏寐，不自失方面，对佛教有天然的亲近感。陆羽身出佛门，却在主张茶的“廉俭”上，特别看重魏晋名士的风度。突出的例子是被他引为同道、尊为“远祖”的陆纳。

陆纳在东晋素有廉俭的好名声，传到了谢安耳朵里，谢安就打算亲自登门造访。陆纳的侄子听到了，觉得也是自己显露的机会来了，让人私下备了一桌佳肴，等谢安来的时候好好款待他。陆纳宴席上不好发作，等谢安走了，就好好“修理”了一下这个宝贝侄子。说：“你自己不能光宗耀祖就算了，还赔上了我一贯的操守！”

应该说，魏晋豪奢攀比风气是相当盛行的，陆羽在《七之事》里为中华茶脉列出了一组“廉俭方正”的饮茶者，如晏子、陆纳、桓温、齐武帝等。他们为中华茶脉的精神走廊贡献了“廉俭”的传统。

但是，魏晋玄谈也因“空谈误国”走进了历史的尘埃。陆羽生活在盛唐气象的环境里，他提出了“精行俭德”的思想。

唐代人很重视以茶养德，陆羽的煎茶道是质朴、自然、雅致的，也是精益求精，济世以和的。中华茶脉到了陆羽《茶经》的时代，才真正成型了。

第二十一章 《八之出》：陆羽的唐代好茶榜

按照今天的说法，《茶经·八之出》是陆羽开出的唐代好茶榜，也是唐代的茶叶大数据。那么，唐代的好茶地图是什么样子的？谁是排在第一梯队的好茶呢？从野生茶到园地茶，从区域茶到全国茶，陆羽为什么要收集这些数据呢？他是怎么收集到的呢？最后，《八之出》也透露了陆羽访茶的行迹，哪些地方他去得最多，有没有影响他对排行的判断呢？

一、《八之出》有点像《茶经》附赠的游戏

有人根据《八之出》列出的茶信息，认为这些地方陆羽都走到了。又有人根据《八之出》里的一些地名产生的时间，断定《八之出》产生于758—760年。的确，《八之出》给《茶经》迷们最大的猜度乐趣在于探求陆羽到底在写作《茶经》的时候都去了哪些地方，同时，《茶经》到底是写成于哪年。

我们来看一看图21-1中的这些地名，有利于我们形成一个总的印象，就是唐代产茶区到底有多大，顺便想一想陆羽在写成《茶经》时都到了哪些地方。

首先要说一下，唐代的好茶地图有好几个版本，像李肇的《唐国史补》与《膳夫经手录》是陆羽之后茶区进一步发展的记录，还有很多诗人的诗句也出现了很多的好茶。《八之出》所说的是中唐较早的茶叶生产区域的情况。当然，陆羽的《茶经》流传之后，特别是在约780年后，形成了加速度的发展，但这已不是《八之出》反映的情况了。

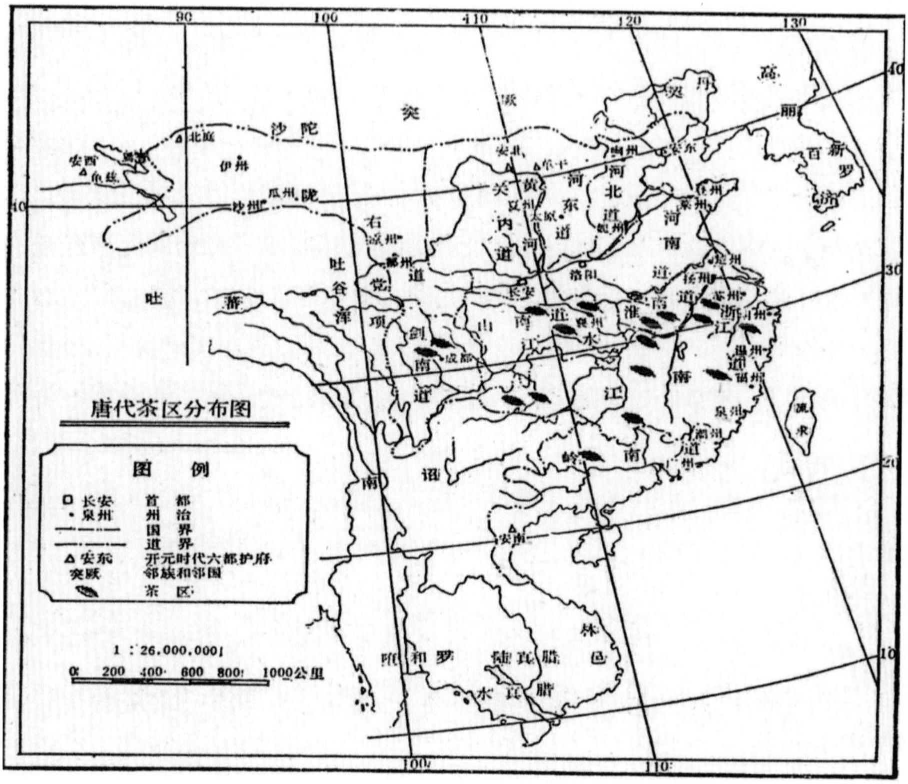

图 21-1 唐代茶区分布图，是综合《茶经 · 八之出》《唐国史补》《茶述》《膳夫经手录》《茶谱》等记载的茶叶信息绘制而成

二、《八之出》参照的不是唐代行政区划图？

陆羽在《八之出》里给出的这个茶叶大数据很重要。我们先来看陆羽对中唐行政区地图的描述问题，再来猜测为什么他要做这个大数据，以及他怎么样才能获得这些大数据。

按道理讲，陆羽对茶叶地理的描述应该与当时的行政区地图一致，可是并不是这样。当时的行政区是 15 道（相当于今天的省，但比省大），即关内道、河南道、河东道、河北道、山南东道、山南西道、陇右道、淮南道、江南东道、江南西道、黔中道、岭南道、剑南道、京畿道、都畿道。而陆羽列出的产茶区的道是：山南道、淮南道、江南道、黔中道、岭南道、剑南道。其中，山南道与江南道用的是贞观到开元年间的旧行政区10道的分法，另外单列出来的浙西、浙东属于江南道，并不是独立的道。怎么回事，难道这个茶区数据（起码部分地区）是陆羽之前就有的官方数据？这并非没有可能，很多名茶在陆羽之前就存在了，而且陆羽在《七之事》中也抄录了八则方志中的茶产区文献。有人甚至证实早在西晋末年，湖北的西阳、武昌，安徽的庐江，江苏的晋陵就已经是最早的一批好茶产区了。

另外，《八之出》的叙述顺序（山南、淮南、浙西、剑南、浙东、黔中、江南、岭南），似乎有点乱，可是，它很有可能是陆羽按照自己访茶路线的先后来记录的。

三、《八之出》是陆羽提供的8世纪中前期的大数据

浙西、浙东又是怎么回事呢？原来这是乾元元年（758年）所设置的浙江西道和浙江东道的方镇名。很多地名在这一年发生了变化，在《八之出》中给记录下来了。这倒是提醒了我们陆羽访茶评水最熟悉的一些区域或者说最有可能的行迹半径在哪里。

据统计，《八之出》里谈得最多的是山南道，23次（含浙西3次）；其次是淮南道，9次。他写作《茶经》时的活动半径基本上可以确定了，在湖北、浙江、湖南、四川、陕西、河南、安徽、江苏等范围内。当然这个范围也不是说他都去过了，很多地方都是点到即止。像这些区域里很多好茶，如江苏扬州的蜀冈茶、浙江剡县的剡溪茶、四川夔州的茶岭茶、彭山的武阳茶，甚至是江西的好茶都没怎么提到，尽管陆羽后来在江西访过茶。所以有人根据这个判断，《茶经》在780年左右已经定型了（他去江

西大约是 782 年)，没有再增加新的信息。

说到底，《八之出》是 760 年左右的一个茶叶数据。

四、陆羽的茶叶大数据从何而来？

那么，陆羽的茶叶大数据从何而来呢？

首先，当然是陆羽亲自访茶评水得来的，特别是浙西浙东的部分叙述是很细致的，具体到了产茶的寺院。

其次，也有从图经方志里来的间接数据，但有多少就不好说了。陆羽有“荆吴备登历，风土随编录”的爱好，从他留存下来的《游慧山寺记》可窥一斑。他在《七之事》里辑录了八则相关的产茶区文献，问题是，这些都是史料，不一定是唐代的情况，如果陆羽想要写出《八之出》，势必要辑录的图经方志文献量更大，为什么不将这些文献原料索性全部存入《七之事》呢？而且在陆羽写作《八之出》前，已经有很多茶名声很大了，像李白说的仙人掌茶，灵岩寺的茶等都没有进入陆羽的视野，这是否意味着《八之出》在遵循某种类似于“纪实”的原则呢？或者说只记亲身到过的茶区，而不记足迹未到之处的呢？只能存而不论了。

最后，他喝到了那个地方的好茶，但没去的，如实注明，即所谓“往往得之，其味极佳”的茶区“未详”的地方。

五、《八之出》可能是为提供贡茶参考而写

陆羽为什么要出示这个大数据呢？

一是出于《茶经》体系完备的考虑。尽管这份大数据还是比较粗略的，但是其行迹跨越的区域还是蛮广的。陆羽在 758—760 年要完成这个工作，著成《茶经》，似乎有着某种强烈的内驱力，像是急欲出手，借此行卷的意思。陆羽自诩为“负鼎之才”（虽然后来慢慢醒悟了，并不是如

此），有强烈的济世经邦抱负，似乎想自荐于上。

二是“荐茶于上”，给皇帝提供一个贡茶参考。官员们也觉得这不失为晋身的通道，这是陆羽的迂回法。陆羽和很多官员有来往，就是走的这个路线。大概在770年，他给国子祭酒杨绾寄送紫笋茶，附上《与杨祭酒书》说：“此物但恨帝未得赏，实所叹息。”心思一目了然。

实际上，受到土贡茶的影响，确实产生了很多好茶，陆羽记述的也多是这些茶。后来催生了税茶法，在793年开始征收后，确确实实也为唐代后期的延续做了一定贡献。

六、陆羽的唐代好茶榜揭晓

回到唐代，我们来看看当时的好茶（据统计，唐代的名茶有150多种）是怎么形成的。一是上面说到的土贡茶，如《新唐书·地理》就有土贡茶的描述；二是诗人们的“代言”，如李白与仙人掌茶，李群玉与石廪茶，薛能与霍山天柱茶，皎然与天目山茶、剡溪茶，白居易与昌明茶等；三是笔记体的传闻记述，如《唐国史补》、《膳夫经手录》、毛文锡的《茶谱》、裴汶的《茶述》等；四是陆羽的亲历访茶。可是不管是哪一种，这些好茶本来就存在，在深山野林，也在寺院园地。

陆羽对好茶的标准在《茶经》中有详细系统的说明，从种植、采制到煎饮都说到了。《茶经》的出现，无疑催生出了更多的好茶。《八之出》中，他给出的评判是“上、次、下、又下”四等。

陆羽开出的好茶榜排名是这样的：

第一梯队：峡州（远安、宜都、夷陵）、光州（光山县黄头港）、湖州（长城县顾渚山谷）、彭州（九陇县马鞍山至德寺、堋口）、越州（余姚市瀑布泉岭）；

第二梯队：襄州（南漳县山谷）、荆州（江陵县山谷）、义阳（钟山）、舒州（太湖县潜山）、湖州（山桑、儒师二坞，白茅山悬脚岭）、常州（义兴县君山悬脚岭北峰、圈岭善权寺、石亭山）、绵州（龙安县松岭关、西昌、昌明、神泉县西山）、蜀州（青城县丈人山）、明州（鄮县榆荚村）、婺州（东阳市东白山）、邛州；

第三梯队：衡州（衡山、茶陵二县山谷）、寿州（盛唐县霍山）、宣州（宣城市雅山、太平县上睦、临睦）、杭州（临安、于潜二县天目山，钱塘天竺、灵隐二寺），睦州（桐庐县山谷）、歙州（婺源山谷）、雅州（百丈山、名山）、泸州（泸川）、台州（始丰县赤城）；

第四梯队：金州（西城、安康二县山谷）、梁州（褒城、金牛二县山谷）、蕲州（黄梅县山谷）、黄州（麻城市山谷）、润州（江宁县傲山）、苏州（长洲县洞庭山）、眉州（丹稜县铁山）、汉州（绵竹县竹山）。

七、还有别的好茶排行榜

有趣的是，陆羽在做排行时，他的参照系是他最熟悉的茶区：以自己故乡所在的湖北区域为中心的这个半径。这是好了解的，这与他 755 年（甚至更早）至 760 年的活动范围有关。

如果参照一下其他版本的好茶排行榜，可以看出一点差异来。如《唐国史补》给出的排行是：

剑南（蒙顶石花、或小方、或散芽），号为第一；

其他不排名的有：湖州（顾渚紫笋）、东川（神泉小团、昌明兽目）、峡州（碧涧、明月、芳蕊、茱萸簝）、福州（方山露芽）、夔州（香山）、江陵（南木），湖南（衡山）、岳州（浥湖含膏）、常州（义兴紫笋）、婺州（东白）、睦州（鸠坑），洪州（西山白露）、寿州（霍山黄芽）、蕲州（蕲门团黄）。

而综合唐代各种茶文献信息，得出的前三位排名是这样的：雅安蒙顶茶号称第一，称为“仙茶”；常州阳羡茶、湖州紫笋茶并列第二；荆州团黄茶名列第三。

第二十二章 《九之略》：唐代的品茗环境美学

这一章是我们《茶经》文化之旅的终结篇，我们将由此叩开《茶经》的哲学之门。

《九之略》在《茶经》体系中起什么作用？它首次提出了茶境高于茶器，也高于茶艺的原则，它所追求的茶境是什么样子的？

另外，《茶经》总体上是献给“王公之门”的，而《九之略》则是陆羽的自留地。一方面是“精行俭德”的儒师情怀，另一方面又是自然而然的道隐之风。到底是前者还是后者影响了中华茶文化的走向呢？这是我们要探讨的问题。

一、《九之略》：《茶经》登堂入室的密码

《九之略》出现在《茶经》接近末尾的部分，有人对它的位置提出了质疑，认为它应该排在《六之饮》后，甚至是《四之器》后。如果了解了《九之略》讲的重点是什么就不会这么想了。原来《九之略》是就饮茶环境方面做了一些提示，也就是在谈茶之境。整部《茶经》里只有这些许的文字提到茶境的情况，是煎茶道的补充也是升华，所以显得格外重要。现在知道了，《九之略》在《茶经》中的地位好比爬台阶，一步步来，到这里算是找到登堂入室的密码了。

读《九之略》，我们通常的感觉是，为了在野外的环境中放便行事，不断要省去一些繁文缛节的器具，像《二之具》（18 件）与《四之器》（28 件）提到的部分采制茶具与煎饮茶器，陆羽都给予了省略说明。如

山寺茶园的茶会可不用棨（锥刀）、朴（竹鞭）、焙（焙坑）、贯（细竹条）、棚（置焙坑上的棚架）、穿（细绳索）、育（贮藏工具）；松间石上的茶会，省了具列（陈列床或陈列架），就地起火就省了风炉、灰承、炭挝、火筴、交床等；泉源溪边，干脆连水方、涤方、漉水囊也省了。

可是这样一来，完整的煎茶道仪式也就一减再减了。稍做一点减法就知道还剩下多少，进而会想省略版的陆羽煎茶道是个什么情况，他要达到什么效果。

二、《九之略》：简版的煎茶道什么样？

首先，简版的煎茶道最好选择在户外的自然之境。陆羽提到了两种：一是野寺山园，即寺院所在的山地茶园；二是“松间石上”“瞰泉临涧”之所，甚至是需“援藟引絙”才能进入的岩洞，是深山老林。前者让我们想到僧侣，后者让我们想到隐士或道士。

其次，人数的限定，在5人左右。这和陆羽在《六之饮》里提到的情况是一致的，“茶性俭，不宜广”。问题是，陆羽的时代，茶会往往是王公或显宦文士们聚众而饮，喜热闹、好交际的豪迈氛围中兴起的时尚，尽管高僧名士也有清饮斗诗的酬酢，陆羽的茶会似乎没那么喧闹，透着清和雅静。

再次，是和谁一起饮茶。根据这些户外的场所看，很有可能是高僧名士或志同道合之人，特别是像陆羽这样的隐士，也就是“野人”“处士”之类。唐代的文人擅作壮游之举，他们以四海为家，寻求建功立业的机会。天地山川作为一种审美的对象开始进入诗文与绘画中，王昌龄的“意境说”也是这时候出现的。有人说中华文化到唐代，表现为很有心胸（而宋代是有心无胸），是很有道理的。表现在茶会上，就是喜欢户外的环境。

最后，省之又省的煎茶道就只剩下煎与饮，没有“三沸候汤与分茶”等精致的仪式感了。《九之略》做减法的结果就是这个样子了。但我们要问的是，《九之略》真正不能减的东西，或者说压箱底的东西到底是什么？

图 22-1 《九之略》反映了唐代士人圈子的另一种茶会追求，他们不是在王公显贵的茶宴上蹭存在感，而是在山林野外三五知己之间表达自己盛世不遇的内心情怀。《九之略》中茶境的提出对国人的日常生活是很有意义的。饮茶之境，是人从社群主义的交际形态过渡到天人合一的自体验境界，是茶从口到心的升华之路

三、自然之境：茶会的另一种体验

这里还要先补充说明一个问题，就是煎饮茶的自然之境在唐代是文人审美意识里的“公约数”。

陆羽对茶境的追求是怎么来的？他的追求不是个案。他交往的圈子里有高僧，也有名士，我们能从他们的诗作中看到对茶境的追求与享受。如钱起的《与赵莒茶宴》：“竹下忘言对紫茶，全胜羽客醉流霞。尘心洗尽兴难尽，一树蝉声片影斜。”是竹林之下清静、幽雅的自然环境。郑巢的《秋日陪姚郎中登郡中南亭》：“隔石尝茶坐，当山抱瑟吟。”是在

林间石上、泉边溪畔。武元衡的《资圣寺贲法师晚春茶会》："虚室昼常掩，心源知悟空。禅庭一雨后，莲界万花中。时节流芳暮，人天此会同。不知方便理，何路出樊笼。"禅意十足。

陆羽追求的茶境甚至有"野趣"，带点寻幽探奇的意思，这是从茶行者的眼里看出来的，他走的是郦道元和后来徐霞客的路子。他对自然之境的描述很有一套，文笔还很不错。如在《五之煮》里有这样一段精彩的描写："沫饽，汤之华也。华之薄者曰'沫'，厚者曰'饽'，细轻者曰'花'。如枣花漂漂然于环池之上，又如回潭曲渚青萍之始生，又如晴天爽朗，有浮云鳞然。其沫者，若绿钱浮于水湄，又如菊英堕于鐏俎之中。饽者，以滓煮之，及沸，则重华累沫，皤皤然若积雪耳。"排除茶汤的部分，简直就是一幅访茶评水的精美画卷。

图 22-2　汲汲行世的孔子都不无感慨地说自己的理想是和曾点一样在暮春三月穿上春天的衣服，和五六位成人，六七个少年，携手去沂河里沐浴，然后在舞雩台上吹吹风，再一路唱着歌走回来。李泽厚说这就是一种审美的境界呀。陆羽的《九之略》正是在这一点上与孔子不谋而合

折射到《九之略》里，我们看到，茶器根据茶境的需要而适当减少，说明茶境要高于茶器，或者说还高过了茶艺。这里《九之略》提出的原则就是“自然之道”。

四、不要看它都省去了什么，要看它省去之后还剩下什么

读《九之略》的正确方法是我们不要看它都省去了什么，而要看它为什么省，省了之后还剩下什么。两句话：一是对一般的文人和百姓而言，省是为了披露心怀，尽情随性，归于自然之道，不是表演性的，而是自适性的；二是对“王公之门”而言，“二十四器阙一，则茶废矣”，也就是茶礼与茶德不可偏废，陆羽的真正心思其实是在这里。为什么呢？我们知道，“上有所好，下必甚焉”，“王公之门”是社会秩序的示范者与传承者，也是唐代茶会主要的推动者。陆羽一生寄希望于这个阶层来推广自己的茶道思想与济世经邦的理念，只是没有成功。比如有一次他想借李季卿邀约之机扬显一下自己的煎茶道，结果受到轻视而倍感屈辱。

所以可以看到，《茶经》总体上是献给“王公之门”的，而《九之略》才是陆羽的自留地。《茶经》的主旋律是“精行俭德”的儒师情怀，《九之略》却透着个体生命体验的随性自适、自然而然，更多的是一种道隐之风。虽然陆羽在写作《茶经》的青年时代，受到盛唐气象的感染，儒家精神（“精行俭德”的一面）是很重的，但是陆羽受挫的经历告诉我们，“精行俭德”的茶道对于唐王朝来说，是多么不合时宜。

接下来，我们不得不面对的问题是：这两种茶道精神，到底哪一个对后世影响更大呢？

五、自然而然：影响后世中华茶道精神走向的思想

“精行俭德”，还是“随性自适、自然而然”影响了后世的中华茶道精神的走向呢？

陆羽是盛唐气象下的自然之子，也是身体力行的茶人。后世享受茶艺茶境之美的主体渐渐以王公显贵或缙绅名士居多，他们不见得都是亲力亲为，从种茶采茶干起的劳动者了，而往往视茶事为风雅韵事，是用余力来雕饰自己的雅致生活。特别是宋明之际，茶事日渐繁隆精致，与“精行俭德”悖去很远。某种程度上，陆羽的“精行俭德”思想在他生前就遭遇了尴尬，身后渐渐不闻了。宋徽宗将中华茶提到最高的程度，但也顺手终结了陆羽的“精行俭德”说。

某种程度上讲，陆羽提出的“精行俭德”是对唐代以前茶文化精神的提炼（虽然不全面，如“和”没有直接点出），而“随性自适、自然而然”却“草蛇灰线，伏脉千里”，贯穿后世百姓日常。

六、从自然之境到茶寮的流行：《九之略》中的陆羽遗风

通过《茶经》与《陆文学自传》，我们看到陆羽在唐代不是一个真正的隐士。但有趣的是，他在身后却“修成正果”，成了真正的隐士。而且他与他的《九之略》茶境说（偏重于户外或野外自然之境的茶会）催生出了专门的饮茶之所——茶寮，也就是今天茶室的前身。

元代赵原画的《陆羽烹茶图》中的陆羽居于草庐之中，庐中茶烟袅袅，通透无碍而四邻山林溪壑。由于元代知识分子地位低下，晋身通道被阻断，隐逸之风盛炽，随着宋元之际“逸品”作为一个美学现象而流行，绘画中的陆羽就成了元代知识分子的代言形象，一个可以

效法的不折不扣的飘逸出尘、杯茶融天的隐士诞生了。而这样一个煎茶的场景也成了后来茶画的标配要素，像草庐一样的茶寮开始进入文人雅士的生活。

图 22-3　元代赵原的《陆羽烹茶图》将陆羽变成了真正的隐士，其实那是元代人心目中的理想知识分子的人格与生活。你是否感觉到了《九之略》的茶境风韵呢？

其实，“茶寮”一词，最早出现于唐宣宗时。据说洛阳有个和尚活到 130 岁，唐宣宗问他长寿秘诀，他说：“喝茶而已。”宣宗就让他住在京城的保寿寺。赐他日常煎茶、饮茶的斗室，名为“茶寮”。明代杨慎《艺林伐山》就有“僧寺茗所曰茶寮”的说法。

茶寮对日本草庵茶室的形成有很大影响，而到明代，茶寮更成为文人雅致生活的时尚。

屠隆《茶说》中说，“茶寮：构一斗室相傍山斋，内设茶具，教一童子专主茶役，以供长日清谈，寒宵兀坐。幽人首务，不可少废者。”

今天，私人订制的茶室也随着创客时代一起到来了，在家里就能感受到大自然野趣，这大概是陆羽当初没有实现的梦想吧。

图 22-4 茶寮对日本草庵茶室的形成有很大影响

图 22-5 明代茶文化的显著特征之一就是茶寮的兴起，茶寮成为一个审美对象，并有了它自身的理论描述

下　篇

陆羽钩沉

第二十三章　茶圣

一、陆羽姓名字号考略

随着茶文化的升温，有关茶圣陆羽的文宣与作品越来越多。然，有一个被忽视的问题就是，关于陆羽的姓氏、名字和别号来源及表述的真实性、准确性，应该引起学界和业界的重视。

1. 以三则文摘为例

（1）《新唐书·隐逸·陆羽》① 中有言，“陆羽，字鸿渐，一名疾，字季疵，复州竟陵人。不知所生，或言有僧得诸水滨，畜之。既长，以《易》自筮，得‘蹇’之‘渐’，曰：‘鸿渐于陆，其羽可用为仪。乃以陆为氏，名而字之。’”此说，除“一名疾，字季疵”外，均源于《唐国史补》②。

（2）有学术论文这样开篇：“陆羽，字鸿渐，一名疾，字季疵，自称桑苎翁，又号竟陵子、东冈子、东园子、东园先生、茶山御史、广宵翁，世称陆文学。”似乎名号罗列得越多，就越显得作者有学识。

（3）“百度”网文这样介绍陆羽：“陆羽（733–804），字鸿渐，复州竟陵（今湖北天门）人，一名疾，字季疵，号竟陵子、桑苎翁、东冈子，又号‘茶山御史’。”

上述文案不同程度存在着表述不实、不准，甚至有违背常识的情况。特辨析如下。

---

①〔宋〕宋祁、欧阳修等：《新唐书》，北宋时期记载唐朝历史的纪传体史书。

②〔唐〕李肇：《唐国史补》，唐代笔记小说集。

2. 以卦得姓子虚乌有

《新唐书》说：“鸿渐于陆，其羽可用为仪。乃以陆为氏，名而字之。”对爻词中的前一个“陆”字，宋代学者多认为应是“逵”。《周易口义》曰：“按渐卦自下而渐于上、自微而至于高大，且陵者未为极高之地，岂有反下之义哉？今考于经文‘陆’字当为‘逵’字，盖典籍传文，字体相类而录之误也。逵者，云路也，言鸿之飞高至于云路，其羽翎毛质可以为表仪，亦犹贤人君子自下位而登公辅之列，功业隆盛崇高远大可以为天下之仪表，故获吉也。”苏轼的《东坡易传》、朱熹的《周易本义》和姚宽的《西溪丛语》等均采此说，当代著名学者朱邦复的《易经明道录》亦是。

图 23-1 水山蹇卦象

图 23-2 风山渐卦象

清代学者多认为“鸿渐于陆，其羽可用为仪”中的“陆”是“阿”。如《周易折中》曰：“（上九）‘陆’字与九三重，故先儒改作‘逵’字以叶韵，然‘逵’‘仪’古韵实非叶也。意者‘陆’乃‘阿’字之误，阿，大陵也。进于陵则阿矣。‘仪’，古读俄，正与阿叶。”《艮宧易说》亦云：“以韵求之，字当作阿。且以古书之例言之，陆与阿每连文……此卦九三曰，‘鸿渐于陆’，九五曰，‘鸿渐于陵’，上九曰，‘鸿渐于阿'，正合古书体例。今作陆者，即涉九三爻辞而误耳……"①

多个版本的《易经》已将"其羽可用为仪"前半句的爻词更改为"鸿渐于阿"②，网上电子版亦然。当然，也有采用"鸿渐于逵"③ 者。

以上两说，为陆羽占名字时所采吉象的渐卦上九爻词"其羽可用为仪"的前半句，是"鸿渐于逵"，还是"鸿渐于阿"？无论孰是孰非，均非"于陆"。由此看来，即使可以卜卦求姓，也不可能得到"以陆为氏"之结果。

中国人决定后代姓氏的方式一般有两种，随血亲或者养亲而定。以占卜得姓，千古典籍查无旁例。

然，陆羽随"养父"姓氏有据可考。唐代赵璘《因话录》有曰："太子陆文学鸿渐名羽，其先不知何许人。竟陵龙盖寺僧，姓陆，于堤上得一初生儿，收育之，遂以陆为氏。"考《唐国史补》《大唐传载》及《太平广记》均采此说，它们和《因话录》成书均早于《新唐书》。赵璘少年时期曾经在竟陵生活，《因话录》中有曰："余年小。在江汉，尝与群儿戏。以竹苇为枪，鸟翎饰其上。裂纸为旌旗，作战斗之像，相向云杀。"他亲耳听过寺僧传颂《六羡歌》，长大后又悉陆羽为外祖柳澹撰笺事状其事。作为左补阙、衢州刺史的赵璘，是唐德宗时宰相赵宗儒的侄孙、关中贵族柳氏的外孙，家世显赫，多识朝廷典故，故所记多为第一手材料。

3. 名与字的两种解释

关于"一名疾"，唐代的《大唐传载》、《因话录》及《唐国史补》均无此说，不知距陆羽身后二百多年的《新唐书》源自何典？虽然我们从皎然和友人的《远意》《暗思》等四篇联句中见有作者"疾"，但均注名为"失姓"。且从句的内容也不能判定为陆羽所言。又查陆羽与颜真

---

①〔清〕俞樾：《艮宧易说》，光绪二十五年刻本。

② 王骧：《易经注译》，中国社会科学出版社 1990 版，第 216 页；徐子宏：《周易全译》，贵州人民出版社 1991 年版，第 290 页；朱渊青：《周易探秘》，上海古籍出版社 1995 年版，第 18 页。

③ 陈洪绶：《陈洪绶集》，浙江古籍出版社 2012 年版，第 529 页。

卿、皎然、潘述和耿沣等友人存世的其他十一首联句，均是以“羽”署名。同一时期，相同的朋友圈是没有用两个名字的必要的。

虽然文献无旁证，但传说也许有可能。想当初，陆羽入寺之前，总得有个供长者呼唤的乳名。因此，长者据其先天“貌陋”，有“口吃”而呼之“疾”名也在情理之中。但鉴于其名在《陆文学自传》和诗文之中并没出现这一可能存在的“乳名”，故除小说外不宜编入人物生平与简介材料之中。至于“季疵”，故里文人多用此称呼。例如，皮日休的《茶中杂韵・序》从“竟陵子陆季疵言之详矣”到“亦季疵之余恨也”，一连用了六个“季疵”。皮日休少年时期曾在竟陵紫极宫读书，由此而知“季疵”与茶经的故事。此后，故里多流传此字，如清代曾元迈的《陆子茶经・序》里也用了“季疵”。

亦如尊称茶圣“陆鸿渐”，非故里文人也有人用“陆季疵”。如，宋代文同的《谢许判官惠茶图茶诗》有“便觉新来癖，浑如陆季疵”句；明代万邦宁的《茗史》小引有“谛观陆季疵《茶经》”句；明代陈师的《茶考》自注有“《茶经》陆季疵撰，即陆羽也”句；明代陈继儒的《茶董小序》有“若陆季疵复生，忍作毁茶论乎”；等等。

由此看来，虽然在陆羽的“自叙”及有限的存世文献中，我们尚没能见到陆羽自己使用过这一名字的记载，但是旁人使用其字的情况是正式的、延续的。其“字季疵”源于哪个故事，有两说：

一是传说竟陵僧智积禅师有个好友李公，就住龙盖寺附近，那时李家的女儿季兰正处于吃奶的年龄，智积就把“于水滨得婴儿”托付给李家，婴儿便由奶妈抚养，直至三岁进寺院。其时，李公参照“季兰”的名字给弃婴取名“季疵”。

二是唐代封演的《封氏闻见记》云：“李季卿宣慰江南，至临淮县馆。……鸿渐身衣野服，随茶具而入。既坐，教摊如伯熊故事，李公心鄙之。茶毕，命奴子取钱三十文酬谢茶博士。”陆羽感到受辱，便以“季疵”为字。“受辱”事发生在陆羽写“自叙”后多年，即使偶用“季疵”于朋友圈也是有可能的。

4. 别号彰显归属感

《唐国史补》中有言：“羽于江湖称‘竟陵子’，于南越称‘桑苎翁’。”“竟陵子”的名号始于大历年间，有颜真卿的《项王碑阴述》为证：“其神灵事迹，具见竟陵子陆羽所载《图经》。大历七年，真卿蒙刺是州……”另，从《茶经》上的署名“竟陵陆羽”，我们可以明显地感受到陆羽的家乡情结。桑苎翁的名号，唐《北户录》也有载：“旧记云，李公顾谓门生广州桑苎翁曰……桑苎翁前席而言曰……则知草木在山海之间，有瑰形殊状者，多矣。”① 《大明一统志》卷六十六《人物》说：“唐陆羽，竟陵人，为南海帅从事。又诏，除太子文学皆不就。为人高洁，自称‘桑苎翁’。”语境语意亦指陆羽称“翁”的时期是在南越。

“东冈子”号源于寓居上饶时。《太平寰宇记》卷一百七《江南道五·上饶县》云：“陆鸿渐宅在县东五里，《郡国志》云‘陆羽字鸿渐，居吴兴，号竟陵子；居此号东冈子’。”《上饶县志》载：“陆羽宅在府城西北茶山广教寺，昔唐陆羽常居此，号‘东冈子’。”由此可知，陆羽一度陶醉于茶农式的生活。

关于“东园子”“东园先生”，两者意思相同，颇有陶渊明遗风。前者尚没见使用过的旁证，但后者有明确记载。《舆地记胜》卷八十九《广州·官吏》篇曰：“陆鸿渐，佐南海陇西公幕府。自号东园先生。东园即广州东郊园也。”这时的陆羽年事已高，虽为高级幕僚，但终非职官心有遗憾，“维桑与梓，必恭敬止”，油然而生的桑梓情怀与叶落归根的情绪可想而知。

从“伊公羹、陆氏茶”到“竟陵子”；从以“太祝”衔赴湖南幕的“东冈子”，到以“太子文学”衔“从事”时期的“东园先生”，乃至“广州桑苎翁”，这些别号产生的历史背景，皆与年龄段和居住地有关，

① 〔唐〕段公路：《北户录》，《斑皮竹笋》卷二。唐代岭南风土录，共三卷。

彰显了游寓和宦游的人生轨迹，隐喻了他的心路历程，体现了浓浓的人生归属感。

5. 臆造封号的伪别号

在中国古代，名、字分开使用。朋友不可复呼其名，故冠而加字。古人常以自称己名为谦称，以称人之字为尊称，姓与字连称亦是对人尊称。如自称“陆羽”，人称“陆鸿渐”和“陆季疵”。名字之外的称呼谓“别号”。别号多为自起，亦可为他人所起，但必须是当事人自己曾使用过的。我们不能将别人，特别是后人的赞誉之词，当作当事人的别号使用。如“茶仙”“茶圣”“陆文学”等是尊称不是别号。

也许出于对茶圣的尊敬，现在人们将陆羽的别号越封越多。其实，别号与称号是两回事，况且还有的是伪称号。“茶山御史”便是个弥天大谎。

“茶山御史”这一封号是今人断句之误、断章取义的结果。《江西通志》卷九十六《寓贤·广信府》曰：“陆羽，字鸿渐，一名疾，字季疵，复州竟陵人。拜太子文学，徙太常寺太祝，不就。寓居信城北三里，自号东冈子。性嗜茶，环居多植茶，因号茶山。御史萧瑜领洪州，羽自信州移至洪州玉芝观。瑜喜与之唱和，成帙。权德舆为之序。”此句一是讲“茶山”的来历，二是讲洪州（今南昌）御史萧瑜与陆羽的故事。有人自以为是地将“因号茶山”与“御史萧瑜领洪州”句中，茶山与御史间本应断句之处连为一起，而张冠李戴生造出了“茶山御史”，这个看似不同凡响的称号，其实是无中生有的“广告词”，将千年前的陆羽打扮成营销茶山的“形象代言人”。若本人在世，也不会自诩此号。试想，在唐朝谁敢擅自称“御史”？

清版《上饶县志·寓贤》曰：“陆羽……寓居信城北三里，自号东冈子，性嗜茶。环居多植茶，因号‘茶山’。刺史姚骥慕其风，频就访焉。御史萧瑜领洪州，羽自信州移至洪州玉芝观……”由此文可知，“茶山”和“御史”是两回事。

至于“广宵翁”，既不是尊称，更不是别号。“广宵”代指坟墓，“广宵翁”是孟郊诗中表达缅怀逝者的形容词，将之用作陆羽别号不伦不类。

6. 结论

综上所述，陆羽其姓从龙盖寺僧智积，并非取自“鸿渐于陆”，“盖典籍传文，字体相类而录之误也”。古籍的编辑传抄及刊刻过程，出现错误应是个常见问题。但今人在取舍典籍时一定要具备相关历史知识和逻辑审视的眼光。以《新唐书》为例，成书距陆羽在世250年，且宋人的编撰周期太长，多人参与又缺乏统一合校，着意文字而忽略考证，从成书当时至今，不乏受人诟病。

陆羽除“名羽，字鸿渐外”，亦字“季疵”。他先后用过的别号，有“竟陵子”、“东冈子”、“东园先生”和“桑苎翁”。关于“疾”名和“东园子”号虽没见旁证，但也合乎情理。而今人臆造的“茶山御史”乃无稽之谈，“广宵翁”之称更不属于别号，也不是尊称，属常识性错误，应停止以讹传讹。

二、《陆文学自传》辨误

——以百度电子版为例

互联网的飞速发展使文献的传播远远超出了业内和校园的范围，它在带来便捷的同时也可能出现误导。当前，学习茶文化历史文献的人越来越多，但因为前人传抄、刻板时的笔误，或者新老编者对古文原义的误解，而发生以讹传讹的现象并不鲜见。兹以“百度百科”对《陆文学自传》释文予以辨析如下。

1. “文学”，不是指“文学之士”，而是指“太子文学”

“百度百科”（以下简称百文）对《陆文学自传》题目的解释为：“文学，指文学之士。陆文学，是作者陆羽称呼自己……”这两点结论都不准确。

首先，“文学”即“太子文学”，官名。

其次，“陆文学”是别人对陆羽的尊称。以官职名相称，在古代很常见，如称王羲之为“王右军”，称杜甫为“杜工部”等。陆羽曾被诏拜为“太常寺太祝”和“太子文学”，虽然未赴任，但“陆太祝”“陆文学”可见于陆羽友人的诗文中。

最后，文章的题目是宋人加上去的。《陆文学自传》的传播源自唐“陆鸿渐煎茶”碑。“唐刘冥鸿书，陆羽自叙也。刘虚白以羽自传并李阳冰写真赞，又为后叙附。咸通十五年闰四月刻石在复州。”①由此可知，874年陆羽故居立“煎茶”碑上的“陆羽自叙”，是少年陆羽仿陶渊明《五柳先生》风格的“而立宣言”和“自荐信”，本没有文题。《文苑英华》上的题目是编者所加。又因为《新唐书》的作者宋祁曾在竟陵为官，欧阳修得其拓片收入《集古录》时题为《陆文学传》，可见，文题因编者而异。

2.“郢人”，不是“郢州人”，而是指艺人

关于“郢人酺于沧浪”，百文的注释为“指竟陵一带的人聚饮于水边洲地”。白话译文为“楚地人大办宴会于沧浪水边”。联系该句的后半段“邑吏召予为伶正之师。时河南尹李公齐物出守”，还原当时的场景应该是，担任“导演”的陆羽和“县剧团”在欢迎新任太守李公齐物的宴会上表演。因此，此文中的“郢人”不是借指楚国人，而指善歌者。如沈括《梦溪笔谈 · 乐律一》有曰：“世称善歌者，皆曰‘郢人’。”

3.“于是”，不是“对于”，而是“这时”

百文对“时河南尹李公齐物出守，见异，捉手拊背，亲授诗集，于是汉沔之俗亦异焉”的注释为“对于李齐物礼遇陆羽这件事，竟陵一地的老百姓也觉得不同寻常”；白话的译文为“这时李齐物出任河南府太守，见到陆子，以为不平常，握着他的手，拍着他的背，亲手把自己的诗集授予他，于是汉水、沔水地区的民俗也就不同了”。

---

①〔清〕杨守敬：《湖北金石志》卷七。

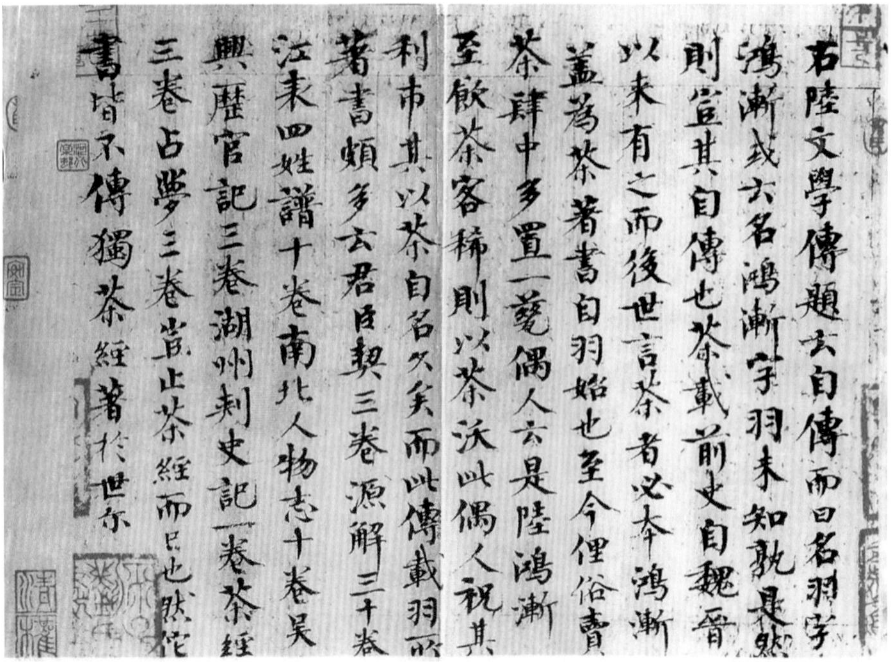
右陸文學傳題云自傳而曰名羽字
鴻漸或云名鴻漸字羽未知孰是然
則豈其自傳也茶載前史自魏晉
以來有之而後世言茶者必本鴻漸
蓋爲茶著書自羽始也至今俚俗賣
茶肆中多置一甆偶人云是陸鴻漸
至飲茶客稀則以茶沃此偶人祝其
利市其以茶自名久矣而此傳載羽所
著書頗多云君臣契三卷源解三十卷
江表四姓譜十卷南北人物志十卷吳
興歷官記三卷湖州刺史記一卷茶經
三卷占夢三卷豈止茶經而已也然他
書皆不傳獨茶經著於世尒

图 23-3　欧阳修《陆文学传》跋尾

看来，编者仅仅考虑到“于是（於是）”所表达的如此、在此、因此等含意，而忽略了它还可表示这时、当时、其时的意思。如《左传·隐公四年》：“于是，陈蔡方睦于卫。故宋公、陈侯、蔡侯、卫人伐郑。”“于是”亦作“于时”，如《诗·周颂·我将》曰：“我其夙夜，畏天之畏，于时保之。”郑玄《毛诗笺》曰：“于，於；时，是也。早夜敬天，于是得安文王之道。”由此可知，在某些语境中，“是”是“时”。

4.“汉沔之俗”不是“礼遇”，而是指世风

明白了“于是”指当时，还要弄清当时的“异焉”。“汉沔之俗亦异焉”，实际指李齐物到任后，竟陵民风发生了明显变化。从颜真卿撰《金紫光禄大夫守太子太傅兼宗正卿赠司空上柱国陇西郡开国公李公神道碑铭》可知陆羽亲身经历的变化，“公遂贬竟陵郡太守。时陆羽鸿渐随师郡中，说公下车，召人吏告之曰：‘官吏有簠簋不修者，僧道有戒律不精者，百姓有泛驾蹶弛者。未至之前，一无所问。而今而后，义不相容。’数年间，一境丕变，熙然若羲皇之代矣。哀孤重老，有隐逸好道者，常骑马于里巷之中，亲自恤问。量移安康，即日上道，老幼遮拥，不得发者三辰。转汉阳蕲春，其政如一。”

5. 墅是人名，不指别墅

关于“后负书于火门山邹夫子墅”，百文的白话译文为：“后来陆子背着书来到火门山邹先生的别墅。”其实，墅，古今异义。南唐文字训诂学家徐锴曰：“墅，经典只用野”；宋《毛氏韵增》：“野，古墅字。后人以其借为郊野字，复加土于下以别之”；明代音韵学家陈第说，“野”字“音暑，与墅同”。有鉴于此，黎际明①于 1946 年 12 月 5 日在上海《茶话》杂志发表的《茶神陆羽》中即写邹夫子名为邹野。而陆羽故居《西塔寺源流》② 中的“邹野记一番”“野老话相关”句更是最好的佐证。

其实，清道光年间的《天门县志》就从语法的角度提出过质疑，指出“墅，邹夫子名也”。但编者说墅“疑即堃字之伪”，根据托梦之典的说法似不准确。

6. “白驴、乌犎牛”应为“白颅乌犎”

对“赠白驴乌犎一头，文槐书函一枚”句，百文白话译为“赠送白驴、乌犎牛各一头，文槐书套一枚”。可见译者理解崔国辅送给陆羽的是两头牲畜，于是想当然地在驴字后加顿号，在犎字后加“牛”和“各”字，此种情况已先见于某些正规出版物和教材中。如我们能琢磨一个字，这一切就会真相大白。这就是驢（驴）字与顱（颅）读音相似，抄（听）写时既能听错，又容易写错。雍正七年（1729 年）仪鸿堂本《陆子茶经》载《陆文学自传》时，此句为“白驢烏幇一头”，无“牛”字。驢字后有注：“驢字有误，疑是顱字。”幇字亦有注：“按字书无幇字，有犎字。据茶经有犎牛臆云云，此亦当作犎。犎音封，牛名，形

---

① 黎际明，又名黎静岑（1880—1956），天门教育家，曾任湖北省文物整理保管委员会委员、文史研究馆馆员。

②《西塔寺源流》，载于 1922 年桑苎庐藏版《陆子茶经·县志考》。

如豪驼，背上隆高若封土也……”总之，无论是在欧洲还是亚洲，古今都存在这种行走很快的野牛，不可与驴同日而语。

图 23-4　犎牛

7. “秦人”，指秦川地区的人，而不是淮河一带的人

“洎至德初，秦人过江，予亦过江”句，百文白话译为：“唐肃宗至德初年，淮河一带人为避战乱渡过长江，陆子也渡过长江。”但历史告诉我们，发生在至德初载的“禄山乱中原”，难民主要在陕西。陆羽因为进京失败而返，一度与陕西难民同行。秦人一般是指陕西人，该词多见于唐诗，如杜牧《阿房宫赋》中的“秦人不暇自哀，而后人哀之”；柳中庸《听筝》中的“抽弦促柱听秦筝，无限秦人悲怨声”等句。

综上所述，在古往今来的文献流传过程中，因为笔画字形相近而抄错、刻错；因语气词的多义；因历史地理常识的缺乏，导致多任编者和出版者留下断句、注释、翻译等方面的瑕疵，这很常见，重要的是在于发现与甄别谬误。

“学而不思则罔，思而不学则殆。”识别刊误与释误，关键是逻辑推理，其次是旁征博引，但不尽信书本。再以目前被学者多引用之四库本

“白驢烏幇牛一头”句为例，进行一下流变过程的逻辑推理。

据文献载，《陆文学自传》文本最早录于《文苑英华》，但我们今天所见到的不是宋本，而是重新书写版——清本（《四库全书》）。它经历过多次抄写，并不全等于原版。为分析了解刊误过程，笔者查阅到最早载《陆文学自传》的存世善本，一是明嘉靖年间的《吴兴掌故集》①；二是明万历年间的陈文竹序本《茶经》②。结果，两个明本均刻为“白馬驢幇一头”。竟然有“馬驢”两个字的顺序、“馬驢幇”三个字笔画有误。四库本《文苑英华》的《陆文学自传》，只是将“馬”更正为“烏”，但仍有“驢”和“幇”的讹传，且原句中并无“牛”字。可见有些古文字很容易抄错，并且一错再错，编者也常常会擅自增减前人文字。

试想：一个普通行者能同时带驴牵牛跋山涉水吗？况且日行三百里的野牛③能长时间和驴同行吗？

从文字结构看，用“白颅乌犎”“文槐书函”这样的词组，分别形容白头黑体的名畜以及图文并茂的书函，句子是多么简洁、工整和流畅，符合作者的文风，加个“牛”便多此一举，缺乏文采了。

总之，阅读古文，既要识别笔误，又要准确领悟；要掌握历史、地理、生物等相关知识，还要理解语境语意，对汉字在不同的上下文中，有各样的意义和用法，应有准确的了解。

三、《三感说》里识陆羽

《三感说》即《牧守竟陵因游西塔著三感说》，是陆羽曾经的“同

① ［明］徐献忠：《吴兴掌故集》，《文艺类》卷七，明嘉靖三十九年（1560年）。

② ［明］陈文竹：竹素园本《茶经》，明万历十六年（1588年）。

③ 犎牛是北美洲最大的哺乳动物，也是世界上最大的野牛种类，体型庞大，速度奇快。《尔雅·释畜》“犦牛”晋郭璞注：“即犎牛也。领上肉犦肤起，高二尺许，状如橐驼，肉鞍一边，健行者日三百余里，今交州合浦徐闻县出此牛。”

事”周愿[①]就任竟陵刺史后拜谒陆羽终老地，写下的一篇记文——致百越节度使扶风马公[②]书，乃追忆与马总、李复及陆羽交往始末的“感旧”之作，自述生平，尤可考据。

所谓“三感”，一是回忆与陆羽、马总同为南海连率李复[③]从事的经历，感叹李复已故去；二是感激昔日竟陵郡守李齐物[④]之大德；三是评价陆羽的身世与才华，感伤道场无羽香火。三部分文字表达出了鲜为人知的信息。

图 23-5　西湖覆釜洲上的西塔寺（《竟陵山水图》局部，1514 年郭诩绘）

1.《三感说》内容解读

“愿频岁与太子文学陆羽同佐公之幕，兄呼之。羽自传竟陵人，当时羽说‘竟陵风土之美，无出吾国’。予今牧羽国，忆羽之言不诬矣。扶风公又悉于羽者也，代谓羽之出处：无宗祐之籍，始自赤子，洎乎冠岁，为竟陵苾刍之所生活。老奉其教，如声闻、辟支，以尊乎竺干，圣人也！羽，字鸿渐，百氏之典学铺在其掌，天下贤士大夫半与之游。加

① 周愿：生卒年不详。唐德宗贞元三年至八年（787—792）为岭南节度使从事，贞元十年（794 年）为滑州从事，约于宪宗元和十一年（816 年）任竟陵刺史。

② 扶风马公：扶风，佛教圣地法门寺所在地，为宝鸡市下辖县；马公，即马总。《新唐书·列传·马总》：“马总，字会元，系出扶风。”马总在宪宗元和八年（813 年）曾任岭南节度使。

③ 李复（738—797）：李齐物之子。贞元五年（789 年）任广州刺史、岭南节度观察使，故曰“南海连率”。

④ 李齐物（？—761）：唐天宝初擢累陕州刺史。累迁尚辇奉御、长安令。天宝五载（746 年）七月贬竟陵太守，后出任凤翔节度使、迁至京兆尹。追赠太子太师、司空公、陇西郡公。

以方口谔谔，坐能谐谑，世无奈何，文行如轲。所不至者，贵位而已矣。

噫！我州之左，有覆釜之地，圆似顶状，中立塔庙，篁大如臂，碧笼遗影，盖鸿渐之本师像也。悲欤！似顶之地，楚篁绕塔。塔中之僧，羽事之僧；塔前之竹，羽种之竹。视夫僧影泥破，竹枝筠老而羽亦终。予作楚牧，因来顶中道场，白日无羽香火，遐叹零落，衣摇楚风，其感三也。”

作者在上文中首先介绍了与陆羽的关系，见证了陆羽所说的竟陵风土之美；其次，借同事马总之口，讲述了陆羽的身世，并由此引出了对他的评价；最后，落脚到感叹“塔中之僧，羽事之僧”，表达了对“顶中道场，白日无羽香火”的哀思。文中“苾刍”“声闻”“辟支”“竺干”均与佛门有关，其意思分别为比丘、弟子、辟支迦佛陀和佛法。

2. 陆羽是周愿心目中的圣人

《三感说》开头直言“愿频岁与太子文学陆羽同佐公之幕，兄呼之”，说明作者与陆羽共事多年，情同手足，无话不谈。

何谓“频岁”？记文“一感”部分有句：“曩时俱为南海连率陇西李公复从事，公诏移滑台扶风公洎，予又为幕下宾。从容两地，七改星火。”据《旧唐书》载，李复贞元二年（786 年）任容州刺史，五年（789 年）任广州刺史、岭南节度观察使，十年（794 年）任滑州刺史。由此可知“频岁”指三人共事近 8 年，乃陆羽 53~61 岁时间段。《大明一统志》卷六十六曰：“唐陆羽，竟陵人，为南海帅从事。又昭，除太子文学皆不就。”方志以“从事”定其社会身份的历史依据大约源此。

《三感说》接着借同事马总之口，讲述了陆羽的身世。重要之处在于其中的“洎乎冠岁”句，它说明陆羽在离开故乡之前一直都与寺院有干系，并非是少年时从寺院出走后就与之不相往来了。还有“老奉其教”句，似指陆羽从一而终不忘恩师的行为，即结束李复幕府“从事”生涯后，回归竟陵故居覆釜洲，伴积师灵塔而终老的精神。

周愿用极其概括的文字表述了陆羽堪称“圣人”的理由：一是精通“百氏之典”，广交“天下贤士”，既口若悬河，又行文流水；二是对智积禅师从一而终，用现在的话来说，可谓德才兼备，当之无愧的圣人。然，学富五车的陆羽，没有获得高位，令作者不得不感到遗憾！从现有的文献来看，周愿是继陆羽身前被耿沣称“茶仙”后，陆羽身后第一位称其为“圣人”的士大夫。

周愿之所以熟知“天下贤士大夫半与之游”，与早年与陆羽共事的经历有关。考大历八九年间的文献，周愿曾与陆羽在湖州共同参与过颜真卿主编的《韵海镜源》总校工程，虽提前离去，但其间目睹过众多文人与陆羽交往的场景，甚至知晓陆羽于建中二年（781 年）赴湖南幕，贞元二年（786 年）移洪州幕前后所结交的士大夫……

3. 陆羽暮年回归故里

《三感说》第二部分文字描写了作者目睹陆羽故居覆釜洲顶中道场的状况。有感于塔庙中的“羽事之僧”和“羽种之竹”，见证了陆羽亲手为智积禅师雕塑像、栽楚篁，“老奉其教”的故事。

陆羽其师何时圆寂？何时闻讯？何时返乡为师建塔？没见准确文献记载。坊间多传陆羽在广州期间，闻智积禅师圆寂后写了《六羡歌》。如是，陆羽因怀念故乡而没随李复去滑台当在情理之中了。况且，贞元十年（794 年）陆羽已是六十一二岁的老人了，叶落归根是人之常情。

唐代赵磷的《因话录 · 陆鸿渐》载：“余幼年尚记识一复州老僧，是陆僧弟子。常讽其歌云‘不羡黄金罍，不羡白玉杯，不羡朝入省，不羡暮入台。千羡万羡西江水，曾向竟陵城下来。’又有追感陆僧诗至多。”考赵磷外公柳澹与陆羽是至交好友，其记述应该是可信的。

从有关诗文，我们不难寻觅陆羽 47 岁之前以“处士”身份游历的踪迹，但其 56~63 岁年龄段的“从事”履历，乃至暮年的行踪，尚没见《三感说》以外的文献有清晰记载。因此，我认为说到陆羽有过长时间的隐居生活，《大明一统志》的解释最合理，那就是指他人生中，“老奉其教”的最后十年。《大明一统志》曰：“覆釜洲在景陵县治西以形似名。相传即陆羽隐居之地。”《大清一统志 · 安陆府》中“西湖”这一词条有言：“有训曰覆釜洲，唐陆羽所居，后葬此。”似乎说明陆羽的“隐居”可能是居士状态。南宋释祖琇撰于隆兴二年（1164 年）的编年体佛教史实——《隆兴佛教编年通论》、元代念常著于至正元年（1341 年）的《佛祖历代通载》，两书都录有陆羽小传，并且将其列为“隐士”，与此说法也是一致的。但《六羡歌》的传唱者赵磷，言其歌是从陆羽弟子处听来，又似乎指陆羽晚年回归故里当了“师父”的可能。否则周愿不会“因来顶中道场，白日无羽香火，遐叹零落，衣摇楚风，其感三也!”

综上所述，通过《三感说》中有关陆羽的文字分析，知晓了谁是第一位称颂他为“圣人”的地方官员，以及为何称他为“圣人”的理由。同时，通过记文有关对其“老奉其教”事迹的描述，对照方志的记载，可知陆羽暮年隐居甚至终老地在覆釜洲。

四、桑苎翁与桑苎庐

陆羽 28 岁时在自传中写道“陆子，名羽，字鸿渐”，后在中年漫游、壮年宦游乃至暮年归隐的不同时期，先后使用过不同的名号。“桑苎翁”即为他宦游广州时的自号。

1. 从西塔寺“桑苎庐”碑说起

1829 年农历六月上旬，西塔寺新立“桑苎庐”碑，文曰：“西塔寺有桑苎庐者，盖桑苎翁所自生也。生于斯，故庐于斯，邑中人即尸祝于斯。予不忍见其墙屋日颓也，乃急修之，以存先贤遗迹，俾考古者与文学泉阁并称其美云。”上文说明了桑苎庐与桑苎翁的关系及其意义。

2. 陆羽“于南越称桑苎翁”

成书于 825 年前后的《唐国史补》有曰：“羽于江湖称‘竟陵子’，于南越称‘桑苎翁’。”《大明一统志》卷六十六《人物》中亦说：“唐陆羽，竟陵人，为南海帅从事。又诏，除太子文学皆不就。为人高洁，自称‘桑苎翁’。”

所谓“江湖”，系指陆羽青壮年时期漫游江南吴越地；而“竟陵子”号始于大历年间陆羽在湖州的时期。颜真卿的《项王碑阴述》有记：

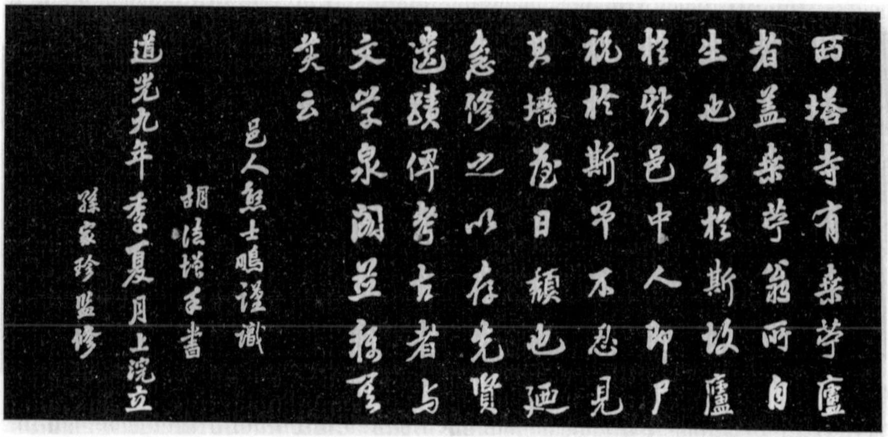

图 23-6 “桑苎庐”碑文

“西楚霸王当秦之末，与叔梁避仇于吴，盖今之湖州也。虽灭秦而宰制天下，魂魄犹思乐兹邦，至今庙食不绝。其神灵事迹，具见竟陵子陆羽所载《图经》。大历七年，真卿蒙刺是州……”

所谓“南越”即岭南。《舆地记胜》卷八十九《广州·官吏》亦载：“陆鸿渐，佐南海陇西公幕府。自号东园先生。东园即广州东郊园也。”

816 年，周愿撰《牧守竟陵因游西塔著三感说》，可佐证陆羽于 787—793 年先后在容州和广州的“从事“经历。

关于桑苎翁在广州的记载，唐代段公路《北户录》的一则辑录可见一斑。“愚传闻贞元五年秋……时有军人，获一篾，以为奇者，后献于刺史李复。复命陆子羽图而记之，亦资耳目之一事也。旧记云，李公顾谓门生广州桑苎翁曰：夫视听之外经籍未录，不合有而有者，不知其极。况兹竹载在图记，不足奇也……桑苎翁前席而言曰：……则知草木在山海之间，有瑰形殊状者，多矣。”由此可知，陆羽日常写写画画，听命于李复，且能说会道、见多识广。文中记叙的“贞元五年秋”为 789 年，其时称“桑苎翁”也许与其所居广州东郊处所的农桑之境有关，亦寓情系家乡之意。客观原因是其在岭南的任职为使官而非职官，也因此影响到后人对其的身份定性，即《新唐书》为“隐逸”，佛典为“隐士”。

3. “卒乃寄号桑苎”

明嘉靖帝师童承叙有《陆羽赞》曰：“余尝过竟陵，憩羽故寺，访雁桥，观茶井，慨然想见其为人。少厌髡缁，笃嗜坟索，本非忘世者，卒乃寄号‘桑苎’。”① 陆羽以“桑翁”终老故里，说明那时的他并没以寺为生，而以“农桑”自食其力。考陆羽生前，朋友与之唱和的诗、句及记文有不少，特别是在吴越时期，主客均无桑翁称谓。直到南越时期，才有人称陆羽为“桑苎翁”。犹如“太子文学”衔，逝后方见于周愿的《三感说》，乃至宋人辑其自叙时冠名为“陆文学”。“桑翁”称谓，相关文献除前述《北户录》外，多见于宋诗。如北宋文学家苏轼有曰：“明年桑苎煎茶处，忆著衰翁首重回。”南宋丞相郑清之曰：“此风此竹堪谁共，着得茶经桑苎翁。”更有诗人陆游自喻陆羽桑苎翁的诗句甚多，诸如：“水品茶经常在手，前生疑是竟陵翁”“卧石听松风，萧然老桑苎”“桑苎家风君勿笑，他年犹得作茶神”“我是江南桑苎家，汲泉闲品故园茶”“遥遥桑苎家风在，重补茶经又一编”等。

4. “寺有陆子祠并桑苎庐”

唐代诗人齐己有《过陆鸿渐旧居》，此后，人们一直将“西塔寺”作为他的旧居，不仅仅因少年陆鸿渐曾被智积禅师收养于院内，更因暮年陆羽曾结庐于覆釜洲。《舆地纪胜》卷七十六中有言：“在竟陵县，西禅寺有洲如覆釜，即唐陆羽隐居之地。”《嘉靖沔阳志》中也有言：“西湖广次东湖，中有洲曰‘覆釜’，即陆羽所居。”道光年间，《天门县志》卷之六中写道：“西湖……有洲曰‘覆釜’，唐僧积公及陆羽所居。其后积公葬此建塔名西塔寺。寺有陆子祠并桑苎庐。”清乾隆癸卯（1783 年）春，湖北安襄郧备兵使陈大文访西塔寺，说“见桑苎庐塑有陆羽遗像……”。常乐的《陆子茶经序》文曰：“西湖之胜在西塔寺……寺东桑苎庐陆子旧宅，野竹萧森，莓苔蚀地，幽为尤最也。游者无不憩，憩者无不问《茶经》。”

---

①〔明〕童承叙：《陆羽赞》，载明嘉靖二十一年景陵版《茶经》。

图 23-7　西塔寺图

所谓陆鸿渐旧居有两个概念：一是泛指儿时养育他的龙盖寺，二是暮年隐居地覆釜洲上的“草庐”（比邻西塔寺）。于是几度修复西塔寺时，既完善了宋时的陆公祠，又单列了陆羽居，并将其庐尊名“桑苎”。从《天门县志》中的西塔寺图可见：桑苎庐位于正殿和陆公祠外的东北角，其屋虽不大，但总算是“另立门户”。这是根据陆羽晚年傍寺所居的传说所建，并赋予其“桑苎庐”的雅号。

5. 结论

宋本《景陵志》已失，但相关的部分诗文尚存。例如，绍圣四年（1097年）张耒的《题陆羽祠堂兼寄李援援有诗殊佳二首》中有“清诗吊陆子，味若堂下泉。陆子骨已朽，青松代之言”句，可知此时已建有祭祀场所——陆公祠；又有“竟陵樵牧地，陈迹岂复存。我欲歌子诗，三叹抚无弦”句，可知陆子居所等遗迹均不复存在。往前追溯，天圣二

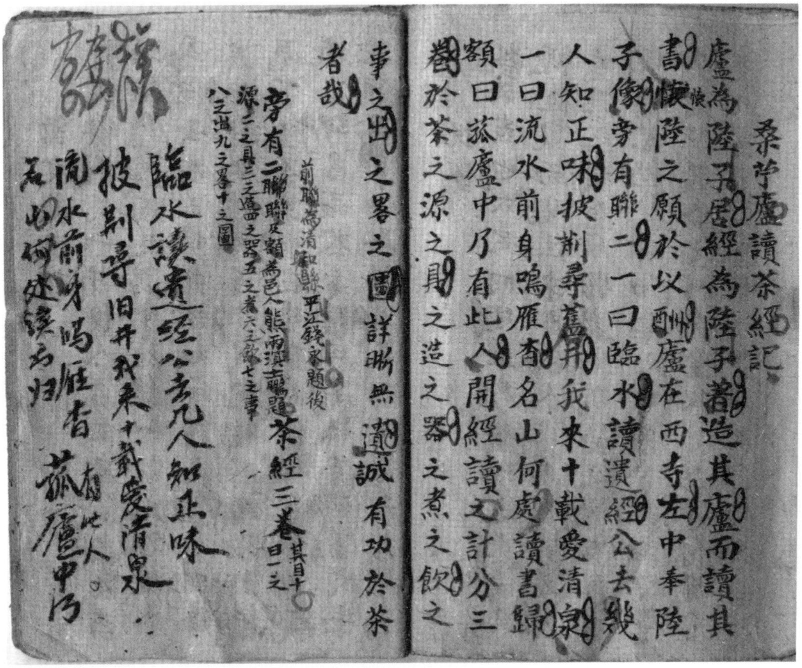
桑苧廬讀茶經記
廬為陸子居經為陸子著造其廬而讀其書快陸之願於以酬廬在西寺左中奉陸子像旁有聯二一曰臨水讀遺經公去幾人知正味披荊尋舊井我來十載愛清泉一曰流水前身鳴雁杳名山何處讀書歸額曰菰廬中乃有此人開經讀之計分三卷於茶之源之具之造之器之煮之飲之事之出之略之圖詳晰無遺誠有功於茶者哉
旁有二聯聯及額為邑人熊両溟先生題 茶經三卷其目十曰一之源二之具三之造四之器五之煮六之飲七之事八之出九之略十之圖
臨水讀遺经公去几人知正味
披荆寻旧井我来十载爱清泉
流水前身鸣雁杳
名山何处读书归
菰廬中乃有此人

图 23-8 民国时期民间作文书影

年（1024 年），复州军事推官宋祁写有《复州广教禅院御书阁碑》记。由此推测，覆釜洲上的西塔寺遗址已被改为“广教禅院”。由于唐武宗的灭佛运动，宋祁没能见到西塔寺连同 816 年立周愿《三感》碑、840 年立“龙盖寺”碑等遗存，当时也还没修建陆公祠。

有关陆羽居所——桑苎庐的记载始见于明，延续至民国时期。万历癸巳（1593 年），参议周芸在修建西塔寺时，恢复了陆羽祠，兴建了桑苎庐；崇祯二年（1629 年）任湖广承天府景陵知县杨一儁的《西塔寺记》描述为“过斋僧堂，再度重门为桑苎居”；1935 年，张世超先生瞻仰西塔寺，见“楼下门上大匾之中，刻有‘桑苎庐’三字，为寺僧招待游客之处”……

总而言之，“桑苎庐”是后人对“曾经陆羽居”的特指和雅称。它演绎了陆羽晚年因“老奉其教”，隐居覆釜洲的故事。无论其庐实际是在寺内还是寺外，都与西塔寺有关。正如“古雁桥”一样，作为纪念性地标，500 年前的“记忆遗产”传承了千年前的历史故事。

五、从风炉铭文看陆羽的茶道观

陆羽思想研究是“陆学”理论研究的重要部分。风炉上的铭文信息，正是研究陆羽思想的重要素材。如果说《陆文学自传》所列书目是他“入世”的成绩单，那么，风炉上的铭文则可视为陆羽的“而立”宣言。

1. 铭文内容解读

陆羽《茶经·四之器》曰：“风炉以铜铁铸之，如古鼎形……古文书二十一字，一足云‘坎上巽下离于中’，一足云‘体均五行去百疾’，一足云‘圣唐灭胡明年铸’……上并古文书六字，……所谓‘伊公羹陆氏茶’也。”对这四句铭文，笔者的理解如下。

(1)“坎上巽下离于中”，三个卦象演绎了风炉的原理 。

三个卦象，①坎：“险陷也。处险者，能实心安于义命，而不萌侥幸，则中有定主，利害不惊……由是往以济险，必能静观时变”；②离：“丽也。人臣丽君，将以行道尽其忠，必至正而道可行”；③巽：“入也。……其象为风，亦取入义。天下事，惟大才力方能大有作为。巽阴柔为主，则力量才识皆不足以图大，故但可小亨；幸其以阴从阳，则才有所资，可以图大而利有所往也”。[①] 简言之：“坎”意为积水，故指水；“离”即火离，意即点火，故指火；“巽”即铨，意即避风，故指风。

“坎上巽下离于中”，这三个卦象又可组成易经六十四卦中的两个卦象，①坎卦和离卦组成既济卦。《周易》有言“彖曰：既济，亨，小者亨也。利贞，刚柔正而位当也。初吉，柔得中也。终止则乱，其道穷也。象曰：水在火上，既济；君子以思患而预防之”。如寓意茶炉，就是在火的上面放了个有水的壶。②巽卦和离卦可组成鼎卦。《周易》有言“彖

---

① 陈洪绶：《陈洪绶集》，浙江古籍出版社 2012 年版，第 495~496 页，第 534 页。

曰：鼎，象也。以木巽火，亨饪也。圣人亨以享上帝，而大亨以养圣贤。巽而耳目聪明，柔进而上行，得中而应乎刚，是以元亨。象曰：木上有火，鼎；君子以正位凝命”。而古鼎的用途之一，就是作为烹饪之器具，所以，必有火与水与之相遂。

简言之：“巽主风，离主火，坎主水。风能兴火，火能熟水，故备其三卦焉。”

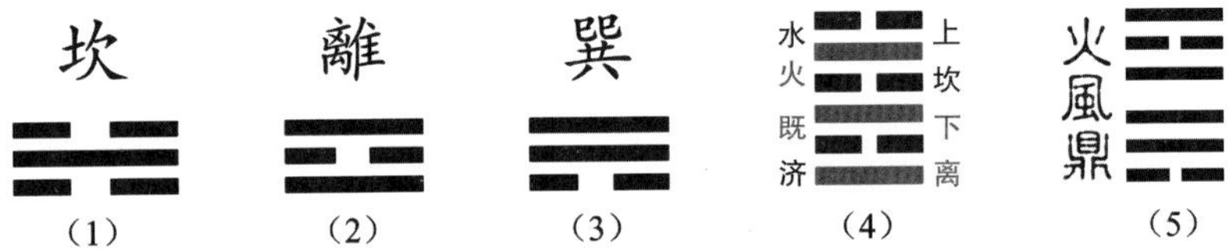

图 23-9　卦象图

（1）坎卦；（2）离卦；（3）巽卦；（4）既济卦；（5）鼎卦

(2)“体均五行去百疾”，阐述了自然元素与健康的关系。

中国古代的“五行学说”认为，世界上的一切事物，都是由金、木、水、火、土五种基本物质之间的运动变化而生成。它们在不断地相生、相克的运动之中维持着协调平衡。风炉因其以铜铁铸成，所以得“金”之象；上面有盛水器皿，又得“水”之象；中有木炭，还得“木”之象；以木生火，得“火”之象；炉置地上，得“土”之象。煎茶的过程，实际上就是金、木、水、火、土五行相生相克达到平衡，而煮出有益于人体健康的茶汤过程。

“体”亦指人体。人体内的五行均衡、五脏调和可以百病不生。饮茶使五脏调和，人就会健康长寿。“茶之为用，味至寒，为饮最宜。精行俭德之人，若热渴、凝闷、脑疼、目涩、四肢烦、百节不舒，聊四五啜，与醍醐、甘露抗衡也。”此句说的是精于行而俭于德者，假如因为劳累上火，喝几口寒性的茶汤，可以降火，其作用绝不下于那些昂贵的饮料。

(3)“圣唐灭胡明年铸”，标明了风炉的铸造时间与意义。

何谓“圣唐灭胡”？元结有曰：“天宝十四年，安禄山陷洛阳，明年陷长安。天子幸蜀，太子即位于灵武。明年，皇帝移军凤翔，其年复两京。"[①] 句中"其年"为至德二载（757 年）。"复两京"实指李氏皇帝复位与收复东西两京的故事：757 年九月复长安，十月收复洛阳。唐肃宗李亨进入长安，百姓出城 20 里迎接，流泪高呼"万岁"，十二月初，李隆基回到长安……因此"圣唐灭胡明年铸"的意思是，在"复两京"后的次年（乾元元年，758 年）铸了风炉。这一铭文的学术意义，不仅阐明了陆羽铸造风炉的时间，也提供了完成《茶经》上限年份的信息。更重要的，它是陆羽忠君爱国政治立场与忧国爱民思想的体现。

"洎至德初，秦人过江，予亦过江"，原因是"禄山乱中原"。[②] 本来特指发生在公元 755 年冬的事情，今天却有人将陆羽"过江"原因解释为"安史之乱"。同样，"圣唐灭胡"指消灭了安禄山父子，757 年恢复了李氏王朝，有人却"白话"为"安史之乱"整个时间完全结束，将"明年"的年份定为 764 年。其实，当时政界、学界自有"大唐中兴"的定义。在时人看来，虽然，759 年、761 年又发生过史思明、史朝义叛乱，但后者并没有颠覆大唐政权。现在许多人不仔细阅读史料，却想当然地将历史上某一时间结点发生的事情，硬性延伸成为一个长时期概念。这样的人自然就不会明白农史学家万国鼎和汉学家布目潮沨关于风炉铸造时间考证的准确性和逻辑性。

（4）"伊公羹陆氏茶"，彰显了陆羽自身的定位 。

"伊公"名伊尹，由烹饪而通治国之道，说汤以至味，成为商汤王心目中的智者、贤者，被任用为相，是中国历史上第一个贤能相国圣人，史称"元圣人"。他"以羹论道""以味说汤"的典故在《史记 · 殷本纪》《帝王世纪》《楚辞 · 天问》以及《吕氏春秋 · 本味篇》中均有记载。因此"伊公羹"这一典故，是指商之大臣伊尹的厨艺与治国之道。

同理，"陆氏茶"可理解为陆羽茶道。陆羽自信其历史地位可与

---

①〔唐〕元结：《大唐中兴颂》，〔宋〕姚铉《唐文粹》卷二十。

②〔唐〕陆羽：《陆文学自传》，李昉等编《文苑英华》，卷七百九十三。

“伊公羹”相提并论。让我们听听与陆羽同年代或者距陆羽逝世后不久的学者是怎么说的：“楚人陆鸿渐为茶论，说茶之功效并煎茶炙茶之法，造茶具二十四事，以都统笼贮之。远近倾慕，好事者家藏一副……于是，茶道大行，王公朝士无不饮者”①，“陆羽性嗜茶，始创煎茶法”②，“性嗜茶，撰《茶经》三卷，行于代”③。总之，在当时人看来，陆羽发明煎茶法，与茶具和《茶经》一起，于唐代宗时期就开始流行了，不然，耿沣怎么当面称40岁的陆羽为“茶仙”④ 呢？

2. 铭文思想探究

“形而上者谓之道，形而下者谓之器。”“道”，乃学术或宗教的思想体系，亦指方法和技术。风炉铭文所体现的陆羽其“道”，笔者以为主要表现在三个方面。

（1）五行调和的哲学理念。

从“坎上巽下离于中”，到“体均五行去百疾”。前者是讲形态，后者是讲功能，无不彰显了风炉设计的哲学思想。从知识层面上看，少年陆羽涉猎经典甚多，青年陆羽深谙五行学说。从思想层面上看，《周易》学说对其世界观的影响十分明显。

“五行”之说，最早见于《尚书·洪范》，它记述的是周武王与箕子的对话，其中谈道：“五行……水曰润下，火曰炎上，木曰曲直，金曰从革，土爰稼穑。润下作咸，炎上作苦，曲直作酸，从革作辛，稼穑作甘。”由此而形成的中医理论，就是将古代哲学理论中以木、火、土、金、水五类物质的特性，及其生克制化规律来认识、解释自然系统结构的方法论。“体均五行去百疾”之说，即是中医学的自然观。联系《茶经》中许多涉及医学的内容，我们有理由相信：陆羽不仅精通《周易》，而且熟读过《神农本草经》与《黄帝内经》。

---

①〔唐〕封演：《饮茶》，《封氏闻见记》卷六。

②〔唐〕佚名：《陆鸿渐》，《大唐传载》。

③〔唐〕赵磷：《商部下》，《因话录》卷三。

④〔唐〕耿沣：《联句多暇赠陆三山人》，〔清〕彭定求等编《全唐诗》卷七百八十九。

《周易》作为中国古代哲学的经典，建立在阴阳二元论基础上，对事物运行规律加以论证和描述，其对于天地万物进行的性状归类，天干地支五行论，甚至精确到可以对事物的未来发展做出较为准确的预测。作为中国传统思想文化中自然哲学与伦理实践的根源，对中国文化产生过巨大的影响，被誉为“群经之首，大道之源”，既是帝王之学，也是政治家、军事家、商家的必修之术。对志存高远的陆子而言，他融“易学”思想于“茶学”之中，从而创立了陆羽煎茶道，既是历史的必然，也是个人的理论创新。

（2）负鼎治国的理想抱负。

众所周知，鼎器源远流长，从调和五味的饪食器，到贵族身份的代表。鼎被视为传国重器、国家和权力的象征。鼎又是旌功记绩的礼器，重大庆典或接受赏赐时都要铸鼎，以记载盛况。这种礼俗至今仍然有一定影响。“鼎”字也被赋予“显赫”“尊贵”“盛大”等引申意义，文化含义十分丰富，如：鼎业（帝王的大业）、鼎臣（宰相、重臣）、鼎新（革新）。亦常表示三方并立、互相对峙之意；主鼎者则经纶调变，自可以凝天命，系人心，重器永保无虞矣。

陆羽刻意将自己用的风炉打造成茶鼎，就是为了模仿先贤。表明自己有“经纶调变”之能。伊尹“负鼎操俎调五味而为相”，陆羽负鼎烹茶均五行，为何呢？不言而喻，他要将“陆氏茶”与“伊公羹”相提并论。在他看来：伊尹是个弃婴，自己“不知所出”；伊尹借羹说味，阐发治国平天下大道理，而他以茶论道，通过著《茶经》来阐发修身养性、治国安邦的志向。可见，“而立”前夕的陆羽，志存高远，并非安于山野，不欲仕途。我们不能因为其后有《六羡歌》，就下陆羽终身都不曾想过要当官的结论。或许是中年以后，因某些因素改变初衷？当另有文章可做。

联系他著《茶经》前后时期的其他著作，如《君臣契》《源解》《江表四姓谱》《南北人物志》《吴兴历官记》《湖州刺史记》等，内容多与从政有关。尽显其可为良相、良师的才华；联系到他用自嘘的方式，比拟

图 23-10 陆子茶鼎

“有仲宣、孟阳之貌陋，相如、子云之口吃”，可这些人都是才子和朝廷命官！如仲宣在“建安七子”中文学成就最高，在魏曹操幕下为丞相掾，赐爵关内侯；孟阳官至中书侍郎，《文选》收有其名世之作《剑阁铭》及《七哀诗》《四哀诗》等；司马相如曾任中郎将、孝文园令等职；子云年少好学，博览群书，四十岁后始出川游长安，以文被汉成帝所召，任给事黄门侍郎……他还借老乡之口“故楚人相谓，陆羽盖今之接舆也”说明他离开故乡之前，就已有“楚狂人”的名声在外。

“一生为墨客，几世作茶仙”“喜是攀阑者，惭非负鼎贤”。虽然，陆羽终究没有成为“鼎臣”，但茶鼎铭文和自传，都是陆羽的而立宣言，青春之梦，值得今人回味。

(3) 忠君爱国的政治立场。

按常理，风炉作为实用器具，是为后世仿制。时间流逝和主人变更，

“好事者家藏一副”就没有必要铸上完全相同的铭文。陆羽在《茶经》中刻意宣示自己风炉上的铭文，是为了世人，还是官员？也许他更想“铭功记绩”，让君王知道，流芳百世。为自己，也是为国家。

“禄山乱中原”是一场反对唐王朝的政治叛乱。同元结一样，看到乱臣被灭，京都收复，陆羽喜形于色，溢于言表，“圣唐灭胡”乃至一年后还要铸以铭志，这绝非无大志者所能为、所愿为。

《大唐中兴颂》是唐代文学家元结的作品。因为他经历战乱，并且曾经领军平叛，“复两京”使他感到“地辟天开，蠲（juān）除妖灾，瑞庆大来”，于上元二年（761 年）秋乘兴写下了这篇颂文，对战乱平息表达了欢欣鼓舞之情。十年后，颜真卿为之留下了著名的《大唐中兴颂》书碑，正所谓“歌颂大业，刻之金石”是也。如果，颜真卿不认定上元二年“圣唐灭胡”说，他还会书碑吗？

图 23-11　《大唐中兴颂》碑

“位卑未敢忘忧国”，是值得世人称颂的士大夫精神，楚国丹阳（今湖北秭归）人屈原如此，大唐竟陵士陆羽亦如此。他们都希望国家安定，反对动乱。陆羽的这种精神，在他的自传里体现得更加清晰。在《茶经》完成不久，即与元结撰《大唐中兴颂》的同时，陆羽写有一篇向吴越人士介绍自己的“荐文”，被后人题为《陆文学自传》。《传》文有曰：“自禄山乱中原，为《四悲诗》，刘展窥江淮，作《天之未明赋》，皆见感激当时，行哭涕泗。”同元结一样，面对祖国山河破碎，人民流离失所，24岁的陆羽悲愤地写下《四悲诗》：“欲悲天失纲，胡尘蔽上苍；欲悲地失常，烽烟纵虎狼；欲悲民失所，被驱若犬羊；悲盈五湖山失色，梦魂和泪绕西江。”上元元年（760年）十一月冬至次年正月春，刘展陷扬州、润州、昇州，愤于战乱，27岁的陆羽又作《天之未明赋》，充分表达了青年时期陆羽忧国忧民的情怀。

“处江湖之远而忧其君”，陆羽将李氏王朝的恢复事件记录在特别的鼎上，鼎铭存史。宣示了自己对朝廷的忠诚与对叛乱反对的立场，体现了风炉的“鼎立”价值，也充分表达了他对国家大事的关心与热爱“圣唐”的情感。

3. 结论

铭物言志，铭功记绩。铭文，本是古人在青铜礼器上记录造器的缘由、时间，以及纪念大事或祭祀人物而加铸（刻）的文字，盛行于西周，延续于后世。陆羽的风炉铭文，深奥有哲理，它铸入了儒家积极入世的思想，凝聚了儒家和道家思想精华，揭示了陆羽的内心世界，表达了他对自然的认识，以及忠君爱国的政治抱负与忧国爱民的情操，集中体现了他青年时期的理想与价值观。因此，我们不能简单地把铸有铭文的风炉当作一件普通的茶器，这样才能真正明白“陆氏茶”的物外高意。

综上所述，风炉三卦，其“物象”代表水、风、火，而“道”义则分别为“能实心安于义命”、“将以行道尽其忠”与“惟大才力方能大有作为”。可见，陆羽负鼎以求有“义”、有“忠”和有“为”，这些正是青年时期陆羽的茶道观。

第二十四章　茶经

一、《茶经》“780 年付梓”说的悖论

在学术研究中，特别是在社会科学领域，名人的论点往往具有权威性和主导性。但有时候某些看似合理的推论，也有可能是悖论。所谓悖论，是指在逻辑上可以推导出互相矛盾之结论，但表面上又能自圆其说的命题或理论体系。《茶经》“780 年付梓”说即为典型案例。

图 24-1　《茶叶全书》

1. “780 年付梓”说的缘起

20 世纪 80 年代初，欧阳勋先生等在《茶经注》[①] 中曰：“《茶经》当在唐代宗广德二年（764 年）完成初稿；大历十年（775 年）增修定稿；五年后（780 年）出版（参见威廉 · 乌克斯：《茶叶全书》第二章《中国与茶经》）。”这里，“参见”一词大约是为了强调“论据”的分量。从此，《茶经》“780 年付梓”被当作定论在中国茶学界广泛流传开来。

笔者仔细寻绎源头，威廉 · 乌克斯在《茶叶全书》[②] 的确这样说过：“It remained for Lu Yu，a Chinese scholar，to compile，about A. D. 780，the

---

① 欧阳勋等：《茶经注》，《陆羽研究集刊》1984 年总第 1 期。

② WILLIAM H · UKERS. : *ALL ABOUT TEA*，Reprint Originally published：New York：Tea and Coffee Trade Journal Co，1935.

Ch´a Ching, the first book to be devoted in its entirety to tea.”中文的意思为：提到陆羽，一个中国学者，大约在公元 780 年，编纂了茶经——第一本完全讲述茶的书。此外，该书第一篇的第一章第八节写道：“While tea propagation became more general in the sixth century, It was not until A. D. 780 that the horticultural and other aspects of tea growing were first published in an exclusive work on tea. In this year, Lu Yu, a noted Chinese author and tea expert, wrote the Ch´a Ching, or Tea Classic, at the request of the tea merchants.”说的是公元6 世纪，茶被广泛传播。直到公元780 年，茶的园艺和其他种植技术才第一次在专业文章中发表。这一年，陆羽，一位中国学者和茶专家，应茶商们的请求，写下了《茶经》。

还有，第二章中是这样介绍陆羽的：陆羽晚年处境甚佳，为唐皇所器重（The last years of his life were sweet, or should have been. Lu Yu was befriended by the emperor, and none there were too rich or too poor to pay him reverence.），至 775 年，成一隐士，5 年后出版茶经，804 年逝世（So in 775 he became a hermit. Five years later the Ch´a Ching was published, and in 804 Lu Yu died.）。

看罢这些文字，笔者大吃一惊。这里，姑且不问“应茶商们的请求，写下了《茶经》”“陆羽晚年处境甚佳，为唐皇所器重”“775 年，成一隐士”，这样的故事是怎么杜撰出来的。令人不解的是，作者言之凿凿，把陆羽著《茶经》的史实先说成是“编纂”（compile），附带将著述年代说成是“大约公元 780 年”，后文索性连“大约”也省去，草率地将 780 年确定为《茶经》出版（published）的时间。于是就有了“780 年付梓”说的出炉。

2. “780 年付梓”不符史实

首先，让我们回到历史的时空。国内编造《茶经》“764 年完成初稿、775 年增修定稿、780 年出版”“三段说”者，推论成书时间的前提是以“风炉”铸造日期为据。傅树勤先生说：“日本人布目潮沨的《茶经》成于公元 760 年前的论断，又是置‘圣唐灭胡明年铸’这一‘铁

4 ALL ABOUT TEA

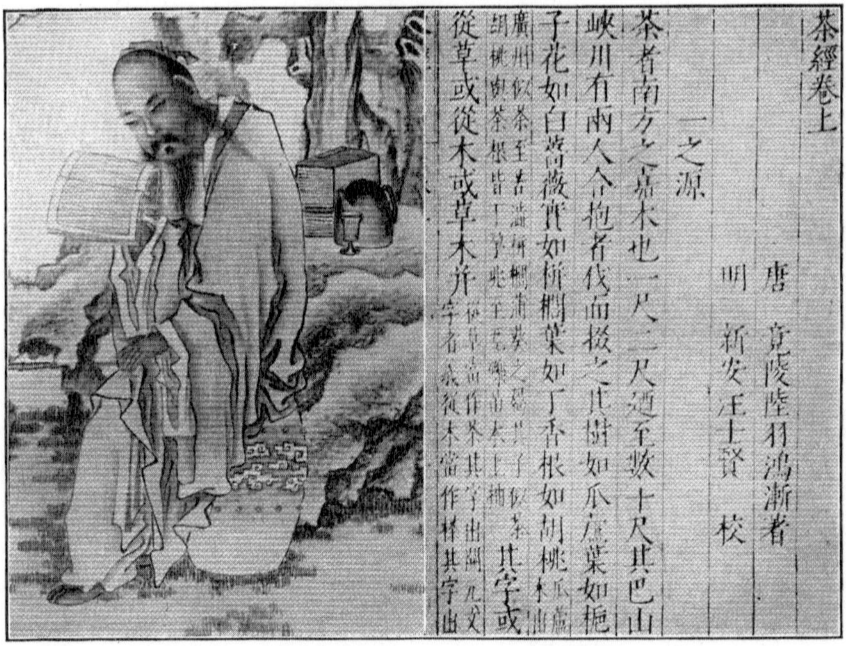

Lu Yu and a Page of the *Ch'a Ching*, the First Tea Book, A.D. 780

图 24-2 《茶叶全书》第二章《中国与茶经》

证’于不顾，失之片面，不能自圆其说。”① 庄老也认为：“灭胡是指唐王朝平定安禄山史思明叛乱的年份，在 763 年，所谓明年当指 764 年。因此可推断《茶经》成书时间是公元 764 年以后的时期……”② 笔者以为，这种推论是用今人的“定义”置换了历史的特定含意。

何谓“圣唐灭胡”？“明年”是何年？我们可以从《大唐中兴颂》中找到答案。该文有序曰 ：“天宝十四年，安禄山陷洛阳，明年陷长安。天子幸蜀，太子即位于灵武。明年，皇帝移军凤翔，其年复两京。”文中“天宝十四年”为 755 年，“陷长安”是 756 年，“其年”为至德二

① 傅树勤：《茶经的成书年代》，《北京师范学院学报》1983 年第 1 期。

② 庄晚芳：《〈茶经〉成书年月及地点》，《陆羽研究集刊》1985 年总第 2 期。

载（757 年）。“复两京”指李氏皇帝复位与收复东西两京的故事：757 年九月收复长安，十月收复洛阳，唐肃宗李亨回长安，百姓出城 20 里迎接，流泪高呼“万岁”，十二月初，李隆基回到长安……因此，“圣唐灭胡明年铸”全句的意思是：在唐王朝“复两京”后的次年（乾元元年，即 758 年）铸了风炉。这一铭文的学术意义，不仅可作为陆羽铸造风炉的时间依据，也提供了完成《茶经》上限年份的信息。

《大唐中兴颂》是唐代文学家元结的作品。乾元二年（759 年），他任山南东道节度使参谋时，曾招募义兵抗击史思明叛军。因亲身经历战乱，“复两京”使他感到“地辟天开，蠲除妖灾，瑞庆大来”。于上元二年（761 年）秋乘兴写下了颂文。因此，“圣唐灭胡”的典故是特指“复两京”这一历史节点。如果说陆羽的“圣唐灭胡”原义不是与元结一样，那么，《大唐中兴颂》何以十年后还会被颜真卿书碑“歌颂大业，刻之金石”？

“唐代人士，不论是入仕为官，还是布衣在野，往往倾向于将自己的创作或所拥有的典籍进呈于帝王。”“除了向宫廷献书，唐代人士也常将自己的诗文创作呈进给显宦名流，以期获得保荐或延誉……以书卷的形式献上。”① 基于同理，上元二年冬，陆羽有“自荐书”（后人冠名为《陆文学自传》），宣布自己已经完成了包括《茶经》在内的一批著作。按“复两京”，明明铸风炉时间在先，《茶经》完成“对书”在后，其内涵本来是“自圆其说”的，反倒是被今人们用“北方的七年之乱完全结束后才能铸风炉”这一推论，“研究”得不能“自圆其说”了！

《陆文学自传》曰：“自禄山乱中原，为《四悲诗》，刘展窥江淮，作《天之未明赋》，皆见感激当时，行哭涕泗。”虽然“禄山乱中原”一度改变了陆羽的人生轨迹，且他避乱到江南后也曾目睹“刘展窥江淮”，但从寻访名僧高士到“结庐于苕溪之湄，闭关对书”，他的写作生活是

---

① 肖占鹏、李广欣：《唐代编辑出版史》，南开大学出版社 2009 年版，第 351 页、第 366～367 页。

自由的。那么，陆羽需要到史朝义死后才能写书和铸风炉吗？

其次，让我们再回到“出版”时间的推论上。查阅《唐代茶史》[1]，可以知道开征茶税的时间，却找不出任何与《茶经》刊刻有关的资料，地方志也没见这一时期有其他类印刷书目问世的记载。四十年来，没有谁能提供780年前后吴越地区有刻版作坊的信息，“皮之不存，毛将焉附”，书本怎么出版印刷？

“在唐一代，抄写一直在图书的复制活动中占据主要地位，是生产书籍的主要方式。”“从考古发掘看，中唐以前的雕版印刷品几乎无一例外地与佛教发生直接联系。有关唐代的非佛教类雕版印刷品，较早出现的是‘历日版’，最早记载为大和九年（835年），而著名的徐寅《自咏十韵》印本亦在唐乾宁元年（894年）之后。”[2] 况且，这两种小册子刻起版来可是较《茶经》简单得多。

请问：若陆羽身前能付梓《茶经》，以他的人脉，岂能无序（跋）？若晚唐前有印刷本存在，皮日休“并存于方策”的《季疵书》也只能是抄页吗？若晚唐前有《茶经》印本，旧《唐书》岂不收录，《新唐书·艺文》仅列个书名？待到北宋，陈师道也只能收集“家传一卷，毕氏、王氏书三卷，张氏书四卷”“录为二篇，藏于家”。而朝廷编《百川学海》时，《茶经》刊本中存在三处墨（白）丁的无奈，只能说明在1273年之前，《茶经》的流传，仅能靠文人的钞卷。因此，丁以寿先生说：“在有关《茶经》的各种说法中，以‘780年付梓’最无道理。所谓‘付梓’，是特指古书的雕版印刷。中国的雕版印刷萌芽于唐代，始兴于五代，普及于宋代。在中唐，偶有一些佛、道方面的经文刊印，但无任何材料可证明《茶经》在780年曾雕版印刷。现知《茶经》最早的刊本为宋代《百川学海》本，这与宋代雕版印刷的兴盛相一致。”[3]

---

① 李斌城等：《唐代茶史》，陕西师范大学出版社2012年版，第139页。

② 肖占鹏等，《唐代编辑出版史》，南京大学出版社2009年版，第195页、第332页。

③ 丁以寿：《陆羽〈茶经〉成书问题略辨》，《2004第八届国际茶文化研讨会论文集》，中国国际文化出版社2004年版。

凡此种种，足以说明威廉·乌克斯对唐代茶史以及陆羽生平的了解是片面的，甚至是错误的。《茶经》“780年付梓”说只是杜撰出来的故事！

3. “780年付梓”不合逻辑

支持“三段说”者还有两个有趣的结论：一是《茶经》年轻时写不出；二是没有颜鲁公和皎然支持既写不好也印不了。

庄老推论说：“如果说《茶经》成书于764年时陆羽只有31岁（或者27岁），就写出这样渊博的《茶经》，殊令人难以相信。”“本人推断在765年或此年之后，正是陆羽壮年期，精力充沛，到处收集茶事，到了775年以至780的五年之间专心整理资料，编写成书问世，这是《茶经》的具体成书年限，似较为可能。而且《茶经》能够问世，得到颜鲁公和皎然大力支持是分不开的，否则虽有书稿也无法抄刻印出。在这期间又参加了颜真卿的《韵海镜源》的抄本，从这里得到许多资料。”①有鉴于此，笔者进一步反推论如下。

首先，所谓年轻的陆羽写出“渊博的《茶经》，殊令人难以相信”只是今人的想当然。历史上年近“而立”甚至更年轻便写出不朽之作不乏其人，举不胜举。贾谊18岁，能诵《诗经》《尚书》，21岁被汉文帝任命为博士，文、赋均佳；王勃9岁读颜师古的《汉书注》，写《指瑕》，指出了颜注中的许多失误，15岁上书自陈，面对唐高宗考试从容对答，后被授予朝散郎的官职；宋朝廉吏贾黄中15岁考中进士，被授予校书郎、集贤校理等官……与他们相比，陆羽二十多岁写《茶经》不算例外。他在《自传》中自比年少即善著文者，如仲宣、孟阳、相如、子云等，即是对怀疑者最好的回答！

其次，关于陆羽的知识储备。他在27岁前已有十多年煎茶经验和茶事社会实践，加上寺院和书院的十年寒窗学到的知识，足以胜任七千言文章。除了智积禅师外，我们尤其不能忽视两任竟陵郡守对他的影响。

① 庄晚芳：《〈茶经〉成书年月及地点》，《陆羽研究集刊》1985年总第2期。

一是李齐物亲送诗书并荐其入学。近五年时间，能够读到多少书？并且陆羽还曾“随师郡中”。至于《茶经·七之事》中的人物史料，他在“火门山”读书时不难见到。二是崔国辅，《唐才子传·崔国辅》曰：“初至竟陵，与处士陆鸿渐游，三岁，交情至厚，谑笑永日。又相与较定茶水之品。”因此，陆羽离开家乡时，有着较完整的“学历”，他是以“学者”而不是以“学生”的身份结交皎然、颜真卿的。

所谓《茶经》“虽有书稿也无法抄刻印出”，这是一个伪命题。“无法抄刻印出”，不是因为钱，而是没有地方。如前所述，当时根本就没印出。印刷史告诉我们：唐中期，雕版坊开始于蜀地，印刷是从印佛经开始，至史书，之后才有诗、文集。按悖论，假设有印刷条件，此时的皎然已有的诗歌数量足以成集，他为何自己不付梓，反而热心于为别人出书？

如果所谓“大力支持”还包括帮助写《茶经》，请不要忘记，陆羽与颜鲁公打交道时，别人已称他“茶仙”① 了。如果此时《茶经》还没有问世（传抄），能有“天下贤士大夫，半与之游”② 吗？至于《韵海》，陆羽著《源解》在先，是其参编《韵海》的资质。

综上所述，“出口转内销”的“780 年付梓”说，“灭胡”定义为 763 年，《茶经》靠别人支持才能“问世”等推论，或不符合时代背景，或是曲解古人原意，甚至有悖常理，都经不起反推论。

究其悖论产生的原因，一是先入为主，迷信“权威”，但是可以理解。同理，后辈学者对前人的文章照抄不误也在情理之中。二是资讯闭塞、缺乏史料情有可原。任何专家的学识总会有偏科偏见，甚至有盲区，特别是逻辑思维方面的疏漏在所难免。我们要了解历史客观条件的可能性与可行性，尊重历史事件的本源与实情，注重历史事件的因果关系、历史文献的语义和语境，要在充分运用历史

---

①〔唐〕耿沣：《连句多暇赠陆三山人》，〔清〕彭定求等《全唐诗》卷七百八十九。

②〔唐〕周愿：《牧守竟陵因游西塔著三感说》，〔清〕董诰等：《全唐文》卷六百二十。

文献的基础上进行推论，而不是想当然地以一个假设为前提，用另一个甚至几个假设来求证。

总之，我们有理由相信：“历史学家会尽可能公平地对过去进行说明，并且会尽可能避免给读者造成误导。”

二、唐代饼茶计量单位小考

——《茶经·二之具》中的“片”与“斤”

《茶经·二之具》有曰：“穿，江东、淮南剖竹为之；巴川峡山，纫谷皮为之。江东以一斤为上穿，半斤为中穿，四五两为小穿。峡中以一百二十斤为上穿，八十斤为中穿，四五十斤为小穿。穿，旧作钗钏之‘钏’字，或作‘贯串’。今则不然，如‘磨、扇、弹、钻、缝’五字，文以平声书之，义以去声呼之。其字，以‘穿’名之。”

笔者认为“峡中”这段文字中的“斤”字，在原稿中应该为“片”字。原文应该是“峡中以一百二十片为上穿，八十片为中穿，四五十片为小穿。”其理由如下。

1. 文字分析

将这段《茶经·二之具》中的文字翻译成白话：用于贯串茶饼的“穿”，在长江下游江南一带与淮河以南地区，用竹子劈篾条做成；而陕西、四川、湖北交界一带多用谷皮树枝连缀。江东地区以（茶饼串）一斤重为“上穿”，半斤为“中穿”，四五两为“小穿”。峡中地区则一百二十斤为“上穿”，八十斤为“中穿”，四五十斤为“小穿”。“穿”，习惯上读“钏”，或作贯串（chuān）。这里的意思却不同，正如“磨、扇、弹、钻、缝”这五个字，按字形读平声（作动词），按字意读去声（作名词）。“穿”字读去声（chuàn）时，是名（量）词。

由此可见：《茶经》中的“穿”，是指贯穿有茶饼的竹条或者树枝，其规格分为“上穿”“中穿”和“小穿”。

从“剖竹为之”与“纫谷皮为之”为对仗句可知，“剖”与“纫”同为动词，前者为劈篾条做“穿”，后者指用谷皮树枝连缀。在这里，“穿”是“串”的意思。而以“穿”为“串”做量名词，虽然鲜见，但古已有之。明代乐韶凤、宋濂等人编的《洪武正韵》中有言：“穿，亦作串。《汉书 · 司马迁传》贯穿经传，即贯串，言博通经传大义也。”

唐诗中不乏以“穿”为“串”的例子。陆龟蒙《二遗诗》有曰：“万古清风吹作籁，一条寒溜滴成穿。”该诗在将万古清风比作籁（即箫）的同时，写实了“一条寒溜滴成穿”的场景。这里的“籁”和“穿”均为名词。

如果《茶经》中的“穿”是作“串”用的话，那么，凡被称为“串”的东西，型不会太大，量也不会太重。诸如唐代李贺《摩多楼子》中的“天白水如练，甲丝双串断”；白居易《寄明州于驸马使君三绝句 · 其三》中的“何郎小妓歌喉好，严老呼为一串珠”；李商隐《河阳诗》中的“晓帘串断蜻蜓翼，罗屏但有空青色”等句中的“串”。

当时，虽然在茶农手中可有散茶、末茶等，但文人煎饮之茶或者说商品茶均是以“片”计量的饼茶。白居易《谢李六郎中寄新蜀茶》诗曾写“红纸一封书后信，绿芽十片火前春”；李白《答族侄僧中孚赠玉泉仙人掌茶》中的序讲述了“余游金陵，见宗僧中孚，示余茶数十片”的事情；卢仝亦因“开缄宛见谏议面，手阅月团三百片”，而写有谢友人赠茶饼的即兴作品——《走笔谢孟谏议寄新茶》。

2. 逻辑推理

首先，了解一下唐朝“斤”的重量。著名度量衡专家丘光明写道：“经考古发掘一批有自重刻铭的金银器可供从旁考证……此外还有一些日用金银器。经过实测和对各类数据合理的选取，测算每斤平均值为 661 克，可作为唐大制一斤量值之参考。”① 隋唐史专家胡戟说：“《新唐书 · 食货志》记载，开元通宝十个钱为两，取西安渔化寨新出土的开元通宝比较好

① 丘光明：《中国古代计量史图鉴》，合肥工业大学出版社 2005 年版，第 112 页。

的 10 个称一下，总重 42. 5 克，唐一斤为十六两，42. 5 克乘以 16 等于 680 克。”①综上所述，唐朝的“斤”相当于现在的 660~680 克。

其次，了解茶饼的重量。《茶谱》② 有曰：“彭州有蒲村、堋口、灌口，其园名仙崖、石花等，其茶饼小，而布嫩芽如六出花者……渠江薄片③，一斤八十枚。”由此可知，当时四川地区的茶饼很小，不可能用特别大的茶饼成穿。而湖南安化（现安化县渠江镇）的茶饼每个的重量相当于现在的 8 克左右。

顺便谈谈“薄片”。《北户录》有曰：“茗为薄为夹。”由此可知，当时有些地区亦用“薄”“夹”作为茶饼的代词和量词。

知道了“斤”和“薄片”的含意，我们可以想想，如果峡中“穿”以数十乃至百多斤计量，那么每穿茶饼的重量就是江东的 100 倍。当穿（串）变成了“担”和“捆”，何以用谷皮枝做穿芯绳？而如果是与江东同样大小的茶饼，峡中 120 斤的上穿得有 8000 个，需用多长的穿芯绳？怎样“焙之、穿之、封之”？又怎样长途运送？

但是，若峡中茶饼是以 120 片为上穿，80 片为中穿，四五十片为小穿。则与江东以“一斤为上穿，半斤为中穿，四五两为小穿”的规格和数量相近。如江东每个茶饼按 6 克左右，那么，其上穿、穿中、小穿的茶饼数分别为 110 个、50 个和 30 个左右；如按 8 克左右计，上穿八九十个，中穿四五十个，小穿二三十个。两地大穿、中穿、小穿茶饼的个数重与量差别不大。只是江东以“斤”计“穿”，峡中以“片”论“穿”。前者界定了“穿”的重量，后者诠释了穿的数量，虽地域有别，但规制相当。

3. 文物（献）参考

日本学者为考察陆羽茶饼的形制付出过艰辛的探究。“从昭和十三年十一月起，诸冈经常去朝鲜，是为了弄清研究《茶经》里最大的疑问——‘陆羽所做的团茶到底是怎么样的’。而解决这一疑问的启发，他是在中尾

① 胡戟：《唐代度量衡与亩里制度》，《西北大学学报》（哲学社会科学版）1980 年第 4 期。

② 毛文锡：《茶谱》，935 年前后。已佚，陈尚君辑本辑得 41 条。

③ 渠江薄片：历史上产自雪峰山脉中湖南新化、安化一带。

万三①的《朝鲜钱茶的考察》这篇文章中得到的……中尾在朝鲜研究陶瓷器时，偶然发现了团茶……最后的演讲笔记《中国的名茶和古陶瓷》中，记载着中尾于1925年在全罗南道（现在韩国最西南端的省份）的竹川里（地名）看到了钱茶。笔记中写道‘这种茶很有趣，与《茶经》中直径有一寸二分大的团茶一模一样。1930年时在朝鲜半岛北部也残存着《茶经》里记载的这种团茶’。诸冈去到朝鲜，在光州（光州市，现位于韩国西南部）的山林技师家入一雄的帮助下，他在寺庙里发现了残存的团茶制作法和茶饼。”②

我国学者亦有考证，主要途径是由“药饼”而及茶饼。

图 24-3 韩国发现的残存古钱茶

图 24-4 奈良时代唐朝的“药饼”

日本正仓院③仓库现存有奈良时代唐朝的“药饼”。滕军先生认为：“虽然说正仓院里没有茶，却有许多与茶属同类的中草药。据8世纪的可

① 中尾万三（1882-1936）：药物学家，曾任“上海自然科学研究所”汉药部长，生药学科主任（教授），1930年考察、校定敦煌莫高窟中《食疗本草》古抄本残卷，先后发表过多篇中国药物学药史学方面的论著。

② 岩间真知子：《茶研究的先驱者——诸冈存》，日本《茶》2018年第3期。

③ 正仓院：奈良时代（710-794）的正仓院在今奈良市。这里的收藏品数量大、种类多，有许多是从中国及亚洲各地传入的，对研究当时日本的对外文化交流，具有重要价值。

靠记载，当时正仓院在档的中草药有 60 种（目前仍有 40 种在库）……其中蜡蜜被加工成药饼，共 20 枚，用绳穿在一起，保存在木盒里。这种药饼的外形与陆羽（733—804）在《茶经》的《二之具》《三之造》中描述的茶饼的外形是完全一致的。"①

关剑平先生认为："唐代著名医药学家王焘在《外台秘要》② 中详述了药茶的制作、饮用和适应证，开创了药茶制作的先河，在制药技术中也有将药物加工成饼状的例子。"③《外台秘要方》中载有汉代茶新饮方："另作一个棬子，围阔二寸半，厚二分以下，斟量大小厚薄作之，此亦无定。众手依模棯成饼子，中心穿孔曰暴干，百余饼为一穿，即以葛蔓为绳贯之，以炭火炙令香热，勿令焦，臼中捣末，任随时取，是煎以代茶。大都浓茶量之，著少量盐煮之，频扬之，即滑美。"由此可见，陆羽的茶饼与汉唐就有的药饼，形态相似，煎法相近，以"百余饼为一穿"，以片计数，当在情理之中。

4. 结论

综上所述，陆羽在《茶经》中所描述"穿"的规格，江东地区以重量计，分一斤、半斤和四五两，谓上穿、中穿、小穿；巴川地区则按饼茶数量计，分别以 120 片、80 片和四五十片谓上穿、中穿、小穿。这两者的重量和数量都差不多，这是历史的真实和陆羽的本意。

众所周知，宋以前的古人书稿，多以抄本流传。在传抄过程中，因字形相仿导致以讹传讹的情况并不鲜见。存世《茶经》自宋刻"百川"版至后世诸本，不可避免地存在少量文字刻误现象。本文论及存世版《茶经·二之具》中，将巴峡地区茶饼穿以"片"计而误为以"斤"计，便是典型一例。究其原因，实在是因为"片""斤"两个字的字形太相似，而后来的编校人员并没有仔细考究、正本清源所致。

---

① 滕军：《中日茶文化交流史》，人民出版社 2004 年版。

②《外台秘要》：又名《外台秘要方》，四十卷，作者王焘，唐代著名的医学家，天宝十一载（752 年）撰，汇集了初唐及唐以前的医学著作。

③ 关剑平：《茶与中国文化》，人民出版社 2001 年版。

三、《茶经》翻刻与校注过程中的刊误现象
——以“酢顔望楫”和“疆埸擢翘”为例

继左圭《百川学海》录《茶经》（以下简称宋本），抄录并续刻者不断，且不乏校勘（注）者。但在再版过程中存在的因字体变异而致歧义的现象尚没有引起学界应有的重视。本节特以《七之事》一则故事中的两个词组为例，检视《茶经》再版过程中出现的改正为误，以讹传讹现象。

1. 酢顔望楫

陆羽《茶经·七之事》中有梁刘孝绰[①]的《谢晋安王[②]饷米等启》，查其出处可见于《汉魏六朝百三家集》之《刘秘书集》。文曰：“傅召李孟孫宣教旨，垂賜米、酒、瓜、筍、葅、脯、鲊、茗八種。氣苾新城，味芳雲杜。江潭抽節，邁昌荇之珍；疆埸擢翘，越葺精之美。羞非純束埜麐，裛似雪之驢；鲊異陶瓶河鯉，操如瓊之粲。茗同食粲，鲊顔望楫。免千里宿舂，省三月種聚。小人懷惠，大懿難忘。”

上述故事的大意是，南朝时期的梁国人刘孝绰，为晋安王萧纲赏赐其食品致答谢信说：“传诏官李孟孙宣示了您的教旨，赏赐给我的米、酒、瓜、笋、腌菜、肉干、腌鱼和茶八种食品，美酒芬芳四溢；水边初生的竹笋，胜过菖荇之类的珍馐；田间挑选的瓜菜，超越上好的美味。麐干香似白驴脯，腌鱼味美过陶瓶鲤。大米如玉粒晶莹，还有茶叶也十分精良。深感舟楫之济，得无后顾之忧。远行千里，百日食品充足。大恩大德，永记不忘！”

但是，宋本《茶经》将八种食品中的“鲊”误刊为了“酢”。

---

① 刘孝绰（481—539）：本名冉，彭城（今江苏徐州）人。年十四，代父起草诏诰。初为著作佐郎，后官秘书丞。它迁廷尉卿，被到洽所劾免职，后复为秘书监。

② 晋安王：梁武帝萧衍之子萧纲，为皇帝前的封号。萧纲（503 — 551），即梁简文帝。

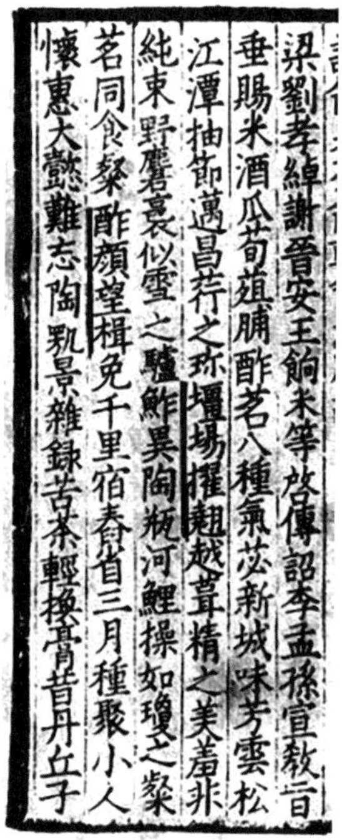
梁劉孝綽謝晉安王餉米等啓傳詔李孟孫宣教旨
垂賜米酒瓜筍菹脯酢茗八種氣苾新城味芳雲松
江潭抽節邁昌荇之珍疆埸擢翹越葺精之美羞非
純束野麏裛似雪之驢鮓異陶瓶河鯉操如瓊之粲
茗同食粲酢顏望楫免千里宿舂省三月種聚小人
懷惠大懿難忘陶弘景雜錄苦茶輕換膏昔丹丘子

图 24-5 左圭百川本《茶经》书影

宋本《茶经》的原文中，有一个词组为“酢顏望楫”，其中的“楫”字本来十分清晰，续刻之《说郛》本及弘治无锡华氏本也是。而明万历以后的版本中，“楫”都变成为了“柑”字，继而“顏”字变为“類”字，甚至“柑”竟改为“梅”字。

表 23-1 从“酢顏望楫”到“酢類望梅”的演变过程

版本代号	(1)	(2)	(3)	(4)	(5)	(6)	(7)	(8)	(9)	(10)
文字内容	酢顏望楫	酢顏望楫	酢顏望楫	酢顏望柑	酢類望柑	酢類望柑	酢顏望柑	酢類望柑	酢顏望柑	酢類望梅

表23-1中序号代表的版本名称如下：

（1）百川本：南宋咸淳九年（1273年）左圭辑《百川学海》本《茶经》。

（2）说郛本：元末明初陶宗仪编纂，清顺治陶珽重编宛委山堂刻本。

（3）华理本：明弘治十四年（1501年）无锡华理刊《百川学海》本《茶经》。

（4）景陵本：明嘉靖二十一年（1542年）景陵刊本《茶经》。

（5）郑煾本：明郑煾茶谱《陆鸿渐茶经》。

（6）明万历四十一年（1613年）喻政《茶书》本《茶经》。

（7）清雍正七年（1729年）仪鸿堂藏版《陆子茶经》。

（8）四库本：乾隆四十三年（1778年）《钦定四库全书·子部》本《茶经》。

（9）嘉庆十年（1805年）天门渤海家藏《唐代丛书》原本《茶经》。

（10）民国十一年（1922年）桑苎庐藏版壬戌重刊《陆子茶经》。

这到底是原本刻误，还是翻刻（传抄）之误？显然是后者。一是原本字迹清晰，字义明确；二是后者字义不伦不类。《启》文作者得到的食品当中本来就没有"醋"，也没有"酸菜"之类，而是有鲊。

联系上下文的意思，"酢颜望楫"这个词组似乎精练地表达了笔者的感激之情，反而是将"楫"字当成为"柑"后，于是只好将"酢"当"醋"讲，并衍生出酸意，便认为"颜"应该是字形相近的"類"；甚至以"望梅止渴"为典，将"柑"又改为"梅"，硬是生造出了一个"酢類望梅"的词组。

这种情况是怎么发生的呢？不妨来看一看它的变化过程。由"楫"变"柑"始于景陵本似"楫"似"柑"的字形。此后，几乎所有的版本"楫"都被刻（印）成了"柑"。而"颜"变"類"则始于明郑煾本，清四库本继之。但清《唐代丛书》本及《续茶经》仍沿用"颜"，只是“酢颜望楫”变成“酢颜望柑”的状况从此出现在了绝大多数翻刻本中。陆羽故里出版的清雍正仪鸿堂本、道光天门县志本《陆子茶经》都刻为“酢颜望柑”。而民国时期的西塔寺本想当然地“校正”成了“酢類望梅”。

以上过程显示，此书几经转录，最终改变了作者的文本和原意。变字的原因是否出在刻工呢？笔者以为是。景陵本“楫”字因上边的“口”二横印色不清，且与下边的“耳”连在了一起，而“耳”中又少了一横，十分容易看成为“甘”。郑熜本部份继承了景陵本似“楫”的“柑”字形特点，“柑”字右边下及下边横都出头，使之又像“楫”又不是“楫”。此后的版本则一律写成了“柑”字。乃至当代，比较权威的沈冬梅《茶经校注》本也用“酢類望柑”，其下释文为“類原作顔，今据秋水斋本改。柑原作楫，益王涵素本作梅，今据秋水斋本改”。不知沈冬梅博士校注本采信“類”和“柑”为“原作”理由是什么？

2. 疆場擢翘

当今人出版古籍时，因为“繁体字”近似，“简化”的过程中容易出现变异字。例如，《启》文中还有一个词组“疆場擢翘”，在有些近现代版印本乃至互联网《茶经》电子版，将其排成了“疆場擢翘”。于是，田边或田里的意思，变成为了战场、国界，怎么也体现不出“从田头挑选出好瓜菜”的本意了。

究其原因，古人书写“場”字时，往往将“曰”字下边的一横写出头，使之看起来既像“場”又像“場”。

其实，“疆場”的“場”是个错别字，正确的字是“場”，读作 yì，右边从“易”，而不是繁体字的“場”。而“場”的本义是田界，孔颖达解释：“以田之疆畔至此而易主，名之为易。”“疆”和“場”的区别是，大的田界叫“疆”，小的田界叫“場”，因此只能“疆場”连用，而不能连用作今天的“疆场”。“疆場”是一个同义联绵词，本义是田界、田边。《诗经》中的《信南山》咏道：“疆場翼翼，黍稷彧彧。”“翼翼”

是形容田界修理得很整饬的样子，“彧彧”是形容庄稼长得很茂盛的样子。接着又吟咏道：“中田有芦，疆埸有瓜。”中间的田里种的有萝卜，田地边上种的有瓜。“疆埸”因为是田界，于是引申为两国的边境。[①]

综上所述，古今两例刊误揭示了善本翻刻过程中出现的两种现象：一是因次刻本字体不清，而至再刻本改字，给后校者造成改正为错的结果；二是因繁简字体相近，而致出现现代刊本用错字的情况。由此可见，再版古籍善本过程中，对原始版文字可能存在因手抄稿笔误，致刻板误字的情况固然可能存在，但更重要的是应该避免“照葫芦画瓢”以及想当然而“校定”。这样，会产生出有违作者原意的歧义，影响后人。

总而言之，对古籍之翻刻应十分慎重，首要是忠实。凡疑，应多考虑书（刻）写特征，印拓质量以及通假、象形因素。特别是当代校刊者，对经典要有敬畏的态度。以后本勘前本时，没有确凿证据不要下结论，宁缺毋滥，应充分熟悉版本流变情况，以免出现改正为错的情况。

四、陆羽煎茶道的三要素

《封氏闻见记》[②] 卷六《饮茶》曰：“楚人陆鸿渐为茶论，说茶之功效并煎茶炙茶之法，造茶具二十四事，以都统笼贮之。远近倾慕，好事者家藏一副。有常伯熊者，又因鸿渐之论广润色之。于是，茶道大行，王公朝士无不饮者。御史大夫李季卿[③]宣慰江南，至临淮县馆。或言伯熊善茶者[④]李公请为之。伯熊著黄被衫乌纱帽，手执茶器，口通茶名，

① 许晖：《“疆场”原是错别词》，《国学》2013 年第 7 期。

② 封演：《封氏闻见记》，十卷。封演，天宝十五载（756 年）登进士第，官至检校吏部郎中兼御史中丞。

③ 李季卿，李适之子。弱冠举明经，颇工文词。应制举，登博学宏词科，再迁京兆府鄠县尉。肃宗朝，累迁中书舍人，以公事坐贬通州别驾。

④ 常伯熊，生卒不详。曾任监察御史，唐建中二年（781 年），作入蕃使判官。

区分指点，左右刮目。茶熟，李公为歠两杯而止。既到江外，又言鸿渐能茶者，李公复请为之。鸿渐身衣野服，随茶具而入。既坐，教摊如伯熊故事，李公心鄙之。茶毕，命奴子取钱三十文酬谢茶博士。鸿渐游江介，通狎胜流，及此羞愧，复著《毁茶论》。”此段史料后被录入《新唐书》卷一百九十六《隐逸·陆羽》。

1. 解读《封氏闻见记》

上文告诉我们，与陆羽同时代的封演熟知陆羽著《茶经》，创立了茶道的道理、道法和道具，即“茶之功效”“煎茶炙茶之法”和“茶具二十四事”，并说受陆鸿渐影响，不少人也置备了茶具。特别是常伯熊其人，学习陆羽《茶经》后在技法表演上多有发挥，使之增光添彩。上文还说道，当时“茶道”已广泛流传于朝野。为证明当时“茶道大行”的状况，《饮茶》讲述了时任御史大夫李季卿先后观看熊、陆二人茶道表演的故事。从衣帽到语言动作，常伯熊在先的刻意表演，赢得其赞赏；而后陆羽身衣野服，随意自然的程式似无新意，因被鄙之，致使自诩清高的陆羽感到耻辱，回去后写了《毁茶论》。当然，我们从中也可以想象到，陆羽的表演是朴素无华的，他偏重茶的道理和道法，养身修性，而不是人为的艺术形式。由此可见，茶与水的道理展示与“茶艺”戏剧式表演，两种流派古已有之。

当然，常伯熊非等闲之辈，在表演茶艺时有一定的服饰、程式、讲解，具有一定的观赏性，有利于茶道在上流社会中推广，这也是一种文化现象。据《唐国史补》卷下载：“常鲁公使西蕃，烹茶帐中，赞普问曰：‘此为何物？’鲁公曰：‘涤烦疗渴，所谓茶也。’赞普曰：‘我此亦有。’遂命出之，以指曰：‘此寿州者，此舒州者，此顾渚者，此蕲门者，此昌明者，此㴩湖者。’”有人考证：监察御史常鲁公（即常伯熊）作为入蕃使判官奉诏入蕃商议结盟，时为唐建中二年（781 年）。说明当时饮茶之风已经盛及西蕃。

考李季卿宣慰江南事在广德二年（764 年）①，可见，当时陆羽的《茶经》已在社会上广为流传，其法、其器已为人接受。封氏《饮茶》故事充分说明：“楚人陆鸿渐为茶论”使得陆羽茶道产生了。

2. 对照《茶经》谈“三之”

《新唐书·陆羽》曰：“羽嗜茶，著经三篇，言茶之源、之法、之具尤备，天下益知饮茶矣。”说明“之源”（茶之功效）、“之法”（煎茶炙茶）、“之具”（二十四事）是陆羽茶道的三要素，即道理、道法与道具。

（1）陆羽茶道的道理（茶之功效）。

《茶经·一之源》曰：“茶之为用，味至寒，为饮最宜。精行俭德之人，若热渴、凝闷、脑疼、目涩、四支烦、百节不舒，聊四五啜，与醍醐、甘露抗衡也。”此句是说茶的功用，因为茶的性质冷凉，可以降火，作为饮料最适宜。才学精博，道行优备且节俭之人，如果体热、口渴、胸闷、头疼、眼涩、乏力、关节不畅，喝上四五口茶，其效果与最好的饮料（醍醐、甘露）不相上下。此段文字简单明了地讲出了饮茶的道理：既可降火去疾，又能俭以养德。

（2）陆羽茶道的道法（煎茶炙茶之法）。

《茶经·五之煮》对炙茶与煎茶的要求可归纳为 5 点：①“凡炙茶，慎勿于风烬间炙，票焰如钻，使炎凉不均。又炙之。若火干者，以气熟止；日干者，以柔止”；②“其水，用山水上，江水中，井水下”；③其沸，如鱼目，微有声为一沸，缘边如涌泉连珠为二沸，腾波鼓浪为三沸，已上水老不可食也”；④“凡酌置诸碗，令沫饽均，沫饽，汤之华也”；⑤“茶性俭，不宜广”。可见陆羽的煎茶法，从炙茶饼到煎茶汤分享的每个环节，都有规范的要求。

---

①〔唐〕裴度：《刘府君（太真）神碑铭》，〔清〕董诰等：《全唐文》卷五百三十八。

图 24-6　唐代煎茶示意图

（3）陆羽茶道的道具（二十四事）。

“工欲善其事，必先利其器。”《茶经·四之器》中，陆羽精心设计了适于烹茶、品饮的“二十四器”，即风炉（灰承）、筥、炭挝、火筴、鍑、交床、夹、纸囊、碾（拂末）、罗合、则、水方、漉水囊、瓢、筴、鹾簋（揭）、碗、熟盂、畚、札、涤方、滓方、巾、具列，以上诸件储存于都篮之中。

物以成事，器以载道。在陆羽煎茶二十四器具中，最能够体现茶道思想的道具有两件。首先是风炉（茶鼎），其鼎上的铭文“伊公羹陆氏茶”，表达了少年陆羽志存高远的抱负；水、火、风三卦象与物象，以及“坎上、巽下、离于中”和“体均五行去百疾”的铭文，演绎了周易五行学说和道法自然思想；而“圣唐灭胡明年铸”句则是主人忠君爱国情怀的流露。其次是鍑，《茶经》要求：“方其耳，以正令也；广其缘，以务远也；长其脐，以守中也。”这正是儒家“中正”的思想的体现。

总而言之，封演的《饮茶》篇是历史文献上，第一次关于陆羽与茶道关系的表述，说明我国唐代茶道的形成源于陆羽的《茶经》。《茶经》既是记录茶道之源的经典，也是茶道内涵的释文，并且得到了同时代文献的认可。如《因话录》曰：“性嗜茶，始创煎茶法”；《大唐传载》讲：“陆鸿渐嗜茶，撰《茶经》三卷，行于代”等。在弘扬茶文化的今天，只有真正了解陆羽“煎茶法”之源、之法、之具，即道理、道法与道具三要素，才能传承好这份遗产。

封氏聞見記卷第六
唐朝散大夫檢校尚書吏部郎中兼御史中丞封演
飲茶
茶早採者爲茶晚採者爲茗本草云止渴令人不眠南人好飲之北人初不多飲開元中泰山靈巖寺有降魔師大興禪教學禪務於不寐又不夕食皆許其飲茶人自懷挾到處煮飲從此轉相倣傚遂成風俗自鄒齊滄棣漸至京邑城市多開店鋪煎茶賣之不問道俗投錢取飲其茶自江淮而來舟車相繼所在山積色額甚多楚人陸鴻漸爲茶論說茶之功效幷煎茶炙茶之法造

图 24-7　《封氏闻见记·饮茶》书影

五、竟陵版《茶经》的中日交流

在现当代研究陆羽《茶经》领域中，有两位久负盛名的日本学者，一位是诸冈存①，一位是布目潮沨②。他们的研究成果与竟陵版《茶经》的渊源故事，无不体现了日本学者对“茶圣”及其故里的尊重，以及严谨治学的精神。

1. 竟陵版《茶经》概述

竟陵，天门古称。春秋为楚竟陵邑，秦置竟陵县。五代后晋天福元年（936年），为避石敬瑭名讳，改为“景陵”。后汉复为“竟陵”。北宋建隆三年（962年），为避赵匡胤祖父赵敬名讳，再改“竟陵”为“景陵”。雍正四年（1726年），为避康熙皇帝陵墓名讳，改“景陵县”为“天门县”，乃因县境西北有天门山得名。因“竟陵”名建邑在先，故古今学者多用“竟陵”称谓今天门。特别是涉及历史名人之籍贯，以及著作出版地时，常以“竟陵”代替“景陵”和“天门”，约定俗成。

竟陵版《茶经》亦循此俗，将明景陵县、清代和民国时期天门县出版之《茶经》统称为“竟陵版”（此节在叙述中不做区分）。据文献记载，茶圣故里历史上共出（再）版《茶经》10次。其中，明嘉靖二十一年（1542年）景陵县西塔寺刊本的万历增修本，以及民国西塔寺癸酉本，直接影响到日本学者诸冈存和布目潮沨的研究成果。

2. 诸冈存与西塔寺藏版《陆子茶经》

“昭和十五年（1940年）四月……七月五日，诸冈拜访了他一直想去的地方——陆羽的故乡湖北省天门县。他是以进行茶叶医学调查的名义被茶叶工会中心会议所派去的。当时正在打仗，而且天门还处于作战

① 诸冈存（1879—1946），医学博士，东京驹泽大学教授。

② 布目潮沨（1919—2001），日本大阪大学名誉教授，日本的中国史学家，日本中国茶文化史研究的开创者，被尊称为“茶经博士”。

地带的正中央，但是在周围人的帮助下，诸冈得到了天门县[1]县长胡雁桥的接待。胡氏非常崇敬陆羽，赠予诸冈存西塔寺（抚养孤儿陆羽长大的寺庙）的刻本（木质印刷书物）和陆羽的肖像拓本，并带他参观了陆羽故居。然后诸冈存还发现了被埋在泥中的石碑‘（陆）文学泉’，正是陆羽（也被人们称之为陆文学）用这个泉水研究饮茶的地方。”[2]

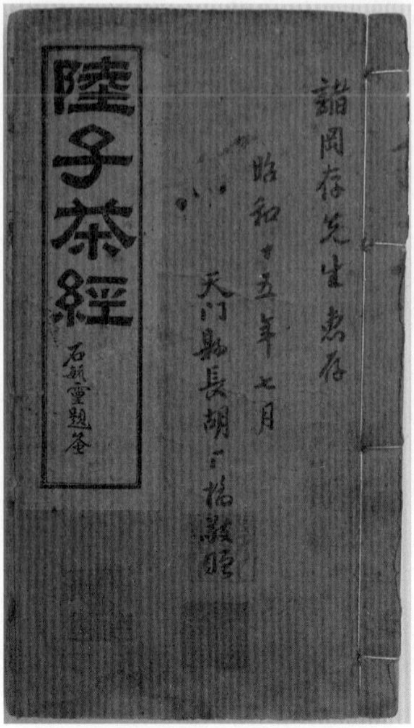

图 24-8　《陆子茶经》

诸冈存回日本后，于 1941 年出版了约 50 万字的《茶经评释》上下册，它是现当代国内外最早详尽评释陆羽《茶经》的专著；1943 年出版的《茶经评释外篇》，也是现当代最早最全面介绍陆羽故里历史遗迹以及主要旅居地的文献。1977 年，日本出版科学研究所依原纸型对这两本书进行了再版印刷。这两本书的二次出版，为日本的茶文化学者全面系

① 此时为日伪县政府。

② 岩间真知子：《茶研究的先驱者——诸冈存》，《茶》2018 年第 3 期。

统地了解《茶经》、认识陆羽做出了突出的贡献。因此，诸冈存被日本学者称为“茶研究的先驱者”。

图 24-9 《茶经评释》再版

图 24-10 《茶经评释外篇》再版

《茶经评释外篇》鲜为人知。该书的内容依次为《茶经的字义》《茶经的刊本》《陆羽小传》《陆羽的故乡》《陆羽在南京》《阳羡茶》《长兴县顾渚山》《陆羽在吴兴》《陆羽在越》《陆羽在苏州》十章。其中，第二章《茶经的刊本》的末尾专门录入了桑苎庐藏版《陆子茶经》西塔寺僧常乐的《重刻陆子茶经序》，以及该本《茶经》的目录。第二章还附有《陆羽故乡访问记》，讲述诸冈存于 1940 年访问天门的故事，以及所摄陆羽故居西塔寺、古雁桥、文学泉等遗迹遗址的照片与拓片。在第四章《陆羽的故乡》中，他详细地介绍了天门县、《天门县志》、竟陵县沿革、天门山、复州沿革、陆羽祠等，并辑录了《陆公祠记》、与陆羽有关的唐诗和诗的作者简介。此外，诸冈存还专门介绍了“陆鸿渐小像”碑上面的像和唱和诗，还在第四章介绍了云梦泽、沔水、西江水，以及天门皂市的风城、伏羲庙和五华山等地。

1946 年，诸冈存逝世之前，委托其长女诸冈妙子保管《陆子茶经》，并且叮嘱日后一定奉还给中国。1986 年 5 月 13 日，时年 67 岁的日本东京女子医科大学名誉教授诸冈妙子，专程前往中国天门参加“陆羽研究会首次学术讨论会”。在会上，她激动地说：“陆羽先生出生在天门，《陆子茶经》是天门的，不应该由我保存，应该归还给中国人民，让陆羽的著作永远保存在天门。”诸冈妙子在向时任天门县长、陆羽研究会会长胡嘉猷奉还《陆子茶经》的同时，还将该书的 100 本影印件赠送给了天门陆羽研究会。

图 24-11　陆羽研究会首次学术讨论会（主席台右三为诸冈妙子）

《陆子茶经》癸酉本是西塔寺的最后一个刊本，又为存世孤本，它承载了自战乱至和平年代近半个世纪中日茶文化交流史上感人的故事，因此弥足珍贵。目前，这本《陆子茶经》已经成为天门市陆羽纪念馆的镇馆之宝。

2016 年 5 月 6 日，诸冈妙子的女儿风间清子带着自己的女儿风间美纪子一行造访“茶圣”故里。她们踏着母亲（外婆）的足迹，重游先辈故地。笔者还特意为她们准备了诸冈妙子于 1986 年在陆羽亭和陆羽纪念馆工地的放大照片。风间清子一行先后参观了火门山茶场、西塔寺、陆羽茶楼、文学泉、茶经楼博物馆等，市文体局负责人又向她赠送了明嘉靖竟陵版《茶经》影印本。

图 24-12　笔者赠风间清子母女诸冈妙子的照片

图 24-13　风间清子母女在陆羽纪念馆见到癸酉本《茶经》的情景

3. 布目潮渢与明嘉靖竟陵版《茶经》

作为汉学家与中国唐史学家，布目潮渢也是当代一位杰出的人物。他毕生致力于整理中国茶书典籍，1987 年日本汲古书院出版的《中国茶书全集》即是其代表作之一。

图 24-14　布目潮渢

图 24-15　《中国茶书全集》

1982 年 8 月 26 日，布目潮沨曾率领日本茶叶研究者友好访华团到访天门。访华团的全体成员在文学泉边环坐，以茶道礼仪品味了文学泉水，并吟诗放歌："九夏井含富士雪，三春泉映重瓣樱。赤县扶桑衣带水，古今同风多知音。"从此与"茶圣"故里结下了深厚的友谊。到访期间，他发表了《日本〈茶经〉之普及与天门市之关系》的演讲，特别介绍了大阪市淀川区十三之地，有武田科学振兴财团的杏雨书屋[①]，以收集中国本草书闻名。杏雨书屋藏有明嘉靖壬寅二十一年竟陵版《茶经》的续刻本。对此，他做过细致深入的研究，并据此形成了演讲稿。

布目潮沨演讲的中心意思："明嘉靖二十一年以后，天门屡次出版《茶经》，成了《茶经》普及中心。"同时指出："杏雨书屋所藏嘉靖竟陵本有一大问题。即在此 34 篇诗里，竟收了嘉靖二十一年之竟陵本出版后的人物诗篇，如方新的《登西禅寺访陆羽故居》，方新于隆庆二年（1568 年）派任分巡荆西道管辖竟陵一带；又收余一龙之《书西禅寺陆羽亭》，余一龙于隆庆六年（1572 年）派任分巡荆西道；又收苏雨两篇诗，苏雨于万历十三年（1585 年）派任分巡荆西道；又收万历年间之贡士江有元和延鹤之诗。故杏雨本《茶经》应视为万历十三年以后的增修本。"

关于明嘉靖竟陵本《茶经》的研究，他通过对"增修本"和"原本"的比较，以及"竟陵版"与几种万历版的比较，乃至对比以后的日刻本，最终形成了《杏雨书屋藏明嘉靖竟陵本〈茶经〉之有关问题——日本刻本〈茶经〉之谱系》[②]，这篇文献是他将 1985 年在日刊发表过的论文[③]于 1988 年修改后专门给天门陆羽研究会会刊发表的，其论点主要

① 杏雨书屋：系日本医药豪富武田氏家藏书楼，以储东洋本草医书为主，所藏敦煌文献最多。现由武田科学振兴财团管理。

② 布目潮沨：《杏雨书屋藏明嘉靖竟陵本〈茶经〉之有关问题——日刻本〈茶经〉之谱系》，《陆羽研究集刊》1988 年总第 5 期。

③ 布目潮沨：《关于杏雨书屋藏明嘉靖竟陵本〈茶经〉》，《中田勇次郎先生颂寿纪念论集》，日本平凡社 1985 年版。

有以下几点。

（1）该《茶经》刊于嘉靖二十一年，除《百川学海》本外，比万历以后刊行的各种其他茶经版本要早数十年；明确记述据《百川学海》复刻，故知《百川学海》本为嘉靖竟陵本《茶经》之底本。

（2）在杏雨书屋的嘉靖竟陵本《茶经》之正文内，由第二页中论及之补刻判断，该版本不是印本，亦即不属童内方与梦野（即鲁彭）论《茶经》书中所论及之初版（百余部）之列，而是迟了若干年后补刻的。

（3）嘉靖竟陵本究竟是将哪一种《百川学海》本作为底本，目前尚难决定。以《百川学海》与嘉靖竟陵本互校发现，凡认为《百川学海》本有错误之处，在嘉靖竟陵本中均做了订正。

（4）通过以上的考察大致弄清了《茶经》日刻本的谱系，据以制订了谱系图。

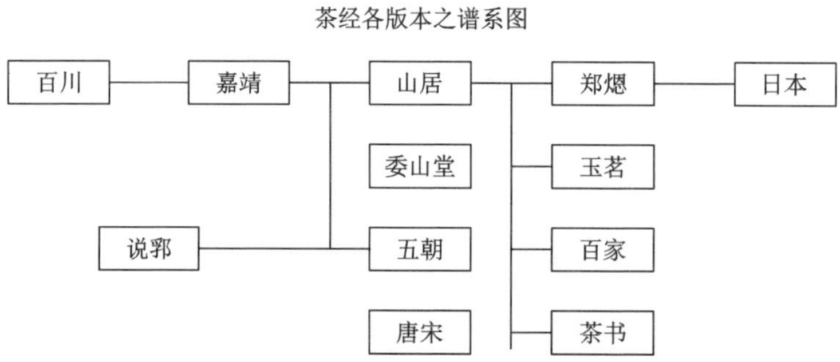

图 24-16 《茶经》各版本谱系图

（5）嘉靖竟陵本的注释，比《百川学海》本增加之部分，文前以“0”为标记，和《百川学海》本之原注，有明显的区别，这也是其他各种版本所没有的一大特色，同时又是据以推测新增注释之起源的重要资料。

（6）诸冈存的《茶经评释外篇》是以诸冈氏于 1940 年访问天门县之陆羽遗迹时，由该地赠送的《陆子茶经》作蓝本撰写的。

4. 结论

布目潮沨关于竟陵版《茶经》的两篇论文，早年仅发表于日本和天门市陆羽研究会会刊，学界知之者甚少。而诸冈存先生家三代人通过《茶经》传播中日友谊故事，今天的知情者也不算多，故笔者刻意做了上述披露。

陆羽故居西塔寺曾先后 5 次出版过陆羽《茶经》，诸冈存先生获赠其最后一个版本——桑苎庐藏版《陆子茶经》癸酉本，促成了《茶经评释》和《茶经评释外篇》的问世。并且其后人继续谱写着《茶经》传佳话的故事，充分体现了中日民间茶文化的学术交流。

关于明嘉靖二十一年竟陵版《茶经》的善本形态，存世首印订本已知有两种：一是因装订顺序不尽相同而存在北京国图藏本和北大藏本两种孤本，早年目睹者极少；二是在中国台湾的藏本，因无鲁彭序以及汪可立后序，又因其复印件流出较早，大多学者（包括布目潮沨）在没能见到国图藏本和北大藏本的情况下，多年来误传“吴旦印本”为“吴旦刊本”，以为明嘉靖竟陵版《茶经》是吴旦所刊刻的（实际上应该为“鲁彭刊本”）。[①] 特别有学术意义的是，布目潮沨先生通过对照吴旦印本，认定了杏雨书屋藏本是明嘉靖二十一年西塔寺刊本的增修本。同时，正是由于布目先生将其影印件全文录入《中国茶书全集》，才使我国学者知晓了这一增修本的存在且为孤本，从而使两国学者弄清了明刻诸本《茶经》及日刻《茶经》的渊源。这位汉学家在隋唐史研究方面有着很深的造诣，用考证地名变化与人物履历的方式，论证过陆羽《茶经》的成书时间，也用同样的方式，确定了明版《茶经》出版时间，其准确性均强于和早于我国的许多学者，他严谨的治学精神是值得我们学习的。

我国有研究陆羽《茶经》流变史的学者认为，日本近代《茶经》研

① 童正祥、张雅琴：《竟陵版〈茶经〉的善本形态与出版源流》，《湖南农业大学学报》（社会科学版）2012 年第 3 期。

究，以诸冈存为最。他的著作主要有《茶圣陆羽传》《陆羽与茶经》《茶经评译》《茶经评释外篇》。此外，他实地考察陆羽遗迹地，对当代陆羽研究专家贡献良多。至于当代研究成果，则以布目潮沨为最。他的贡献有二：一是精校《茶经》，见于《茶道古典全集》卷一，及《中国之茶书》；二是收录并刊行《茶经》，他的《中国茶书全集》虽然有一个相当夸张而且不实的书名，但是毕竟刊载了 8 种陆羽《茶经》，其中还有几种是罕见的孤本，一位外国学者能够有这种水准，实在难能可贵。

综上所述，日本学者诸冈存依据 20 世纪 40 年代亲赴陆羽故里考察所见，以及西塔寺藏版《陆子茶经》的内容，向日本人民详细地介绍了《茶经》及其作者陆羽的故乡，而布目潮沨则充分研究日本藏《茶经》存世孤本——明嘉靖二十一年西塔寺刊本的万历增修本，绘制出了《茶经》版本谱系图。这两个例子不仅充分体现了竟陵版《茶经》的影响力，也完美地演绎了中日茶文化学术交流的故事。

六、巩义唐三彩煮茶偶与茶冥器出土的历史意义

2016 年 3 月 22 日，新华网发布《中国发现首个陆羽煮茶三彩器，展现茶圣“真容”》专电。笔者闻讯于 4 月 6 日专程赴巩义文物考古研究所进行了参观考察。兹将个人对“三彩器”出土意义的认识报告如下。

1. 唐三彩茶冥器与瓷偶人的出土概况

2015 年 5 月—8 月，河南省巩义市文物考古研究所对巩义东区发现的西晋至宋代 24 座墓葬进行了发掘清理，其中 3 座小型唐墓的随葬品中，除瓷器、铜器、铁器、石质墓志及墨书砖志等外，都含特征相似的三彩或单彩茶具。从墓志可知，三者的墓葬时间均为 832 年（唐大和六年）。其中，司马进墓原葬于 813 年（唐元和八年），是年为移（复）葬。此时距陆羽逝世不到 30 年，说明收藏“茶神”偶像及茶冥器当时在中原地区民间十分流行。

M226 为张氏夫人墓（由于墓志为墨书，多数字迹不存，无法详其

身份)，墓中的唐三彩茶具冥器，除炉鍑、碾、罐、执壶、盂、茶台外，尚有件煎茶偶人，施黄褐釉和绿釉，粉红色胎，右侧为一坐俑，左侧风炉上置有茶鍑，二者共坐于一块长方形底板上。坐俑高约 11 cm，头裹绿釉襆头，身着窄袖圆领长衫，端坐于一亚腰形圆座上，身体微微前倾，目光下视，神情专注于身前的茶鍑，左手抚于左腿上，右手执瓢，好像随时准备分茶状。该偶已被专家命名为"陆羽煮茶图"（以下简称"煎茶偶"），并判断出自巩义黄冶窑（该窑是唐三彩的主产地，距唐墓仅有 1 km）。

图 24-17 陆羽煮茶图

M234 为司马进夫妇合葬墓①，该墓有两个炉鍑，亦有碾、盂、执壶、茶盘、盏等。M235 为司马进之子司马仲举墓②，墓中一人个偶头的部缺失，风炉破损，无茶碾和盂，有执壶与茶碗。

① 司马进：西晋皇室后裔。墓志载："公好道不仕班朝，退身居静，遁迹林园；公孝悌，生知礼乐……隐居中国，为善京华，谈圣教之不二……寻师访道，曾不忘疲。"

② 仲举曾任桂林经略押牙一职，"自小从师习礼，事亲友"。

图 24-18　司马仲墓出土的煎茶人偶和器具

2. 茶冥器再现了河洛地区的“比屋之饮”

古人深信死后有灵，殉葬器物可供来生享用，故将他们生前的习俗，使用或者喜欢的器物做成模型随葬。巩义 3 座唐墓的茶具虽内容大同小异，但形制规格并不等同，可见并非批量生产的玩偶，而是各自订购的冥器。这不仅表达了主人生前共同的喜好，还反映了当时的社会现象：唐代中期，饮茶之风遍及全国，茶已不再是少数人享有的珍品。

3 座墓室都只有 4 m^2，墓志亦显示墓主人均为一般的士大夫和眷属。并且出土的冥器都能从文物中找到原型，《茶经》中也有记载，基本上反映了唐代的煎茶流程。茶台上都摆放着饰清釉的水果和糕点，以及铲形勺子和筷子，可知唐人在饮茶时是配有茶点的。这些冥器说明陆羽的煎茶道当时在民间已经非常流行。正如《茶经・六之饮》所言：“两都并荆俞间，以为比屋之饮。”这一现象盛行于大和年间的河洛地区。

有关陆羽《茶经》的社会影响，以及年轻时在江南地区公开表演煎茶道的例证，可见于唐封演《封氏闻见记》，但中原地区出现了“陆羽煮茶”的人物造型，这是否说明工匠直接或者间接见过陆羽，甚至说明陆羽到过河洛地区？倒是一个十分有趣的课题，有待研究。

3. 彩偶验证“陆鸿渐”瓷偶人的存在

《唐国史补》曰：“巩县陶者多为瓮偶人，号‘陆鸿渐’，买数十茶器得一‘鸿渐’，市人沽茗不利，辄灌注之。”巩义古名巩县，三彩“煮茶偶”的出土，首次证明了巩县瓮偶人“陆鸿渐”的存在。

“陶羽形”置灶釜的风俗流行时代不仅在唐末，且延续到了宋代。《大唐传载》曰：“陆鸿渐嗜茶，撰《茶经》三卷，行于代，常见鬻茶邸烧瓦瓷为其形貌，置于灶釜上左右为茶神，有交易则茶祭之，无则以釜汤沃之。”赵磷《因话录》载：“性嗜茶，始创煎茶法，至今鬻茶之家，陶其像置于炀器之间，云宜茶足利。”《新唐书·隐逸·陆羽》亦载：“时鬻茶者，至陶羽形，置炀突间，祀为茶神。”而《集古录》中有言：“至今俚俗卖茶肆中，尝置一瓷偶人于灶侧，云此号‘陆鸿渐’。”说明北宋时期的欧阳修也目睹过瓷偶人“陆鸿渐”的存在。因此，三彩偶的出土，使1950年河北省唐县出土的白瓷偶不再是“陶羽形”的孤证。

4. 三彩偶提供了“茶神”像的经典标本

中国国家博物馆藏唐（一说为五代）邢窑白瓷茶冥器，包括茶碗、风炉与茶鍑，茶臼、茶汤瓶、渣斗。瓷偶（高10 cm），上身着交领衣，下身着裳，戴高冠，双手展读经卷，盘腿趺坐，仪态端庄。此偶似乎可称为“陆羽诵经图”（以下简称“诵经偶”）。比较三彩偶造型，它们的相似点有三：一是同为冥器；二是都与茶器相伴，见证了陆羽与煎茶的关系，乃至与《茶经》的关系；三是形象年轻。

两种偶像虽然头饰不同，“煎茶偶”饰襆头，“诵经偶”戴高冠，但人物造型基本特征相似，均为少年貌，无胡须，着常服。说明当时人们无论是知道写《茶经》的陆鸿渐，还是见到“始创煎茶法”的“茶神”，就是一个少年郎，它们都为塑造“茶神”形象提供了经典的历史标本，但是两个雕塑表现茶神风貌的侧重点不同。为了方便灌水，“诵经偶”的头部加了高冠。如果说“诵经偶”表现了少年陆羽著《茶经》的写意，体现了文人对“茶神”的崇拜，那么，“煎茶偶”则是对陆羽煎茶法的写真，形象与服饰更接近真实，更符合当时茶商和市民的需要。

图 24-19 唐邢窑白瓷茶冥器

5. 茶器偶“陆鸿渐”与故里遗像特征的一致性

通往历史真实的道路往往是相通，而又互相验证的。对比上述两种“茶神”偶，都与陆羽故居的遗像具有相似的造型特征：娃娃脸、无须、神态悠然。

陆羽故居现存有清乾隆癸卯年（1783 年）陈大文据遗像绘的《唐处士陆鸿渐小像》，1922 年桑苎庐藏版《陆子茶经》扉页上的陆羽像，与其基本相近，笔者称之为“陆子品茶图”。

从画像的篆体题款来看，笔者认为《唐处士陆鸿渐小像》可能系李阳冰绘陆羽像的摹本。唐咸通十五年（874 年），复州竟陵有“陆鸿渐煎茶”碑，碑上刻有书画家李阳冰所绘的陆羽像赞。

历史上陆羽故居遗像传承有序。北宋文学家张耒，绍圣四年（1097 年）贬竟陵郡酒税任上，写有陆羽像的诗歌多首；明吴骥的《陆公祠记》云：“自唐宋金元以及于明，巨公魁士，高僧奇人常在天壤者刻之，或从梨枣或托贞珉，与草堂茶井同附竟陵西塔故事。”清道光九年（1829 年），熊士鹏的《桑苎庐碑文》中有“邑中人即尸祝于斯”句，亦指在其故居供陆羽遗像祭祀。“陆羽成名在少年，成果在青年。因此，这幅画像的底本，无论是身前由友人所写真，还是逝后故里人凭印象所绘，其年龄段的定位都是十分准确的，符合历史的真实性。”①

综上所述，巩义唐代茶冥器的出土，一方面证明了“陆鸿渐”偶像的存在，再现了陆羽煎茶道的流程，以及河洛地区的饮茶之风；另一方面，通过“三彩偶”与“白瓷偶”以及故里遗像的比较，说明“茶神”陆羽造像应该定格于青年时期，而不是像现在许多地方创作的老夫子、老郎中相貌。笔者想呼吁当今那些为陆羽造像的人们：想当然之风的混乱状况不能再继续下去了。

① 童正祥：《“茶圣”出天门，何以到杭州》，《农业考古》1997 年第 2 期。

第二十五章　故里

一、文学泉——禅茶祖泉

陆羽为智积禅师汲水煎茶的茶井，因陆羽曾被诏拜“太子文学”，后人称“陆子井”为“文学泉”。该泉因最早为东晋高僧支遁①所用，故今人誉其为“禅茶祖泉”。翻开历史文献，可知其源远流长，历经沧桑。

1.“支公井”与“柯公井”

有关文学泉的甄别，不乏诗文和方志记载，诸如：

(1) 天门《县志考》载：“文学泉，一名陆子井，县北门外西北隅官池内，口径七尺，深近百尺，中有断碑废柱，字刻‘支公’，乃真陆井……陆井，西塔寺右，即柯公所甃，非真井。”此文将真假陆子井区分得十分清楚：“文学泉”即陆羽生前就已存在的“支公井”，而西塔寺“陆井”乃明代的“柯公井”②。

(2)《全唐诗》第八百四十六卷，齐己的《过陆鸿渐旧居》，诗题下自注“陆生自有《传》于井石”，诗曰：“楚客西来过旧居，读碑寻传见终初。……种竹岸香莲菡萏，煮茶泉影落蟾蜍……”

(3)《全唐诗》第一百二十九卷，裴迪的《西塔寺陆羽茶泉》中有“不独支公住，曾经陆羽居。草堂荒产蛤，茶井冷生鱼”句。

---

① 支遁：字道林（314—366），晋代高僧，魏晋时期中国佛教的代表人物，玄、佛结合的先驱，曾驻西塔寺（时名青云寺）。

② 1540年，时任湖广按察使佥事柯乔观风竟陵，访唐处士陆羽故居龙盖寺，因“陆子茶井”失其所在，故令人重新开挖了一口新井，后人称其为“柯公井”。

（4）皮日休的《茶中杂咏》其九《茶瓯》有曰：“枣花势旋眼，蘋沫香沾齿。松下时一看，支公亦如此。”

（5）1774 年，天门知县王槭的《秋灯丛话》卷之三第二十六篇有言：“唐陆鸿渐先生，楚之竟陵人，以文学征不赴，徜徉江湖间，性嗜水，天下名泉尝历殆遍，称楚水为第一。诗云‘千羡万羡西江水，曾向竟陵城下来。’‘第一’，盖指竟陵也，但年代久远鲜有知其处者。明佥事柯公乔博求无踪，于西塔寺甃井并刊《茶经》，额曰‘陆井’，究失真耳。真迹在北郭外官池内，名‘文学泉’。邑令邱公筑城始掘得之，中有断碑废柱隐存‘茶经’字迹，拟修治之而未果，遂仍湮没。乾隆戊子夏旱，居人于池内掘藕复获故井。前令马君鸠工淘浚得积茶数十余石及文学残碣。意必先生品茶处也，乃甃砌而建阁于左，并勒石以纪其实……井径七尺深十余，寻上覆巨石凿窍凡三，汲饮之甘芳而逾时觉齿颊间尤馥馥不散，则知先生之所品题固非虚语也。”

（6）清代熊士鹏的《文学泉阁记》这样记述了兴修“文学泉”的过程。“邵公治政之早暇，与予过西塔寺，见有桑苎庐曰：‘此为陆子发迹之所则可……’遂寻文学泉故址，泉水素清冽，而为瓦砾沟水所湮塞，故浊而不可食。命里人持畚挶，掘碑碣，得陆子像焉，曰：‘此宜为陆子汤沐也。’尔地表薮泽，规原隰，甃井眉，树石槛，中建阁，而曰围绕以垣篱……”

2. 文学泉的人文价值

依据上述史料，可以讨论以下 4 个问题。

（1）真假“陆子井”。

自唐末起，为纪念陆羽，人们将其为寺院僧人煮茶汲水的支公泉井，称为“茶井”“茶泉”乃至“陆子井”，因其素有碑石井盖和诗文相传，虽累造累湮，总有据可考，并得以反复维修而保存至今。经 1593 年李维祯命名、1783 年陈大文书碑称“文学泉”而享誉中外。期间因泉井“久没湖中”，应柯乔之令于 1540 年在覆釜洲上的西塔寺重建了一口“陆子井”（由于地势远高于“文学泉”陆子井，该井一直保存至前些年才毁），于是

图 25-1 文学泉图

就产生过真假陆子井的现象。明清时期有许多咏西塔寺“陆子井”的诗文，其中柯公的假陆子井被人当作了陆羽遗迹寄托缅怀之情。

(2)“文学泉”的佛教文化价值。

当今，已有学者将支遁称为“中国佛茶之祖”。支遁作为佛教中国化的开拓性领袖，在龙盖寺设坛布道，在西湖边凿井开泉，开启“禅茶一味”之先河，也因此滋养了后来的陆羽，让茶脉久远……

支公道林乃晋代高僧，其生平已列入《高僧传》，在佛学理论及传播上有重大的贡献。既然“文学泉”先为支公所掘，从晋传到唐为历代僧人汲水煮茶之用，作为“茶禅一味”的历史物证，在佛学与茶学的关系史上也就具有了它的历史价值。况且，支公当年驻锡方乐寺(西塔寺前身)牧马的遗址“走马岭”犹存，作为研究支公的历史遗存和纪念地，其文化价值也是不可多得的。

（3）“文学泉”井盖的寓意。

2003 年 1 月 23 日，“文学泉”工地出土了两块古井盖残石，位于现存泉井正北 25 m，常年水位线下 2.5 m 的土层中，井石边的土层中尚可见较整齐堆放的石块（因雨季排水困难，没做大范围清场和更深的作业）。

图 25-2　2003 年出土的古井残盖中的大块

我们今天所见到的三眼井盖，至少是清乾隆年之前就有的。井盖眼的寓意，明眼人一目了然，极具鲜明的个性。而古井盖残石的浮出水面，证明了它的“克隆”与传承的历史至少可以追溯到明隆庆年以前。笔者以为原创者的构思不仅仅是突出一个“品”字，还有更深的文化内涵。

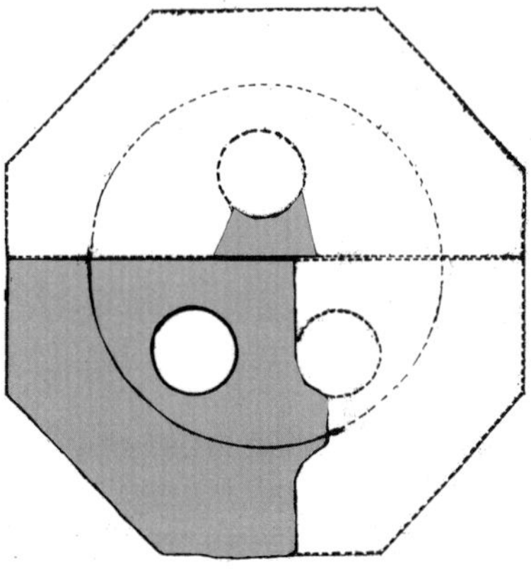

图 25-3　古井盖复原示意图

笔者依据大小两块残石绘制出复原图，并与现存井盖进行了测量比较，二者造型基本相似，同为两块条石组成八边形，只是残井盖比现存者石材厚 4 cm；井眼孔径大 2 cm。不同之处在于：①复原后的古井盖，八边形的边长，相互间比较一致（现存井盖边长差距较大，显得不规范）；②古井盖上多一层约 2 mm 厚的圆形平台，乃至造型成为外（八）方、内圆、三孔，显现外方内圆之意。又查，清代的《天门县志》图上所示两块井盖的放置方位，知双孔石位居下（南边），单孔石位居上（北边），成为上阳（单）下阴（双）之态。如果我们再进一步将古井盖复原图中圆圈画成太极图，则井眼双孔正处“阴鱼头”，单孔正处“阳鱼头”的位置。这一切是否表现了“易”学的思想呢？

（4）三眼井井盖的肇始时期。

笔者推测品字形井盖的最初制作时间可能要追溯到唐咸通十五年（874 年），即陆羽逝世 70 年之际，故里人为他立“煎茶”碑并刻自传于井石时，应是一次重大规模的活动，用心设计并制作井盖当属情理之中。

从断裂的古井盖分析，它较现存井盖厚，非经重力打击难以破坏，只有大的地质灾害发生才会造成井壁坍塌。明嘉靖三十八年（1559 年）掘出陆子井时，曾见有“断碑”，此时，距宋初 500 多年的时间里，不见有关该井的详细记载。这段时间内发生过什么，以致石碑断裂，甚至原本就有的三眼井盖是否与石碑同时遭损的呢？

3. “文学泉”的开发价值

“文字泉”不仅是茶圣遗迹的标志性景观，也是高僧支遁和智积禅师的品茶遗址，不失为天下第一“禅茶祖泉”。如能以“文学泉”作为始发站而开辟茶圣陆羽踪迹游，定能受到江南诸省茶界、旅游业的欢迎。考“文学泉”景区（含亭、阁、廓和古城墙以及与东、西湖相连的官池），兴于明隆庆，盛于清乾隆、道光，作为观景点至少有 400 多年的历史。泉南的明城墙犹存，尚可恢复供观景的北门城楼；泉井旁的纪念性建筑陆羽亭、涵碧堂等，若能进一步挖掘，整理相关碑铭、诗文、图片、拓片资料陈列与辑录成册，供人观赏与收藏，将会受到海内外文化人和旅游者的青睐。

以“文学泉”命名的“陆子井”，是史料记载最完整，文物价值最高的陆羽遗迹。了解它的历史沿革，可澄清陆羽的“品茶真迹”在天门竟陵城区只有一口真井的事实。至迟在明朝以前就已存在的三眼井盖，其丰富的文化内涵耐人寻味。而在市场经济的今天，我们来探讨它的开发价值，是否能引起共鸣呢？

二、火门山学堂考略

《陆文学自传》曰：“天宝中，郢人酺于沧浪，邑吏召予为伶正之师。时河南尹李公齐物出守，见异，捉手拊背，亲授诗集。于是汉沔之俗亦异焉。后，负书于火门山邹夫子墅。”

1. 怎样理解“后，负书于火门山邹夫子墅”

（1）“后”，指“见异”距“负书”相隔一段时间。

《资治通鉴·唐纪二十一》载：“（天宝五载）秋七月……河南尹李齐物贬竟陵。”有学者认为，“李齐物七月既被贬，则其到竟陵当在冬末岁初之际”，“考《新唐书·玄宗》云：‘六载正月……丁亥，享于太庙。戊子，有事于南郊，大赦，流人老者许致仕……赐文武官阶……民酺三日。’以此勘之《自传》，知‘郢人酺于沧浪’者，乃在天宝六年春”。①即李齐物“见异”陆羽的时间为天宝六载（747 年）正月。

颜真卿《金紫光禄大夫守太子太傅兼宗正卿赠司空上柱国陇西郡开国公李公神道碑铭》中有言“公遂贬竟陵郡太守，时陆羽鸿渐随师郡中。说公下车，召人吏告之曰：‘官吏有簠簋不修者，僧道有戒律不精者，百姓有泛驾蹶弛者。未至之前，一无所问。而今而后，义不相容。’数年间，一境丕变，熙然若羲皇之代矣。哀孤重老，有隐逸好道者，常骑马于里巷之中，亲自恤问”。文中所记陆羽见闻，既诠释了“于是汉

① 王辉斌：《唐代诗人探赜》，贵州人民出版社 2005 年版，第 171 页。

沔之俗亦异焉”的含义，又说明他曾在李府中生活过一段时间，而这段时间当有数月之久。当然，陆羽入学后至李齐物调离之前，每逢假期[①]，他无家可归，中途也可能“随师郡中”，从而有时间在郡中亲眼见到郡首的施政作风。

以上史料说明，李齐物“见异”陆羽的故事发生在天宝六载正月。而“负书”的故事在其后一段时间。也许是需在李公辅导下准备入学考试，也许需待年满十四[②]……皆有可能。

（2）“负书”说明李公所赠书卷甚多。

一个“负”字言其重，可知赠书甚多。当时，州县学生大多是庶民子弟，虽然学生一律享受公费，包括衣服、膳食都由地方政府支付，但课卷要自己手抄，别人的经典抄卷须要花钱购买。据载，当时州县官学的必修课为《孝经》和《论语》；选修课有《史记》《汉书》《后汉书》《三国志》《国语》《说文解字》《字林》《仪礼》《周易》《尚书》《春秋公羊传》《春秋谷梁》等，可见书目之多。李公因此送陆羽多种书卷当在情理之中。

在唐朝的高等教育体系中，中央有国子监，下设六学（略）。各州（府）有州学。州学的制度、教材，基本与国子监一样。用今天的话说，国子监是国立大学、最高学府，州学是州立大学、地方高校。

陆羽入学前既有“九岁学属文”的基础，又有13岁“著《谑谈》三篇”的资历，足见其文学功底，进入地方高校是顺理成章的事。从《自传》所列著作内容看，可知陆羽的史学、文学与易学知识颇丰。从《茶经》内容看可知除经学外，他还学习过医学和玄学。虽然这些都是后话，但可反证陆羽接受正规教育，离不开李公的帮助。

（3）“火门山”指学堂所在地。

查火门山名，与汉光武帝刘秀有关。《方舆纪要》卷七十七景陵县

---

① 肖世民：《论唐代官学制度》，《唐都学刊》2003年第4期。

②《新唐书·选举》载：“凡生限年十四以上，十九以下。”

曰："天门山亦名火门山。相传光武行兵，举火夜度处也。俗忌火故曰天门。"《大明一统志》卷六十六："天门山在景陵县西六十里，唐陆羽传负书于火门山邹夫子墅学即此。后因俗忌火字改今名。"但清康熙年间刻本《景陵县志》有曰："火门山去天门数里其势差小，至今土人犹呼为火门山。"清乾隆、道光年间《天门县志》及《大清一统志》即均采此说，至今"天门""火门"两山名字并存。

唐代具有书院性质的官学常设于僻静且交通方便之地。从地图上看，可知火门山（天门山）系官道必经之处。自天（火）门山至县城有观桥和横官两个驿铺，这与《大唐久典》关于"唐代驿道每隔二十里设置一个驿站"的记载正相符合。

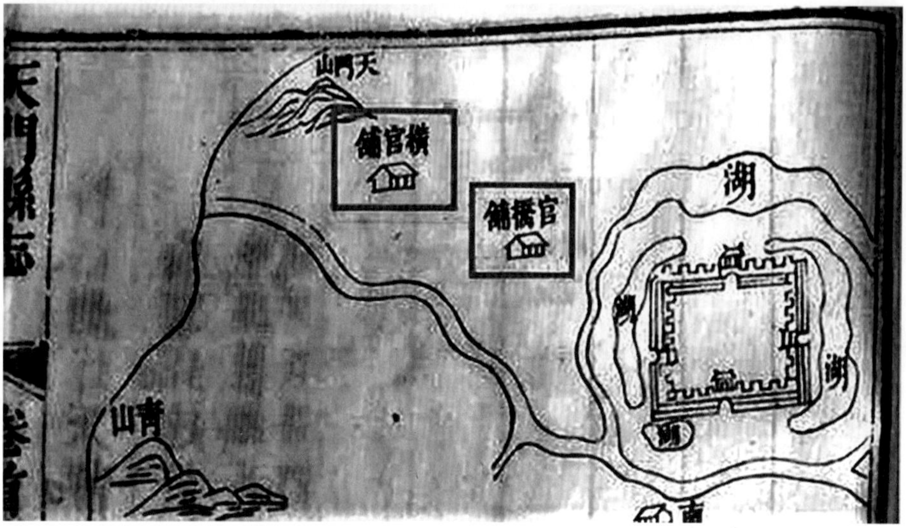

图 25-4 道光《天门县志》塘汛图（局部）

据柳宗元的《馆驿使壁记》，唐时以首都长安为中心，有 7 条重要的放射状的驿道，通往全国各地。其中，从长安至岭南的驿道，由长安经襄州（治所在今湖北襄樊）、鄂州（治所在今武汉市武昌）、洪州、吉州、虔州（治所在今江西赣州）直达广州。[①] 复州（竟陵郡）位于襄州至鄂州之间，因唐代山南东道治襄州，上级官员旱路进竟陵必经火门山，从崔国辅转赠陆羽“白颅乌犎”可知，调任竟陵，即经此驿道。由此推测，李齐物赴竟陵亦是。

2. 从人物关系看其官学性质

考《旧唐书》国家制，户满四万以上为上州，户满二万户以上为中州，户不满二万为下州也。“复州：……天宝元年改为竟陵郡。……天宝，户八千二百一十，口四万四千八百八十五。”由此可知，复州（竟陵郡）属下州。按规定下州州学设经学博士 1 人（正九品下），助教 1 人，学生 40 人。医学博士 1 人（从九品上），学生 10 人。鉴于州学是州太守直属机构，经学博士是属官。因此，太守是可以直接推荐学生的。

清康熙时期《景陵县志 · 学校志》有载：“唐开元二十六年（738 年）诏‘州县置博士助教各一人’。于唐时为复州也，宜置博士助教一人矣。”愚以为，因地域规制所限，当时竟陵州、县官学可能为“二合一”形式。

天宝元年（742 年），竟陵治所改复州为竟陵郡。《新唐书 · 选举上》载：“州县学生，州县长官补，长史主焉。”作为有心栽培陆羽的地方最高行政长官，是有权向下辖官学推荐学生的。试想，一位堂堂河南尹、陇西人初来乍到，当地应无亲朋故旧。绝不会为得意弟子去找私塾老师，他与邹夫子是上下级关系。可想而知，李齐物在为陆羽入校写“介绍信”之前，是巡视过火门山官学的。因接见过邹野，便已知学官的水平。再说，靠教徒收入为生的私塾老师，学馆多不会远离闹市，也无力供养像陆羽这样的穷学生。

3. “邹夫子墅”即学官邹野

“唐代州学博士由吏部选授，县学博士和州县学助教及乡学教师则由州府和县配备。学官主要由两种人构成。一是科举正途出身者；二是

---

① 臧嵘：《中国古代驿站与邮传》，中国国际广播出版社 2009 年版，第 77 页。

各种未及第或未参加科举考试但通经善文的儒士。也有出自通儒高僧的特例。因此，虽然学官的政治经济地位比较低，多由寒门儒士担任，但经学素养较高。”① 由此推测，“邹夫子墅”为官学经学博士角色。

“夫子”指对年长而学问好者的尊称，用以称呼学者或老师。“墅”不是别墅，是名字叫“野”。清道光年间的《天门县志》已有勘误，近代教育家黎际明著《茶神陆羽》中亦名为“邹野”。桑苎庐藏版《陆子茶经·县志考》有载《西塔寺源流》：“塔因此时著，邹野记一番。五废五兴旺，晋唐势全完，陆子始于此，野老话相关。”从“邹野记一番”可知，陆羽当时在邑的地位，以及与其寺的关系。他是以“通经善文的儒士”，还是“通儒高僧的特例”身份担任州学博士？皆有可能。

4. 陆羽在火门山学堂的结业时间

陆羽自天宝六载（747 年）上山学习，其结业时间，可从他与崔国辅交往而得知。《陆文学自传》曰：“属礼部郎中崔公国辅出守竟陵，因与之游处，凡三年。”史载因受王鉷案牵连被贬竟陵时间为天宝十一载（752 年）四月，实际到任约晚一段时间。② 据此推测是年秋以前陆羽就已学成下山，这样崔国辅才可以“初至竟陵，与处士陆鸿渐游，三岁，交情至厚，谑笑永日。又相与较定茶水之品”③。崔国辅初至竟陵即愿与陆交往，说明当时陆羽已为当地才子。

此外，陆羽能有“相与较定茶水之品”的“资本”，说明此时他已有些实践经验。也许与他利用假期多次外出游学有关。因为 5 年间的假期时间是不少的。据考，当时的官学假期制度包括长期与短期两种，长期为“田假”和“授衣假”，“田假”在 5 月份，“授衣假”在 9 月份，时间各为 1 个月，准许学生返籍省亲，遇有特殊情况亦可酌情延长。④

综上所述，对照当时的制度，根据推荐并送书者——李齐物的身份，

① 宋社洪：《唐代士子在地方习业求举之研究》，华东师范大学硕士论文，2006 年 12 月。
② 傅璇琮：《唐才子传校笺》，中华书局 1987 年版，第 624 页。
③〔元〕辛文房：《唐才子传全译》，李立朴译注，贵州人民出版社 1995 年版。
④ 肖世民：《论唐代官学制度》，《唐都学刊》2003 年第 4 期。

以及学堂地理位置等条件分析，陆羽就学的火门山学堂为地方官学，时任学官邹野当为经学博士。自天宝六载秋至天宝十一载春，陆羽在火门山学堂的学习时间长达5年，具有“地方高校”的“学历”，只是因故没能参加科举，另当别论。

三、东冈草堂——孕育《茶经》的摇篮

唐天宝十一载至十四载（752—755），陆羽自火门山学成下山后曾结庐于东冈岭，整理出游所得。而崔国辅与之“较茶水之品”，“皎然与吾乡陆羽长相往来”之肇始，均发生于此时此地。

1. 东冈的地理环境

明万历年间《湖广总志·承天府》载：“东冈，去县东七十里，处松石、华严二湖之间，一乡唯此独高，陆羽亦尝居之。”又乾隆年间《天门县志》曰：“东冈岭，陆子之所居也，位于松石湖畔。”“东乡有村曰乾镇……行二里许有湖，周四十里水澄如镜，日影中子鱼螺蛤毕见。湖岸阜起似土山，西北尤隆耸，榆柳绿中作桃花姿掩蔽茆屋，真作图画观也！”

2. 东冈岭结庐，“相与较茶水之品”

天宝十一载，礼部员外郎、诗人崔国辅贬竟陵司马。“初至竟陵，与处士陆鸿渐游，三岁，交情至厚，谑笑永日。又相与较定茶水之品。临别谓羽曰：‘予有襄阳太守李憕所遗白颅乌犎一头，及卢黄门所遗文槐书函一枚，此物皆己之所惜者，宜野人乘蓄，故特以相赠。’雅意高情，一时所尚。有酬酢之歌诗，并集传焉。”① 由此可见，此时的陆羽不仅谙熟典学，而且涉足茶事，已积累了一些评水评茶的经验。3年之后，正是这位导师将他送上了游学与求仕之路，也许因战乱改变了陆羽的人生轨迹，又可惜二人的唱和诗集没能流传。

---

①〔元〕辛元房：《唐才子传全译》，李立朴译注，贵州人民出版社在1995年版。

图 25-5　东冈的地理环境图

“司马”是个很特殊的官职，没有实权，只领俸禄，每天都可游山玩水。唐《通典·职官十五》载：“大唐州府佐吏与隋制同，有别驾，长史、司马一人。”而长史、司马，没有具体职事，辅佐刺史处理州事，但又往往成为安排闲冗官员的职位。京官被贬，一般是被贬为司马。一般情况下，官员们不会跟他们交往，因为被人抓到把柄，有可能会被罢职。而且这些司马很有可能还会回到京城做官，所以只能敬而远之。因此，崔国辅与陆羽这样的青年学子相交是最安全的，而陆羽时逢导师也是人生之大幸。

东冈所在的乾镇地处竟陵东方门户，是襄阳经竟陵赴武昌的驿道。自古为军镇之地、养马之所。而且，司马职衔多少与军事有关，故崔国辅选择寓游其地当在情理之中。

结庐于东冈岭期间的陆羽，有可能相继考察过竟陵附近的州县。想必每次返乡，都会向崔国辅报告心得，而这位长者正是学识渊博阅历丰富的大学者。“崔国辅一生所漫游的地方，除了他在做官时先后到过长安、许昌、山阴、竟陵以及江陵外，根据他诗中提供的线索进行考察可知，他还先后到过杭州、襄阳、开封、南昌等地”；特别是他任山阴少府时“曾多次往来于吴越，并曾几度憩迹于南昌”。[①] 而山南的这些地方，均是水美茶香之地。崔国辅丰富的茶区阅历，自然多经验之谈，当给陆羽许多启发。

总之，陆羽结庐东冈期间，因地处水驿之滨，方便外出考察，亦便于与崔国辅游处甚至结伴同游；因环境安静，宜于整理出游所得，整理品茶评水资料甚至实物样本，“茶记”即肇始于此。因此，从这层意义上讲，东冈草堂可被誉为“孕育《茶经》的摇篮”，就像“火门山学堂”是“茶圣的摇篮”一样，它们共同见证了少年陆羽“读万卷书，行万里路”的起始阶段。

3. 皎然寻访陆羽正逢其时

周愿的《牧守竟陵因游西塔著三感说》“洎乎冠岁，为竟陵苾刍之所生活”句中可知，陆羽学成下山后仍然多居佛寺。竟陵城外、东冈周边湖区不乏名寺，如北边的泗州寺，南边的燃灯寺也曾都是唐僧皎然寻访陆羽之所。

《景陵县志・人物志》曰：“皎然与吾乡陆羽长相往来者也”；“今邑东南燃灯寺传有皎然碑迹”。《景陵县志・寺观》还载：“泗州寺，县东华严湖，离城四十里。相传僧皎然寻陆羽至此。”《戴氏宗谱》[②] 刊有《燃灯寺碑文》曰：“燃灯寺旧为长寿山，在县治东南四十里陶溪北浒，与陶溪夹江而居。清旷幽僻，若脱然烟火之外者，唐高僧皎然住持于此，盖寺僧鼻祖也。”《天门县志》卷二“泗洲寺”注文曰：“泗洲寺在县东华严湖，离城四十里，相传释皎然寻陆羽至此。”道光《竟陵诗选》收

---

① 王辉斌：《唐代诗人探赜》，贵州人民出版社 2005 年版，第 222~224 页。

②《戴氏宗谱》：天门横林戴氏藏，光绪丙午年重刊，丁未年重修，注礼堂刻本。

录僧皎然诗时，其作者“僧皎然”名下有注文为：“住燃灯寺，有遗像及碑赜。”《大清一统志》亦载：“燃灯寺在天门县东南淘溪侧，有唐僧皎然碑。”从地理位置上讲，泗洲寺毗邻东冈岭北，燃灯寺位其西南，有水道与之相连。凡此种种，均可说明：陆羽居东冈期间，皎然到过竟陵的多个寺院。正是因为先有皎然寻陆羽，才有后来陆羽“洎至德初（756 年）秦人过江，于亦过江，与吴兴释皎然为缁素忘年之交”。

燃灯寺位于城东南四十里的陶溪河，泗洲寺离城东四十里，居东冈岭北。古陶溪至东冈所在的干镇，同处古汉江故道之滨。皎然由县城三地辗转，是因访寺而知人，还是寻人而访寺？皆有可能。

考皎然游竟陵的时间，《皎然年谱》有曰：“天宝八载（749 年）己丑三十岁，皎然约自是年至十四载间，游访各地名山”；“其间曾到过湖湘，有诗凭吊屈原”。《年谱》还说，天宝九载（750 年）庚寅至天宝十四载（755 年）“以上数年皎然游历各地”。[①] 据此推测，皎然游历各地在 750—755 年，而竟陵之行的“具体”年份，当在 752—755 年的某个时间段。这正是陆羽结庐东冈而又经常出游期间，因此才有皎然多地寻访陆羽而不遇的故事发生。

“皎然出家之后不废俗学，一方面留意诗文，一方面兼攻经史，一边博访名山法席，广其知见，一边又四处游历，交结公卿。这些经历使他增长了见识，丰富了阅历，提高了名声，结交了朋友。”[②] 皎然竟陵之行即是其“博访名山法席，广其知见”的经历之一。在竟陵访法席、交公卿期间的皎然，从当地寺院了解到有关陆羽的才华和行踪是自然的事。那时他是否见到了陆羽？他在燃灯寺住锡了多长时间？虽然无法确定具体行程，但其客观过程当是可信的。

总而言之，因为陆羽曾经结庐于斯，东冈岭成为历史上竟陵文人向往的地方，“东冈石湖”的风貌也被永久地留在明代画家郭诩 1514 年所

---

① 贾晋华：《皎然年谱》，厦门大学出版社 1992 年版，第 21 页。

② 徐文明：《唐代诗僧皎然的宗系和思想》，国学网，2002 年 1 月 2 日。

绘的《竟陵山水图》上。

图 25-6 《竟陵山水图》中的东冈石湖

四、“陆鸿渐煎茶”碑考

据南宋中期地理总志《舆地纪胜》卷七十六《复州碑记》载：“陆鸿渐煎茶碑，见人物门陆文学传（《集古录》），唐刘冥鸿书，陆羽自叙也。刘虚白以羽自传并李阳（冰）写真赞又为后叙附。咸通十五年刻石在复州。”上文说明，874 年，陆羽故里立有陆羽自叙和写真赞的碑刻（以下简称“煎茶”碑）。虽然该碑在宋以后即佚毁，但对于了解、认识当时陆羽在故乡的社会地位具有特殊意义。作为国内外唯一以“煎茶”命名的纪念碑，为什么这样命名呢？从齐己诗可知，此碑竖立于“茶井”（宋后人称“文学泉”）边；从碑面及碑阴的主要内容看，是陆羽的“自叙”与“写真”，可认为是故里后人悼唁“茶神”的纪念碑。为此，笔者仅就与刻碑相关的人物、碑碣性质、存世情况以及历史意义阐述如下。

1. 与碑文相关的人物

书碑者“刘冥鸿”，联系前后文的意思，这当为刘虚白的名号。考刘虚白，竟陵人，擢元和进士第，生卒不详，有关史料甚少，仅桂林尚存他的手迹——《唐赵格刘虚白还珠洞题名》，系咸通四年闰六月七日，赵格离任桂管观察使，与前摄支使刘虚白辞别郑处士，于伏波山东岩（今还珠洞）的留题。此碑现收藏于桂林市桂海碑林博物馆。

“咸通十五年”时值陆羽逝世 70 年，又悉当朝大事，是年，唐僖宗李儇将使用过的 11 种 12 件鎏金烹茶用具封存入了法门寺地宫。

写真赞作者李阳冰，书丹多有碑存，画像不乏记载。仅《舆地碑记目》就记载有 14 个碑刻系他的手迹。他是陆羽游历吴越时的朋友。“至大历（766—779）……皎然则以一介诗僧，活跃于吴中地区……与陆羽、李阳冰……张志和等知名文士宴集唱和。”① 此时，书家为诗友写真并赞亦为雅事。当然，为陆羽写真的时间，也可能是在 758—766 年，李阳冰任缙云、当涂县令期间，游历中的陆羽曾拜访并交好于他。

2. “煎茶”碑碣的性质

“唐代帝王倡碑，朝野著名文人雅士热衷于撰碑，众多优秀的文学家、书法家、镌刻家等都是碑文化的积极传播者。”② 他们往往带头为自家或当朝名士树碑立传。刘虚白进士书《陆文学传》并撰《后叙》，便是碑文化在复州竟陵的典型范例。

“煎茶”碑究其名而言，似乎是记事碑，但观其实呢？碑文的主体为传文，附像赞和后叙，足见该碑的性质和同时代其他名人碑与纪念碣石一样，属于名人纪念碑。《舆地纪胜》卷七十六《复州人物》是这样介绍陆羽的：“唐陆羽字鸿渐，号竟陵子，有煎茶碑碣。”人物名后着重强调了“碑碣”二字，清楚地说明了该碑是专门纪念陆羽其人的。碣，特立之石也。石碑方首者称碑，圆首者称碣，有时特指墓前所立的石刻，喻指具有纪念意义的标志。

以“煎茶”为碑名，可能是因为其碑立于陆羽生前煎茶的茶井旁边。

3. 碑碣存世的历史记载

据考，自 874—1026 年，能见证“陆鸿渐煎茶”碑存世状况的文献主要有二件：一是齐己《过陆鸿渐旧居》诗；二是欧阳修的《集古录》。

（1）齐己“读碑寻传见终初”。

---

① 李建崑：《古典文学》，台湾学生书局 1992 年版。

② 柯卓英：《唐代碑文化的鼎盛与传播》，《西安晚报》2007 年 12 月 10 日。

齐己《过陆鸿渐旧居》题下有“陆生自有传于井石。又云：行坐诵佛书。故有此句”的注，诗曰：“楚客西来过旧居，读碑寻传见终初。佯狂未必轻儒业，高尚何妨诵佛书。种竹岸香连菡萏，煮茶泉影落蟾蜍。如今若更生来此，知有何人赠白驴①。”可见齐己是专程寻碑而往，并且一见如故。其时，该碑已远近闻名。同时，笔者推测他因此行也知晓了晚年陆羽“行坐诵佛书”的生活状态。

据“楚客西来”句，推测齐己是从荆州而至竟陵，尚有《竟陵遇昼公》等诗也可证。“921年，齐己在去四川途中路过荆州，被荆州节帅高季兴挽留，安置在龙兴寺，并任命为僧正。”② 从齐己（863—937）的生平来看，921—937年，他生活在荆州，由此，该诗的写作时间当为921年或迟后几年，距立碑不过50年。

（2）欧阳修《集古录》收《传》。

中国台湾“故宫博物院”收藏有欧阳修书《集古录》跋尾文稿四张，其中包括《陆文学传》跋尾，该手稿系碑拓文的跋尾。那么，他手中的《陆文学传》拓片从何而来呢？应该是宋祁为之。

宋祁在与欧阳修编《新唐书》之前，曾履职复州（竟陵）三年（1024—1027），故能亲眼见到“煎茶”碑，然后共事时将碑文拓片送给欧阳修。由此可知，至少在1027年时，“煎茶”碑仍存世无损。

正是因为宋祁到过竟陵，才会在修《新唐书》时在《列传·隐逸》中增加陆羽，《艺文志》中将《茶经》列目。③

续考宋代诗人张耒于元符二年（1099年）监复州酒税任上，有多首描写陆羽井和陆公祠的诗，但都没曾提到过有“传”和“写真”的“井石”。诗中描写的“幽人古像”均见于诸“禅室”。由此可知，此时“煎

① “驴”应为“颅”，典出礼部郎中崔国辅“赠白颅乌犎一头”给陆羽的故事。

② 王秀林：《齐己诗集校注》，中国社会科学出版社2011年版。

③《旧唐书》中原本没有收录陆羽及《茶经》的信息。

茶碑”已不复存在了。

4. 沧桑“煎茶”碑

明代是故里历史上写有与陆羽有关记文与诗词最多的时期，但字里行间均无碑谒踪影，唯至清代地方志和小说才偶见残碑的信息。

（1）《天门县志》载：“清乾隆三十三年（1768 年）夏，因天旱居民掘荷池取水，得石盖，上有三个圆形眼如品字，盖下有泉，泉旁得断碑，隐存‘文学’二字，于是知县马士伟甃井构亭。”可见此时刻有陆文学传的“煎茶”碑，其碑毁并已埋于地下已逾 800 多年。

（2）乾隆甲午（1774 年）春，调任天门知县的王槭，后在《秋灯夜话》卷三中记录了“煎茶”碑残碣的存在：“乾隆戊子夏旱居人于池内掘藕复获故井，前令马君鸠工淘浚得积茶数十余石（dàn）及‘文学’残碣，意必先生品茶处也，乃瓮砌而建阁于左并勒石以纪其实。”王槭在该书中有记曰：“薄书之暇辄访陆井遗迹，或谓在天门山北，或谓在西湖中覆釜[1]下……”这位官员考证文物的亲躬精神由此可见一斑。

5.“煎茶”碑的历史意义

（1）“煎茶”碑是《陆文学传》的载体。

欧阳修《集古录》中的《唐陆文学传》题下有注云“咸通十五年”，说明陆羽自传源自“煎茶”碑，传承有序。《湖北金石志》卷七刊登《陆文学自传》全文时后附欧阳修的撰文，还说：“此传，欧阳公收入《集古录》中当是石刻，而不言所在，《新唐书・隐逸》即据此文增入也。”

可见，“煎茶”碑不仅见证了《陆文学传》的真实性，更重要的是其传播的源头，这充分说明了“碑石等重型材料属于‘偏向时间的媒介’，碑石的传播范围十分广泛，空间的扩展性较强”。[2]

（2）“煎茶”碑见证文稿带回了故里。

---

① 覆釜洲，地志载为陆羽晚年隐居之地。

② 柯卓英：《唐代碑文化的鼎盛与传播》，《西安晚报》2007 年 12 月 10 日。

陆羽的自传写于上元初（761年），为何能百年后见于故里的碑刻之上，只有一种可能，说明陆羽的某些文稿最终带回了故里。例如带回的《茶经》手稿给故乡学子和里人有传抄的机会。史传皮日休献《茶经》的故事应该不是空穴来风，他在《茶中杂咏序》中有云："余始得季疵书，以为备矣。"从"始得"和"季疵"句分析，"季疵"之名只有里人熟知，而少年皮日休曾在陆羽故居附近的紫阳观道学，即有可能抄写《茶经》。

如果上述推理不对，那么试问：怎么不见其他地方出现过唐代就有与陆羽自传、"写真像赞"和《茶经》传播有关的史料呢？

（3）写真赞遗风留存于"小像"碑。

清乾隆癸卯（1783年）春，湖北安襄郧备兵使陈大文"偕明府罗经访西塔寺后桑苎庐，塑有遗像，服僧伽水田衣。先生唐处士也，鹿苑缁衣，大失本来面目。因摹像以正之，并汇诸勒石，以垂不朽云。"从陈大文这段碑文可知，陈凭吊陆羽故居桑苎庐时，见到室内已供有陆羽像，只是认为着衣不应为僧人服，便重绘了遗像并令人刻于石碑上。这块"唐处士陆鸿渐小像"碑现存天门陆羽纪念馆。民国时期的西塔寺版《茶经》也二次沿用过碑上的陆羽像。

从"小像"碑可以感受到李阳冰写真赞的遗风。首先，题额用语为"处士"。陆羽友人的诗文中，早期多用"处士"称陆羽，建中元年后有称"太祝"，世后多称"文学"。可见，语境为陆羽中青年时期的"头衔"。其次，题额用篆书，线条遒劲平整，笔画从头至尾粗细一致，婉曲翩然，颇据李阳冰书风。

古往今来，人们为圣贤造像多为老者貌。考陈大文在改绘陆鸿渐小像的前一年，曾在襄阳画孟浩然像亦如此。然"小像"碑上的陆羽却为少年貌，可见陈大文保留了西塔寺陆羽遗像的面部特征。纵观历代文人，无论是宋代的张耒所见西塔寺陆羽遗像，还是清代陈大文改绘服装后的陆羽像，均为年轻形象，既符合陆羽与李阳冰交往的年龄段，又符合陆羽在20多岁时著成《茶经》的时段。由此可见，故里"遗像"沿于

图 25-7　唐处士陆鸿渐小像

“煎茶”碑上的“写真”，传承有序，这是历史的定格。

6. 结语

综上所述，陆鸿渐“煎茶”碑的历史意义，无论是从碑名用语的唯一性，还是名人文献传播上的特殊性而言，都可说明它是中国茶文化历史上的里程碑。

碑名曰“煎茶”，但碑文却是“自传”；碑刻有写真和像赞，这在名人碑碣中十分罕见；代表立碑方的书丹者有后叙，可惜内容已不可考。

为陆羽立碑，符合他“隐纶”“著闻”的身份。据《通典》卷一百八和《唐会要》卷三十八记载，唐朝时朝廷对不同社会等级的人在使用碑碣的形制尺寸等方面，都有严格区别，并将之纳入法律条文。但“若隐纶道素，孝义著闻，虽不仕，亦立碣”。

同其他名人碑一样，“煎茶”碑亦为诔碑，不同之点在于，用文既有自叙，也有他赞。《文心雕龙》卷三《诔碑》赞曰：“写远追虚，碑诔以立。铭德慕行，文采允集。观风似面，听辞如泣。石墨镌华，颓影岂戢。”这段话的意思是：叙述事迹追写道德，碑文与诔文因而建立。铭刻功勋纂辑德行，使德行光彩的形象汇集。看那人的风采好像在眼前，听到他的话像在悲泣。墨拓石碑上留下华彩，亡者的影像岂能就这样消失！

总之，在碑石的发展长河中，唐代的碑刻具有典型的中国传统文化特色，不仅具有精湛完美的书法艺术，而且碑本身就是一座文化与艺术的宝库。陆鸿渐“煎茶碑”在唐代碑林中十分具有个性，可惜由于该碑存世时间不长，鲜为故里内外后人所知，今予披露，则有利于让世人知晓“茶圣”故里晚唐时期为陆羽树碑立传的故事。

五、陆羽故里传播《茶经》的历史地位

陆羽的青少年时期，由于受过良好的教育，以及大师级文人崔国辅的指导，从而具备了较高的文化素养，加之学习期间及“毕业”后长达8年的品茶评水社会实践，为《茶经》的写作奠定了充实的基础。而在《茶经》问世后的1 000多年以来，陆羽故里便成了《茶经》的传播中心。

1.《茶经》孕育始于故里

(1) 火门山求学，“百氏之典学铺在其掌”。

众所周知，唐代的教育制度十分完备，官学教育很发达，除中央“六学一馆”外，府、州、县都有官学，且直属地方长史管辖。当时的教育制度，对入学年龄（14~19岁）、修业年限、考试、假期（田假、授衣假）等方面都有严格的规定。教学内容以儒家经典和史书为主，州学还设有崇玄学与医学，而官学教师的性质均为朝廷命官。

“天宝中，郢人酺于沧浪，邑吏召予为伶正之师。时河南尹李齐物出守，见异，捉手抚背，亲授诗集。于是，汉沔之俗亦异焉。后，负书于火门山邹

夫子墅。”从这段文字，我们可以分析三个方面的条件：①按李齐物当时由直隶府尹降为州官的身份，亲自推荐 14 岁的陆羽读书的学堂应为官学；②火门山口自东汉时即为由襄阳入竟陵之驿道，州学设于此乃交通之便；③从《西塔寺源流》“邹野记一番……野老话相关”句可知，当时邹墅（古“野”字）既为地方志的官方人物，就不可能是一般隐士或私塾教师。正是由于陆羽在故乡“百事之典学铺在其掌”，才有出游后的“天下贤士大半与之游”，才有后来被向朝廷荐为“太子文学”之理由。

陆羽在火门山学习期间，由于无家可归，每逢长假便可出游，诸如襄州、峡州、申州等毗邻地区。这种兴趣源于他入学前的一次经历：天宝乙酉（745 年），12 岁的陆羽曾随智积禅师出游黄梅（蕲州）西山道场和茶区，至今，那里仍留有“望茶石”遗址与传说。①

既然陆羽受过正规的官学教育，就不难理解他离开故乡之前就完全具备了写出《茶经》的能力，如《一之源》中的中医知识、《七之事》中的全部茶典故，这些都是陆羽在学习期间和结束之后可以写作笔记的。而《一之源》《三之造》《八之出》所涉及的茶区认识，除了“十一州未说”，浙江、浙东地区之外，陆羽在离开故乡前均已进行过考察。至于《二之具》《四之器》《五之煮》《六之饮》方面的经验之谈，也是故居十年煎茶经历之积累。“余闻《纪异》言，积师以嗜茶久，非渐儿供侍不向口”②，便说明“陆氏茶”技源于侍奉积师阶段。

(2) 东冈岭结庐，与崔国辅“相与较茶水之品”。

天宝十一载（752 年），礼部员外郎崔国辅贬竟陵司马。是年，从火门山学成归来的陆羽正在地处水驿道边的东冈岭结庐。该地既方便外出考察，整理出游所得，又便于与崔国辅游处。从崔国辅多首描述湖景的诗可以揣摩出二人的“交游”多靠舟船。

崔国辅“初至竟陵，与处士陆鸿渐游。三岁，交情至厚，谑笑永日。又

---

① 童正祥：《探访陆鸿渐“望茶石”》，《陆羽研究集刊》2010 年卷。

②〔宋〕董逌：《广川画跋》卷四。

相与较茶水之品”。以当时崔国辅的文史水平以及从政资历和社会阅历，能够赏识陆羽，足见陆羽学有所成并专有所长。这段时期，陆羽相继考察过复州西北和东北部的众多茶区，每次归“家”，想必都要向崔国辅汇报、求教。

当然，陆羽在东冈结庐期间，是整理品茶评水资料甚至实物样本？抑或写有“茶记”，甚至是起草《茶经》？这些不可能有详细的史料。但正是“相与较茶水之品”为我们留下了许多的想象空间，说明《茶经》成书的许多构思，在崔陆二人之间进行过详细的讨论。

如果说，陆羽在龙盖寺“九岁学属文，积公示以佛书出世之业”之外，尚能“校孔氏之文”，“可捐乐工书”，至 12 岁已达到“中学”水平；13 岁即“著《谑谈》三篇，以身为伶正”，那么，在火门山学堂他接受的是“大专”水平的教育；下山后的青年学子又幸运地成为崔国辅的“研究生”。正是这位导师在 3 年后亲自将陆羽送上了“访问学者”的道路，从此名噪东吴。由馈赠“书函”一物，足见崔国辅对陆羽写作的重视。

2.《茶经》传播源于故里

（1）故居率先“广告”《茶经》。

761 年秋，写成《茶经》后的陆羽同时以一篇被后人冠名为《陆文学自传》的手记，向东吴地区的友人公开了自己的首批书稿。因为《茶经》的实用性，使其有比它书更高的传抄率，并且往往是“传文”与“经文”连在一起传抄直至宋初。唐皮日休的《茶中杂咏》及宋陈师道的《茶经序》都可视为文人传抄《茶经》的明证。

如果说，传抄行为使文人了解陆羽，那么，树碑立传则使天下人尽知有《茶经》。唐咸通十五年闰四月，里人为陆羽树立了“陆鸿渐煎茶碑”。碑文为《陆文学传》，《传》文结尾说明他写有《茶经》。同年秋，齐己即有“寻传”诗《过陆鸿渐旧居》，已成茶人尽知之事。而欧阳修《集古录》所收的《陆文学传》正是源于故居的“煎茶碑”拓片。

正是树碑立传“广告”扩大了陆羽和《茶经》在故乡的知名度，引起了历任官员的重视。如与陈师道同为“江西派”的北宋诗人张耒，绍圣四年（1097年）贬黄州酒税监督、复州监竟陵郡酒税官时，就留有多首颂陆诗，如《题陆羽祠堂》《怀陆羽井》《念西塔旧事》等。

（2）历代乡贤传《经》成风。

竟陵历代文人喜好《茶经》，不乏其人。

唐竟陵人皮日休在《茶中杂咏》序中曰："余始得季疵书，以为备矣……并存于方策。"这是个人传抄陆羽《茶经》最早的记载。

明崇祯庚午（1630年）举人吴骥的《陆公祠记》中有句："予少读《茶经》及公《自传》，久而回环反复"；"他曰，得请于候精校《茶经》刻诸祠中及诸篇咏"。

清康熙戊戌科进士曾元迈，为雍正己酉仪鸿堂重刻《陆子茶经》序文曰："余性嗜茶，喜吾友王子闲，辕宅枕西湖，其所筑仪鸿堂，竹木阴森与桑苎旧址相望……凭吊季疵当年，披阅所著《茶经》……。"特别值得一提的是，该书封面标注为"钟潭二先生鉴定原本"，说明竟陵派文学大师钟惺、谭元春也是故里传播与研究《茶经》的关键人物。

1922年，西塔寺僧常乐"桑苎庐藏版《茶陆子经》"的序披露："寺东桑苎楼，陆子旧宅……，游者无不憩，憩者无不问《茶经》。"

从上述史料可见：由晚唐至民国，不仅故乡文人，甚至有文化的百姓都很关注《茶经》。正是这种良好风气的传承，影响到许多外籍赴陆羽故乡的官员，以及在外任职的本州、县人士多次刊刻《茶经》的行为。

其中，日本学者布目潮沨和中国学者沈冬梅都认为"最重要的影响是明代嘉靖竟陵刻本"，它的问世离不开沔州籍官员童承叙、景陵文人鲁彭的付出。

（3）"桑苎庐"累刊《陆子茶经》。

明嘉靖景陵版《茶经》的问世，内因源自《茶经》的传抄与收藏者——真清禅师。早在柯乔巡察之前，"僧真清者业录谋梓"，当然，也是"刻之竟陵者，表羽之为竟陵人也"。真清禅师还收集写陆羽和西塔寺（龙盖寺）的诗（赋）二十五首，编成《茶经外集》，体现了故居僧人重视陆羽《茶经》的寺风。从存世四个装订本可知，该版由不同的人印刷过多次，这大约是陆羽故居桑苎庐《茶经》藏版的缘起，也是西塔寺要建“藏经楼”的缘由。据《陆子茶经·县志考》载，崇祯年间有“觉岸，西塔寺僧，募置藏经谋建阁，辰沅采木卒弊于役”，故里僧人为传播《茶经》不惜生命的精神由此可见其一斑。

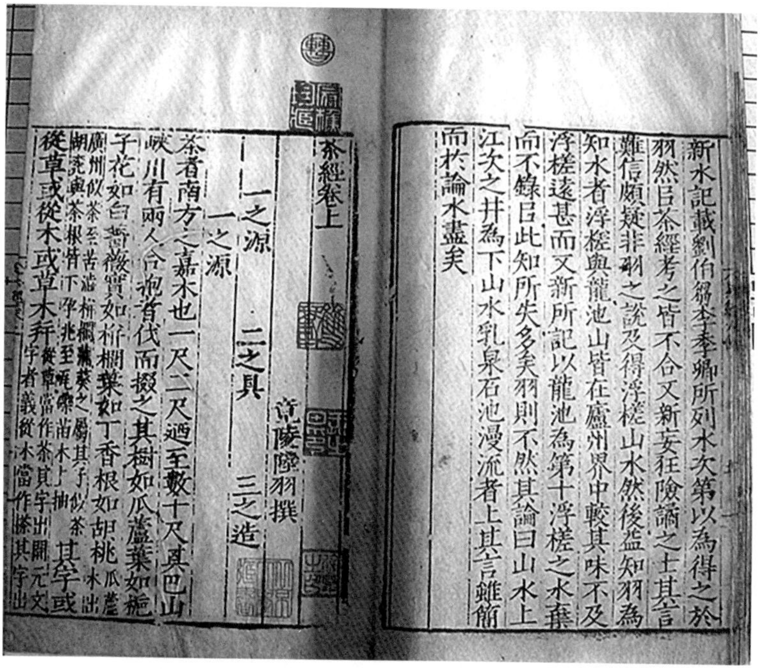
新水記載劉伯芻李季卿所列水次第以為得之於羽然曰茶經考之皆不合又新妄狂險譎之士其言難信頗疑非羽之說及得浮槎山水然後益知羽為知水者浮槎與龍池山皆在廬州界中較其味不及浮槎遠甚而又新所記以龍池為第十浮槎之水棄而不錄曰此知所失多矣羽則不然其論曰山水上江次之井為下山水乳泉石池漫流者上其言雖簡而於論水盡矣

茶經卷上

竟陵陸羽撰

一之源　二之具　三之造

一之源

茶者南方之嘉木也一尺二尺迺至數十尺其巴山峽川有兩人合抱者伐而掇之其樹如瓜蘆葉如梔子花如白薔薇實如栟櫚葉如丁香根如胡桃（瓜蘆木出廣州似茶至苦澀栟櫚蒲葵之屬其子似茶胡桃與茶根皆下孕兆至瓦礫苗木上抽）其字或從草或從木或草木幷（從草當作茶其字出開元文字音義從木當作梌其字出……）

图 25-8　明嘉靖景陵版《茶经》（北京大学藏本）书影

桑苎庐出版《茶经》的第二个高峰期是在民国初期。西塔寺主持僧常乐“予生长西湖，将老于西湖，知陆子而已”，“校成，偏质诸老宿名士，皆以为可遂石印而传之”。其弟子演清、新明亦鼎力相助，为“茶经之刻，今传陆子也”。从前者序、后者跋时间均为“民国八年”看，似乎当年即有付梓，但至今没有查到实物。存世版本仅见壬戌岁（民国十一年）重刊和癸酉岁（民国二十二年）重刊，两重版的常序没有见改，而“十一年”版用的是“八年”版跋，“二十二年”版跋者改用“新明”名，只是跋文及跋款中“众僧”名单有变。这两个版本的封面题笺者，分别为时任县长朱孔贞以及石毓灵。其中“癸酉版”于20世纪40年代由“胡县长”赠日本友人，80年代在日本重印500本后“母本”回归天门，成为中日《茶经》交流史上一段佳话……

受桑苎庐印《茶经》藏《茶经》之风的影响，地方州县在外及当地官府续刻《茶经》者不乏其人。如万历年间，知县林明甫为重刻《茶经》，特邀李维祯①为之序。李维祯在《陆羽祠记》曰：“嘉靖间邑人鲁孝廉刻《茶经》，以沔阳童庶子《传》附。其后，沔阳陈廷尉更刻豫章为‘玉山’，程光禄书，邑人徐茂才复临刻之。”康熙七年（1668年），知县李馨续修陆羽祠，又于祠内校刻《茶经》。

综上史料，自明至民国，陆羽故里陆续刊印《茶经》不少于10次。

表24-1　天门（景陵）历年刊印《茶经》情况（1542—1933）

朝代	公元年	县名	编（校）者	序者	跋者	类别	存世状况
明嘉靖二十一年	1542	景陵	真清、鲁彭、童承叙	鲁彭、汪可立	吴旦	单行本	中国国家图书馆
明嘉靖二十一年	1542	景陵	真清、鲁彭、童承叙	汪可立	吴旦	童承叙印本	北京大学
明嘉靖二十一年	1542	景陵	真清、鲁彭、童承叙	汪可立	吴旦	吴旦印本	中国台湾
明万历十六年?	1588?	景陵	续补《外集》者不详	鲁彭、汪可立	吴旦	续景陵版本	日本杏雨书屋
明万历年间	约1593	景陵	复景陵版	李维祯	林明甫	单行本	轶
明万历年间	1593后	景陵	徐同气	徐同气	徐同气	单行本	轶
清康熙七年	1668	景陵	不详	李馨	徐篑	单行本	轶

① 李维祯：明隆庆进士，景陵人，授礼部尚书。

续表

朝代	公元年	县名	编（校）者	序者	跋者	类别	存世状况
清雍正七年	1729	天门	王淇	曾元迈	仪鸿堂	单行本	中国国家图书馆
清嘉庆十年	1805	天门	马纬云		天门欧阳氏刊印	唐代丛书本	赵大川藏
清道光元年	1821	天门	王淇	张莲涛	王希琮	县志附刊	湖北省图书馆等
民国十一年	1922	天门	僧常乐	僧常乐	演清	无注本	陆羽纪念馆
民国二十一年	1933	天门	僧常乐	僧常乐	新明	无注本	陆羽纪念馆

3.《茶经》研究兴于故里

在《茶经》研究的历史上，陆羽故里也不乏具有前瞻性和创新性的学者。

（1）皮日休诗写《茶经》。

皮日休不仅是一位被公认为最早记载自己抄录陆羽《茶经》的人，更是唐代认真研究与践行《茶经》的典范。他写有《茶中杂咏》10首，并得到陆龟蒙的唱和。主题涉及茶坞、茶人、茶笋、茶籯、茶舍、茶灶、茶焙、茶鼎、茶瓯、煮茶等方面。皮日休以诗的灵感，丰富生动的辞藻，形象的笔墨，艺术地描绘了唐代茶事的诸方面。如《茶人》表达出对茶人疾苦的同情；《茶舍》《茶灶》《茶焙》中“焙前蒸紫蕨”“乃翁研茗”“中妇拍茶”“左右捣凝膏”“方园随样拍”句描绘了制茶过程，为我们展现了一幅唐代制茶图；而《茶鼎》《茶瓯》《煮茶》重在吟咏烹煮与品饮茶的情趣，对陆羽《茶经》涉及的采制茶知识及人文环境做了生动的还原与补充，为后人留下了诗意的《茶经》。

（2）“景陵版”复兴《茶经》。

与目前已知最早的《茶经》百川本相比，景陵版《茶经》正文中，增加了20处释文，并首次收录了陈师道序以及皮日休《茶中杂咏序》，还增加了欧阳修的两篇《水记》。另外，景陵版《茶经》还附有《茶经外集》——咏陆羽及其故居的诗歌集，加之鲁彭的序、《童内方与梦野论茶经书》以及吴旦的跋，为我们留下了《茶经》流变与研究的宝贵资料。

“凡认为百川学海本有错误者，在嘉靖竟（景）陵本中均做了订正”，“使茶经研究者不失时机地开明代复兴《茶经》之先例”①。布目潮沨先生对明嘉靖二十一年景陵版《茶经》的赞誉，实际上是对编辑者僧真清、序者鲁彭以及编辑兼印务之童承叙三人在《茶经》研究上所做贡献的肯定。

沈冬梅博士校注《茶经》用校本26种，改误89处，其中以景陵版为据的就有29处。她评价“竟（景）陵本的另一重大影响是对《茶经》文字的校订……此风一直影响到清代的某些版本……”，“竟（景）陵本的附刻行为影响了明代大部分的《茶经》刻印，特别是万历间的近十种版本”②。

（3）王淇详释《陆子茶经》。

“王子因出平昔考订音韵，正其差讹，亲手楷书《茶经》一帙示余。……余肃然曰：‘茶经之刻，向来多脱误，且漶灭不可读，余甚憾之。非吾子好学深思，留心风雅韵事，何能周悉详核至此！”这是康熙戊戌科进士、后授编修、充会典馆纂修曾元迈为仪鸿堂重刊《陆子茶经》序中的一段话。从中可见他对王淇这位古文字学家治学精神的认可，以及对其重新校注的《茶经》版本质量的赞同。

也许因为仪鸿堂《陆子茶经》仅孤本存于中国国家图书馆，绝大多数《茶经》研究者至今只知其名而未见其貌，对版本的学术地位尚没得到充分的认识。其实，王本较之前的版本又增加注音50处，释意14处，既注音又释意16处，还改排原注5处，删注3处，可称为“全注本”。

---

① 布目朝沨：《杏雨书屋藏明嘉靖竟陵本〈茶经〉之有关问题——日本刻本〈茶经〉之谱系》，《陆羽研究辑刊》1988年总第5期。

② 陆羽：《茶经校注》，沈冬梅校注，中国农业出版社2006年版，第14~15页。

作者与释者虽时隔千年，但楚风语言相承，对《茶经》中许多方言，理解更胜他人。因此，仪鸿堂重刊《陆子茶经》原文被收进了道光《天门县志》，以示权威，以示正统。

图 25-9　雍正七年（1729 年）仪鸿堂藏版《陆子茶经》书影

（4）黎际明“今译《茶经》”。

近年有论文说：“真正学术意义上对陆羽《茶经》的研究始于 70 年代的台湾，最早从事《茶经》研究者为林荆南，他在 1976 年将《茶经》今译，这是中国当代最早的《茶经》译注本。”① 其实，最早“今译《茶经》”者乃天门教育家黎际明②也。黎际明的《茶经今译》以笔名“老岑”分 17 次发表在汉口的《大刚报》上，即 1946 年 8 月、9 月该报的《茶话》专栏，1947 年 6 月、7 月的《珞珈山》副刊上。他说：“把《茶经》用现代语译了出来，看一看古代人曾经怎样注重研究过茶的学问实也不无用处。”③ 与此同时，他还以笔名“黎老岑”在 1946 年 12 月

① 马晓丹：《二十世纪陆羽〈茶经〉研究综述》，东北师范大学 2008 年版。

② 黎际明（1880－1956），又名黎静岑，1907 年在天门县城创设宣讲所及阅报所，1919 年后相继任实用补习学校校长、民众教育馆馆长。新中国成立后，先后任省文保委员和省文史研究馆员。著有《简体字源》《经话》《茶经今译》等。

③ 黎际明：《茶经今译》，《大刚报》1947 年 6 月 18 日。

上海《茶话》杂志发表过《茶神陆羽》，完整地讲述了陆羽的生平故事。此外，早在 20 世纪 30 年代，他就将陆羽《茶经》编入天门《乡土历史》课本，将陆羽遗迹介绍编进了《天门地理常识》。正是因为受其精神的鼓舞，天门于 20 世纪 70 年代末便出现了研究《茶经》的学者傅树勤、欧阳勋，才有了 80 年代初故里陆羽研究会的建立。

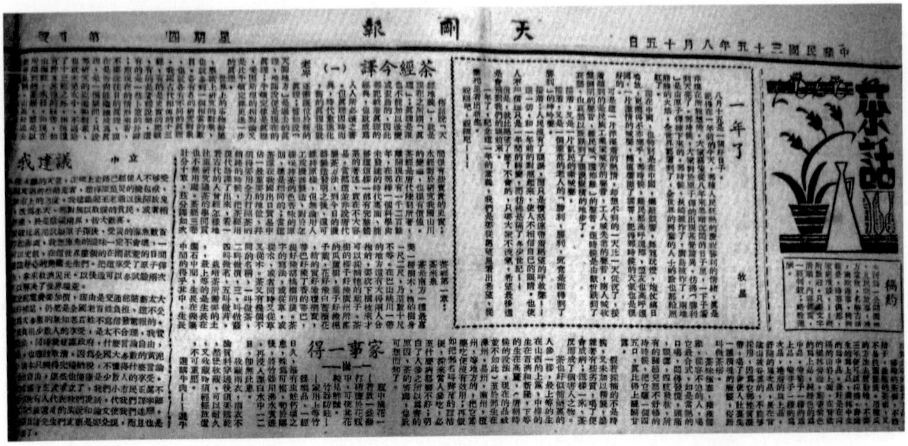
天門報
中華民國三十五年八月十五日
星期四
茶經今譯（一）
一年了
茶話
我建議
家事一得

图 25-10　1946 年 8 月 15 日《大刚报》首刊《茶经今译》（连载）

4. 结论

综上所述，故乡不是“茶圣”的摇篮，也是《茶经》的孕育和传播之地。由唐至民国，历史上陆羽故里所涌现出的代表人物，用他们的理论成果表明：故里学者研究《茶经》代有人才，蔚然成风，且具有先驱性。

这里，是历史上出版《茶经》次数最多的地方，版本类型最具代表性，从最早的单行本，到近代的白话本，从增注本到无注本，从县志本到寺院本，应有尽有，几乎无地能望其项背。

特别是明嘉靖二十一年景陵版《茶经》，无论是对明代以后我国各地《茶经》的出版，还是对日本国的影响都起到过关键作用，因之此地被誉为“《茶经》普及中心”① 并不为过。

① 布目潮沨，《日本茶经之普及与天门市之关系》，《陆羽研究集刊》1988 年总第 5 期。